JN166841

大工一代

平田雅哉

角川文庫
20753

序

平田《ひらた》雅哉《まさや》氏は大工である。だから物を書くというさもしい仕事はやらない。氏はただ喋《しゃべ》っただけで、それを数年がかりで聞書きしたのは私の友人の内田《うちだ》克巳《かつみ》氏である。そういうと、内田氏がいかにもさもしい仕事を引受けたように聞こえるが、決してそういう意味ではない。私は内田氏とは戦争中からの付合いであるが、彼が人と付合うのを見ていると、二つの特徴が目に付く。その一は、付合う以上、とことんまで付合うということであり、その二は、彼の興味をもつのはいずれも「あく」の強い人物だということである。急いで断わっておくが、私だけはその例外である。「大工一代」は彼の編集する「大阪手帖」という雑誌に連載されたもので、その雑誌が送られてくるたびに、私は平田氏の話を読むのを楽しみにしていたと同時に、それを聞書きする内田氏の心に接することにも大きな楽しみを懐《いだ》いていた。「大工一代」の後でも、彼は同じ「大阪手帖」にある坊さんの随聞記を連載している。それで大よそ察しはつくであろうが、彼は物を書くにしても、己を語るのではなく、己の心底から付合う人に語らせるのである。さもしいどころではない。

内田氏がかほどに惚《ほ》れた棟梁《とうりよう》平田氏は、言うまでもなく「あく」の強い人物である。人によっては、始めのうちその衒気《げんき》に辟易《へきえき》する事があるかもしれぬ。が、十頁も読み進めば、そこに真率で情の深い一丈夫の魂を見出《みいだ》し、多少の「あく」などもはや気にならなくなるであろう。私のような苦労しらずの冷血漢でも、「子供の死」などでは不覚にも涙をこぼしたほどである。知識や仕来たりに囚《とら》われず、自分の経験と勘だけで強く生きてきた平田氏のような人物には、今日では、遺憾ながら、めったに出会えなくなった。せめてこの本で、こういう生き方もあったという事を、老人はもう一度思出し、青年ははじめて知ってもらいたい。

一九六一年九月十九日

福《ふく》田《だ》恆《つね》存《あり》

平田雅哉氏のこと

建築と料理と庭園は何といっても上方にとどめをさすと言われている。

僕は河内《かわち》に移り住んで十年、ほぼ関西の名建築を見、名庭園に遊び、名高い料理屋の包丁を味わったつもりだ。

たとえば吉兆《きっちょう》の料理をたべ、あの建物に座り、瀟洒《しょうしゃ》な庭に感心する。するとこの建物は平田雅哉氏の作だと聞く。芦原《あわら》の鶴屋《つるや》でも、城崎《きのさき》の西村屋《にしむらや》旅館でも、川端康成《かわばたやすなり》君の常宿とする金森旅館でも悉《ことごと》く平田雅哉作だ。関東の人によっては熱海《あたみ》の大観荘《だいかんそう》が彼の作だと言えば、ぽんと膝《ひざ》を打つと思う。

その平田さんに会った時、その顔に刻まれた太い皺《しわ》を見て、これこそ風雪にめげない名人の顔だと思った。大袈裟《おおげさ》に表現すればミケランジェロの顔に似たものがある。我々は簡単に名人のことを口にする。しかしながら真の名人芸を身につけた人は滅多にあるものではない。自ら一家の芸を打ち樹《た》てるには強い意志を持ち、不断の努力をし、時としては人にかえりみられない辛労を積み重ねなければならない。そういう一筋の路《みち》を歩いて、はじめて天賦《てんぷ》の才が発揮されるのだ。それをこそ本ものの名人というのだ、平田雅哉さんを見て、僕ははじめて合点した。名人の域に達する大切な条件はもう一つある。長寿だ。平田雅哉さんの健康を見ればそれがうなずかれると思う。

一九六一年九月

今《こん》 東《とう》光《こう》

平田雅哉

目次

吉兆（大阪）

西村屋（城崎）

大観荘（熱海）

つるや（芦原）

雲月（京都）

万亭（京都）

招福楼（八日市）

天理教明城大教会（大阪）

如意庵（大徳寺）

西南院（高野山）

余技・彫刻作品

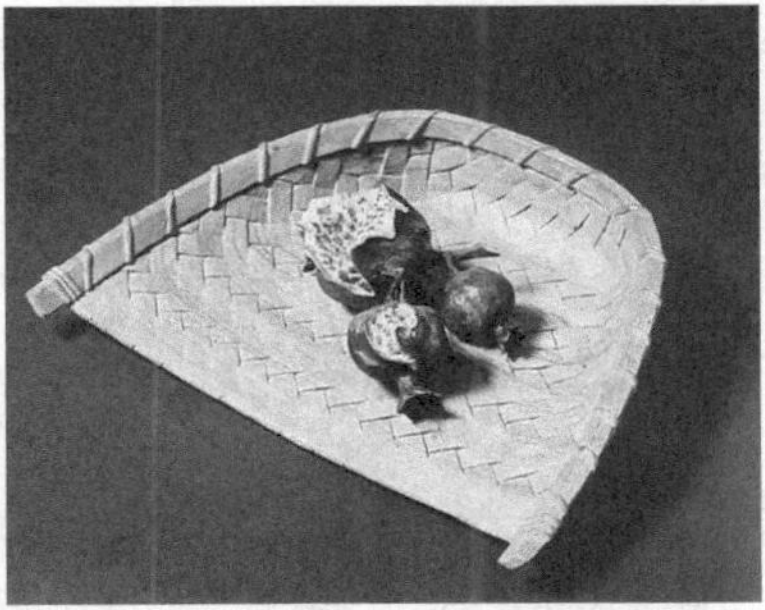

独学による墨絵透視図

大工一代

大工は馬鹿でも利巧でも出来ぬ

京都のある坊さんだが、おがみ大工の話をして、平田も少しおがむ気持になって、お得意に可愛がられねばならん、といってくれたこともあるが、その時も、いや、わしはこれでいい、と強情をはって、とうとうこの年齢までやってきてしまった。その間には仕事の上でまた私生活のことで、損もし得もしてきたが、これも性質とあってみれば仕方がない。

この年齢になって、自分でもいくらか変わったかなと思うのは、ひとのため少しでもいいようにと考え、昔だったらむかっ腹を立てたり、喧嘩《けんか》してしまうところでも、ぐっとこらえ出したということだろう。それでもまだ駄目だと思うことばかりだ。ただ自分の取得は正直一途、誠心誠意仕事をするという信念だけだ。仕事以外たのしみもない、仕事が恋女房だ。施主の身になって親身に一生懸命やった仕事が、何かのことでけちをつけられるとそれだけに腹が立つ、もう相手のことも損得のことも考えられなくなるのが自分の欠点だ。そんな失敗談だったらなんぼでもある。

最近のことだが、東京のある名のある人が、ひとを介して会いたいという話があったが、仕事がいそがしいのと、そのために上京するほどの用件でもないのでことわった。

聞くとある馬鹿の大工が五重の塔を建てるという筋の小説とか芝居のことだったらしく、それには平田って大工少し変わった奴だから、会って参考にしようということだったらしいが、大工は馬鹿では出来ないが、また余り賢こすぎても出来ないというのがわしの意見だ。

わしは子供のとき、親父が極道をしたのでろくに学校にも行けず、尋常[*1]しか行かなかったが、大工の道に入って五十年、意地と負けん気が唯一の師匠だったと思っている。そして一生が勉強だという考えは今も変わらない。

大工気質がどうのこうのと自分でいうのはむずかしいが、こんなこともある。

別に珍しいことではないが、以前ある人から小さな彫刻の仕事を頼まれた。九分通り出来上ったある日、ふとしたことで指に傷をしてしまった。僅《わず》かな傷だけど血を見るとげんが悪いので、パンパンとそれを三つにわってほってしまった。丁度そこへ依頼した人が訪ねてきて、どうしたんだということになった。家内がわしに代わって説明すると、客はわれたものをつなぎ合わせて見ながら、よく出来ているのにもったいないという。わしもそう思わんでもないが、げんが悪いと思って割ってしまう気持もほんとうなんだ。

宮様とノーネクタイ

戦時中の話だけど、昭和十二年頃、朝香宮《あさかのみや》家の仕事をしたことがある。渋谷《しぶや》のお屋敷に茶室を建てることなのだが、こんな高貴な方にお会いするのは初めてだった。

俺は大工で一生やって来たのだから、大工の作法しか知らんとはいっても、まさか印半纏《しるしばんてん》*2のままってわけにもいかない、そこで首つりの洋服を買って、生まれて初めてネクタイをしめるという恰好《かっこう》で上京して、宮様をお訪ねすることになった。

宿屋についてからも、ネクタイをうっかりほどいてしまっては、結ぶのに難儀すると思ったので、ネクタイをほどかないで頭からぬいてそこにかけて置いたところ、そんなこととは知らぬ宿の女中が、ネクタイをきれいにほどいてしまった。出発まぎわになってそれに気付いたが、もう仕方がないので、ネクタイなしで出かけることにした。

宮邸では、まず事務官が出て来て応待してくれた。控え室に通され、食事が出された。見ると幾種類ものおかずが並んでいるが、うち二つだけをとって食べ終わると、いよいよ宮様にお会いする段になった。事務官の案内で宮様のお部屋に行こうとして廊下に立って、初めて事務官はわしのネクタイなしに気付いて、あわててしまった。

朝香宮邸茶席

一時は、近くの事務官の家からネクタイを取りよせようという意見も出たが、もうその余裕もないので結局ネクタイなしで宮様にお会いしてしまった。幸いネクタイのことはそれだけで、別に事務官を困らすようなこともなく無事すんだ。そしてあとは事務官たちと仕事の打合わせになった。

はじめ問題になったのは、仕事の切り上げ時間が四時までということだったが、わしはいそぐ仕事だから五時説を主張してそうして貰《もら》った。もう一つ困ったことは職人たちの用便のことだが、その都度丘の向うまで行って用を足してくれということだが、大便は仕方がないとして、小便は勘弁してもらい、そのかわり土を貰うことにし、汚れた土は後で始末する約束で、近くに穴をほって見えないようにするというので話がついた。

宮様に失礼があってはいけないから、出来るだけ宮様も仕事場に近よらぬこととというのがその時の約束の一つだったが、仕事の最中宮様がひょっこりおこしになってあわてさせられたことが再度ならずあった。大工は大工の作法と思っても、当時のこととて世間の旦那《だんな》相手のようにはいかん、汗だくの身にあわてて上衣《うわぎ》を引っかけようとしていると、宮様が、平田そのままでいいじゃないか、とおっしゃって下さるのでほっとしたこともある。また応答のさい、使いなれない言葉を使おうとしてかえって失敗したこともあるが、いちばん困ったことは仕事が終わりかけた頃、宮様が明治《めいじ》天皇から頂かれたという蹲踞《つくばい》の石（くらま石）紛失事件だったが、運よくそれも発見されて、無事に仕事を終わることが出来た。この蹲踞事件は別にまたゆっくり話すことにする。

坪不足の中傷

芦屋《あしや》のAさんの家を建てたときのことだ。七十坪ばかりのものだが、殆《ほとん》ど完成を見ようとした頃、わざわざAさんが話したいことがあるといってきた。

おとなしいAさんは、平田おこっては困るんだけど、といってから、Cの見たところでは、この建築は大分坪数が不足しているというんだけど、その点どうかということであった。

話がそんなこととわかると、わしのことだ、ぐっと腹がたってきた。といってAさんにむかっ腹を立てる筋合いでもないので、よろしい、御主人それだったら、あなたの疑いをはらしましょう、といって早速所轄の警察の建築課に行って、実は、わしはこういう疑いをかけられている。それが事実だったら平田は罪を犯したことになるから、厳重に調べて欲しい、といって実測を警察の手でやって貰うことにした。

実測の結果、Cさんの意見とは逆に五坪ほど多くなった。わしとしては当然のことで何の不思議もないのだが、少しでも疑っていた主人はたいへんな恐縮ぶりだ。でも事の起こりはCさんなので、わしはすぐCさんを訪ねて強談判《こわだんぱん》にかかった。五坪のちがいが出てきたのは、普通は六尺一間なんだが、わしの一間[*3]は六尺三寸を採っていたからである。

いずれにしろ警察の実測があることなのでCさんは全く抗弁のしようがない。あなたの中傷のおかげでこの五坪のひらきが明るみに出て来たが、これにはAさんに責任はない、責任はあなたにとって欲しいといって、わしが頑として動かなかったので、とうとうCさんも負けて、当時の金にして五坪代四千円ほどのものを渋々出してきた。わしはその金を持って、こんどはAさんに会い、これまでのことを話してから、これで平田の気持はおさまったから、この金はあなたにお渡しする。だから金をCさんに返してやろうとどうなと、そこはいいようにしてくれといって笑い納めた。

永いこと大阪に住んで仕事をして来た関係から、財界その他の人にもお世話になった。わがままで負けずぎらいの自分だから、種々の思い出があるが、だんだんその人たちも世を去って行く。人間は生涯が苦労の連続だというのがわしの実感だ。

聖心女学院の茶室

仕事が苦しく、それが嫌で、どうにも堪えられなくなって投げ出したようなことはないかと思い返して見るが、一向にそれらしい思い出はない。寧《むし》ろ今となっては、楽しかったことばかりのような気がする。といって平々凡々と浪花節《なにわぶし》など唄《うた》いながら今日まで続けたかというと、そうではない。困難なこととむずかしいことは若い時も年とってからも変わりはない。それなのに一向苦にならんのは大工が好きで、天職と覚悟して迷わなかった故かも知れん。だから、かえって難儀な仕事には進んで自分から立ち向かった。なんとかなるものだ仕事という奴は。

貧乏については子供の頃から嫌というほどぶつかったから、貧乏話を求められれば人後に落ちんつもりだが、貧乏に負けずに大工一本で貫けたのは、矢張りこの仕事が性に合っていて、なによりも好きだったからだろう。自殺を考えたことも二、三度あるが、それは子供の時は別として、大人になってからは死んでゆく家内や残された子供への愛情に追いつめられた時であった。一生に何度か日に何度か、人間は窮することがあるが、自《おのず》から道は通ずるようだ。わしら取るに足らん人間でも、だから心の持ち方によっては極楽だ。

誰に迷惑をかけることもなく結構人生は楽しい。苦しみあり哀しみあるのは人の世の常道で、そんなことはあたり前だ。極楽だなんてことといえば、わしは四天王寺[*4]の坊主どもが役にもたたん五重の塔を再建するため、寄付をつのって歩いてることなど、地獄図絵そっくりのような気がする。とうとう世の中は極楽商売の坊主どもが、地獄に落ちる時が来てしまったか。

仕事に関係したことを思い出そうとしながら「仕事好き」ということから、とんだ下手の長談義になったが、今から約三十年前、二十九の時だ。藤原《ふじわら》棟梁*5のところにいた頃、阪急宝塚《たからづか》線の大林駅にある聖心女学院の茶の間と、大阪の阿倍邸の地階三階の仕事、それに芦屋の山邑太左衛門《やまむらたざえもん》*6さんの邸宅の三つを掛け持ちでやったことがある。監督から墨付《すみつけ》*7から建前《たてまえ》*8まで、何から何まで自分でやらんならんので、身体はいくらあっても足りんぐらいで、考えも一つのことをやりながら二つも三つものことが頭の中にあった。聖心女学院といえば、最近美智子《みちこ》妃殿下で有名になったので、今では誰だって知っているが、当時から良家のお嬢さんばかりで、わしなど、茶室でも建てなければ縁のないところだ。セパードという狼のような犬と、わしが初めて対面したのもこの女学院だった。多分わしのような職人風情からお嬢さんたちを守るために飼われていたものだろう。

わし一人なら、なんとか他にも考えられるが、終日現場で仕事をする弟子たちの泊まる所が必要であるのに、そんなことは何んの準備もされていないので、交渉にかかったが外人の先生ばかりで、通訳の先生を通してすったもんだした揚句、鶏小屋に寝ろといわれた。如何《いか》に大工の職人でも鶏小屋はひどいと抗弁したが、結局いいくるめられて鶏小屋を当てることになった。四間と二間の鶏小屋だから用を足さんことはないが、大工とはいえ人間を鶏小屋にとめるとは、聖心女学院の先生なんて、ひどい奴らだと思った。米も一升十八銭の頃で、米だけはたくがおかずは漬物をチョンナ*9で切って皆で喰《た》べた。

材木は大阪で切込をしたのを運び、十畳の座敷、一坪半の玄関、四畳半の茶室それに水屋六畳これだけの仕事である。学校のこととて、敷地は広く風当たりも強い所なので、風に強いように特別の筋交《すじかい》*10など入れて工夫した。ほぼ完成しかけた頃、ある時、学校の右翼の先生なんだろう、外人が見に来て、そのうちにつかつかと靴のまま上りやがった。わしは職人でも土足で上ることはさせていない。外部の者が来てわしらの知らんうちに土足で上られても困るので、わざわざ「土足で上るべからず」と掲示してあるに拘《かかわ》らず、その外人先生土足で上った。わしは掲示を指して地団駄を踏んで抗議したが、この外人先生日本の学校の先生をしていながら、日本語が分らんのかキョトンとしているだけだ。鶏小屋に寝かされても我慢してやった仕事なのに、第一番に土足で上られて口惜《くや》しかったが、こんな先生だから、キリスト教の学校の先生のくせして、キリストが大工の子であり、馬小屋で生まれたことも忘れて、たかが日本の大工風情と馬鹿にしやがって、鶏小屋に寝かしたのだと思った。

現場の責任者ではあっても、本当の責任は藤原棟梁にあったから、当時、わしの出来る抗議はこの程度のことだ。

仕事が終わって、残木を車に乗せて、弟子と二人で引っぱって帰ったことも忘れられない。今ならトラックで簡単に運べるが、その頃はそう簡単にトラックなど使えなかった。せいぜい大八車か牛車だ。弟子一人に引っぱらすのは可哀相なので、手伝ったが、大工仕事とちがってえらい目にあった。途中で腹がへってしまい、足も動かなくなった。武庫《むこ》川で水を呑《の》んだが水では腹が持たん、暫《しばら》く行くと又へたってしまった。腹巻をさぐってみたら三銭しかなかった。目に入った駄菓子屋で夏蜜柑《なつみかん》を売っていたので、四銭というのを三銭にして貰って二人で食べた。弟子など皮ごと食べてしまった。そんな風にしてやっとのことで十三《じゅうそう》近くの淀《よど》川についた。もう大阪だという気のゆるみも手伝ったのか、弟子は土手下に水を呑みに下りたが、なかなか上って来ない、見ると疲れてしまって頭を水に突っ込んだまま、よう立ち上らんのだ。とうとう大決心をして弟子を自動車に乗せ、金を取りに帰らせ、夜中になってやっとの思いで大阪にたどり着いた。

山邑邸のもめごと

山邑太左衛門さんの仕事は、芦屋川に沿った古い居宅の改造であった。御主人はわしを可愛がってくれたが、奥さんはわしのような奴は気にいらん風だった。ある日男衆がやって来て、今奥さんが来られるから道を掃除しろといったが、掃除はお前やれといって相手にしなかった。そこへ奥さんが来て掃除もしてないので気にいらなかったのか、あの大工首にしてしまえと御主人にいわれたそうだが、御主人はわしのために弁護されたということを後で聞いた。

仕事の上でむずかしいようなことは別になかったが、乾《いぬい》の隅に門を建てる計画だったので、そのために墨付も終わり、建前にかかろうとすると、御主人がちょっと待ってくれといった。わけはどうやら隣家に対する遠慮のためらしい。かねて隣りがこの門に反対していることは知っていた。だがそんなことで仕事が進められんのは困る。そこでよろしいわしが話しをつけようといって、隣家との境界をはっきりさせて置いてから、見ると丁度隣家の樟《くすのき》の大木がこちらに不法侵入しているのに目をつけたので、その樟の木の境界線に当たる辺りに縄をかけ、ここから切ってしまうからと弟子に連絡さすと、隣りの奥さん、今にも鋸《のこ》を入れかけているのでびっくりして、主人を呼ぶから、ちょっと待ってくれといった。奥さんが主人に電話で急報したものだろう。やがて隣家の主人が大阪から帰って来た。話はすぐ解決した。自分のほうのことばかり考えて、あなたのほうのことを少しも考えに入れなかったのは悪かった、というわけで乾に門も建ててよいことになった。だいたい山邑の主人が温和《おとな》し過ぎて、これまで話し合いが少しも出来ていなかったからだ。温和しいということも程度の問題である。

大工の信用

阿倍邸は東《ひがし》区伏見《ふしみ》町にあった。地下三階、土蔵付の家である。これも前の聖心女学院、山邑邸とともに、掛持ちの仕事であった。同じ頃にやったというわけで、格別変わったこともなかった。監督、施工、墨付全部わしがやった。

いつも思うのだが、大工という仕事はわりの合わん仕事だ。それだけ社会の信用がなかったからかも知れんが、施主のほうでも職人を余りよい目で見てくれん。盗人《ぬすっと》のまねでもするように思うのだろう。事実職人が入るとよく小さな盗難事件が起こる。たいていそれは家の者がやったことが多く、わしは職人に泥棒はない、という確信を持っている。実際また、わしの長い大工生活で職人が泥棒をしたということはなかった。濡衣《ぬれぎぬ》をかぶせられて疑われたことはあるが、洗ってみるとたいてい先方の者だ。だから今でも家から出す職人にはこれだけは注意している。

阿倍邸の工事では別に盗難事件もなかったが、金庫の錠前をひらく暗号帳[*11]がなくなって大騒ぎになったことがある。幸い、わしは前にその金庫をいらったことがあって暗号を覚えていたので、わけなく金庫を開くことが出来たが、かえってそのために、わしを警戒する風が見えたので、わしを信用できんのかと怒ってしまったことがある。ろくな物も入れていないいくせして、金持って案外ケチなものだと思った。

墨壺と「呑んだの惣」

綽名《あだな》にもその時代の匂いというものがあるものだ。わしらの若い頃の大工仲間の綽名ときたら、余り上品なのはない。「変岩」「下駄政」「高慢の武」など随分下品な名前ばかりだった。その中に「呑んだの惣」という奴がいた。つまり呑んだくれということだが、わしより大分先輩格の職人だった。腕は出来たが大変な増上慢《ぞうじょうまん》で、そのため仲間から恐がられていた。結局「呑んだの惣」は綽名にふさわしく酒で身を滅ぼした形で、晩年はわしの家で世話をしてやった。わしが酒をたしなまないからいうわけではないが、酒好きな奴は大抵駄目だったように思う。いい点があってもそれ以上に酒が人間を駄目にしてしまった。

当時、わしは二十四才のかけ出し時代で、宇治木幡《うじこわた》の高谷《たかや》別荘の仕事をしていた時だ。この仕事は足かけ七年間かかった。施主の高谷という人は裁判官上りで、大変な変わり者だった。今でいえばワンマンいうんだろうが、それだけにわしはたびたび口論して、いつも罰則に高谷家独得の閉門をくらったものだ。棟梁は伊藤金兵衛といって、土地では顔の売れた人だ。「呑んだの惣」はその時の仲間で、既に四十近かった。

腕は出来たが大変な、いわば無法者で、酒と女と三味線で日を過し、冬でも浴衣一枚で押し通したという変わり方である。

どういう動機からだったか、はっきり覚えてはいないが、ある時、わしは自分の好みに応じた墨壺《すみつぼ》を作ろうと思って、約一尺五寸ぐらいの北斎《ほくさい》の鯉を彫刻したやつを刻みかけた。ところがどうしても形が出来ない。ああでもない、こうでもないと工夫してみるが、どうもうまくいかない。ついには嫌気がさして、作りかけのまま「とんと場[*12]」にほかしてしまった。

ところがその後間もなく、先にいった「呑んだの惣」が、いつものように酒気をおびて入って来て、とんと場で拾って来たのだろう。わしの捨てた墨壺の出来損いを見せながら「オイ、これはどいつのだ」といったが、返事をしないでいると「よし、そんなら、わしが貰っとく」といって持っていってしまった。

木幡で仕事をしていたので「呑んだの惣」は中書島《ちゅうしょじま》までの電車の中で、早速、その出来損いの墨壺を削り出した。わしも一緒だった。何分風態《ふうてい》もよくない上に酒の匂いがする。そんな男が辺りはばからず、鋭利な刃物で木を削っているのだから、恐がって電車の客も遠くから眺めているという有様だったが、翌日には「呑んだの惣」はその墨壺をものにしてしまった。「どうだ」というわけだ。わしはその時、一目見てふと思い当たった。何を思いついたというわけではないが、つまり勘というんだろう。

思わずヒザ頭をたたいた。

「呑んだの惣」のおかげで、わしは引き続いて同じ形の墨壺を八個作ったが、こんどは自分でもよく出来たと思うぐらいだったから、欲しがる奴も何人か出て来たので、入札にしたところが、一個五円で売れてしまった。当時、大工の手間が三円という頃だから、まア思いがけぬ金もうけをしたわけだ。

　この時の墨壺を、後に、青山御所《あおやまごしょ》の茶室を建てた時の地鎮祭に使ったので、記念にその墨壺の裏に、木津《きづ》宗匠*13の手で裏書してもらって置いたのが、その時の棟梁藤原の家に残り、養子の代になって、藤原の家にあるよりは、わしの手元にあるほうが当然だからといって、今の藤原が持って来てくれたので、昔を偲《しの》ぶよすがにもなるので身近かに置いている。藤原の養子は現在わしのところで働いてくれているが、人の縁というものは大切にせんならんと思う。

「呑んだの惣」とはその後、永らく顔が合わなかったが、昭和十年頃まだ支那《しな》事変にならなかった頃だったと思う。「呑んだの惣」が、風の便りに、天王寺《てんのうじ》の一心寺《いっしんじ》の坂で車の後押しをしているという噂をどこかで聞いた。そこで店の者を走らせて探させたところ、矢張りほんとうだったので、すぐさま家に連れて来させた。相変わらず酒はやまっていなかったが、さすがに往年の名工をもって自認していた「呑んだの惣」も、よる年波には勝てず、もう六十に近く、ほんとうの年齢以上に老けていた。「呑んだの惣」の場合は流連荒亡《りゅうれんこうぼう》なんて、おつなもんじゃないが、既にもう酒と女ですさんだその抜けがらのようなものだった。ある時など、酒で身も心も失って正体をなくした「呑んだの惣」に水をぶっかけて、酔いをさましたりしたこともあったが、結局大工としての「呑んだの惣」の根性は覚めぬじまいで、酒の中で死んでいった。

「呑んだの惣」など、わたしたちの若かった頃のことを思うと、とにかく何よりも仕事が第一で、腕一本に男の誇りをかけ、寝ても覚めても仕事のことしか考えていなかったが、今の者は昼は大工のまねをしているが、夜になると大工でなくなってしまう。その点銀行会社員とさして変わらない。労基法*14などのやかましい今日では、そうなるのが当然なのかも知れんが、昔を知っている者には、何んとなく物足りん。「呑んだの惣」のことも、世間の普通の考え方では不幸とか不運とかいうんだろうが、人間の一生としてどちらが良かったか悪かったか、ほんとうのところわしにもよく分らん。

扇棰木

矢張り藤原の棟梁の下にいた頃だ。二十人以上もわしより先輩格の仲間がいた。ある時、職人同志で「扇棰木《おうぎたるき》*15」の話になって、それぞれ勝手な議論になった。人いちばい負けん気のわしは、それ以来扇棰木[*16]を自分でやって見ようと思って、金差しで計って種々図を引いて見るが、簡単には出来ない。

　夏のことで、夜ともなれば遠くに盆踊りの太鼓の音が聞こえて、仲間たちは皆出切ってしまう。わしも若い頃で盆踊りのことを思うと、気もそぞろになるが、どうしても扇棰木をものにしたい一念からがんばった。だが一向らちがあかない。夜ともなれば盆踊りの太鼓に誘われて遊びに出る仲間たちには、つき合いの悪い野暮な奴と見えたにちがいないが、もう一生懸命だ。しかしそれでも出来ない。

　そんなある日、藤原棟梁が職人部屋にひょっこり入って来て「盆踊りで遊びたいだろうに、せいが出るなア」といってから、『扇棰木』は、わしもやったことがないので、よくわからんが、こんなにやってみたらどうか」といってくれた。それが縁で、扇棰木もどうやら目安がついた。そして実際に木を組んでみると、うまい工合にすぽっすぽっとその通りに出来た。

　そんなことがあって大分あとのことだが、ある施主が藤原棟梁に狐格子《きつねごうし》[*17]の門を建てるように依頼して来た。ところが棟梁は扇棰木を主張してそうすることになった。そしてわしにやれということである。

　棟梁はわしの扇棰木のことを知っていたので、わしに仕事をさしてやろうという思いやりだったのだ。

扇極木は極木一本々々にくせがあるので、なかなかむずかしい仕事だが、それだけにまたやりがいもある。一途な気持でわしは仕事を続け、ようやく明日建前（上棟式）というところまでこぎつけた。その前夜、わしは矢張り同じ一途な気持から、結婚後まだ二ヵ月の女房を呼んで「都合で、明日旅に出るかも知れん、その用意をしといてくれ」といった。わしとしてはもし明日の建前に失敗したら旅に出るというのが、その時の真意だったが、何も知らないまま女房もついて行くということになった。だがおかげでわしたちは旅に出る必要はなくなり、自分としても面目をほどこしたが、もしあの時失敗して旅に出ていたら、今の平田とちがった、また別の人生を歩んでいたろうと、時には妙な気がする。

坊主持の製図

藤原棟梁はその頃の大阪の大工三羽烏の一人といわれた人だった。わしは永い間棟梁の世話になっていながら、遂に棟梁の大工仕事を見ないで終わった。棟梁としての仕事がいそがしかったからだが、現場の仕事は殆どわしが責任をとった。

だいたい棟梁は笑ったことのない人で、その頃随分恐いひとだと思っていたが、わしの修業時代のうち、いちばん藤原が長かったことを思うと、やはりいちばんなつかしい人だ。藤原棟梁は茶の木津宗匠と親しかったが茶の間大工としての当然の教養として、茶の湯や生花にくわしかったのも、木津宗匠の仕事で苦労したからだったと思う。もっとも大工でも棟梁となるほどのひとは、茶や生花の心得があったのは、当時としてはあたりまえのことであった。

わしたちの若いときの勉強は、今のように建築専門の学校で教わるのとちがって、弟子入りしても見よう見まねで、結局自分で、努力して工夫して腕をみがくしかなかった上に、労基法なんてものもないから先輩たちの意地悪にもたえなければならなかったので、辛棒して一人前になるのもむずかしかった。沢山の人間が脱落して行くのは、どんな仕事でも一つだろうが大工としてまず成功したというのは、独立して棟梁になることだろう。金を残すかどうかなんてことは成功とはいえない。

その頃わしは藤原棟梁の下で責任を持たされ、弟子を置いていたが、ある時、同年の弟子とわしがお伴をして、棟梁夫妻と四人で能勢《のせ》に行った。目的は、藤原棟梁が自宅を能勢に建てるので、その地取り*18とついでに松茸《まつたけ》狩をして楽しもうという算段だった。そんな欲深い目的だったので、弁当から地取りに必要な墨壺や差し金、それから縄などを持って行かねばならない。そこでそれらの持物は当然わしと弟子がわけ持つしか仕方がなかったが、途中から若い者の間でよくやる坊主持をすることにした。と地取と松茸狩で一日終わっての帰りも、やはり坊主持で漸《ようや》く大阪の家についた。ところが運悪く最後の荷物をもっていたのがわしだったので、玄関に入るなり荷物をおろして、棟梁がいちばん大切にしていた製図を渡したとき、その製図の端が破れていた。坊主持で能勢と大阪の間を往復したんだから、どこで誰がいつ破ったなんてことはわからない。それなのに棟梁は大変な不気嫌で「だいたい、お前がどうらくだ」といって散々叱られてしまった。その場は平謝りに謝って許して貰ったが、納まらないのはわしの気持だった。弟子に当たるのも意気地のないことだし、そこで考えた。「今晩一晩だけ、その破れた製図を借りたい」といって、製図を借り出すことが出来たので、その製図を自分で書き直しはじめた。棟梁の製図はカラス口[*19]を使っていない昔風の筆による添書きだったので、実はこれを僅かの時間で書き改めるなんてことは出来んことだったが、わしもやり出した以上意地だ。やはり棟梁と同様筆による添書きで、とうとう朝までかかって図面を引き直してしまった。別にそんなことをする必要はなかったのだが、小さい反抗心もあって、わしは棟梁の描いていない玄関の透視図まで描き足して、棟梁に渡した。

わしの小さな反抗に、棟梁は何かいうかなと内心びくびくしていたが、ついに棟梁はそれっきりで図面のことは何もいわなかった。わしにとって、これが藤原棟梁に叱られた最後だった。その図面も今わしのところにある。

老大工黒徳

京都から大阪に帰り、藤原棟梁のもとで世話になる前、茶の間大工で有名だった三《み》木久《きぎゅう》に手合い[20]に行った。三木久はわしの官姓名を問うだけで、明日こいといったが、その翌日も出かけると、また官姓名を問うだけで追い返された。二度も同じ目にあって癪《しゃく》にさわるので今度は藤原棟梁に手合いに行く事に決めた。

その頃から、わしは大工のくせに道具をかついで歩くのが嫌いで、道具は人力車夫に運ばせて、自分は素手で行くことにしていたが、その上、当時のわしの服装は、刺《いれ》青《ずみ》はしていなかったが、刺青をしている者の着る鯉口《こいぐち》[21]のシャツを着て、大半纏をまとっていた。

藤原棟梁も三木久と同様、こんなわしの恰好を見て、よほど極道者と思ったらしく、なかなかうんといってくれない。そこでわしが再三頼み込んだので、それならば一ヵ月でもと漸く承知してくれた。これが藤原棟梁との縁の始まりである。

元来、わしは好きで職人になったのだから、服装も職人風を誇りにしていた。その上、わしは関東好みの服装が好きだったので、思い切りそれをやった。三木久や藤原棟梁が最初は信用してくれなかったのも、そんなことの影響もあったようだ。

服装のことのついでに、その頃の大工の服装を簡単にいうと、棟梁格の者は筒袖《つつそで》に結城《ゆうき》の着物というのが普通で、足もとは、大抵白のはなおの突っかけ草履で一見それと分った。

職人となると、腕自慢の兄貴顔は、ハッピの上に羽織をまとって威勢を示したものだが、そういう奴を上とすれば、中どころの大工はハッピにパッチ姿が普通で、これが一人前の大工の服装だった。

当時、大工の手間三円、ハッピは五円ぐらいしたように記憶している。

藤原棟梁のもとで世話になって二年目の頃だ。初めて責任を持たされて、芦屋で仕事をしたことがある。施主は藤沢樟脳《ふじさわしょうのう》の支配人の原田という人だ。

棟梁としては、わしに責任を持たせたものの、内心はかなり心配していた様子である。当時、わしは二十七才、一部鉄筋の百二十坪ばかりの仕事だった。

その仕事にかかって四、五日目の午頃《ひるごろ》と記憶する。藤原棟梁が、およそ棟梁と同年輩の職人を連れて来た。名前を黒徳といった。わしは名前を聞いて、急にこんどの仕事が嫌になった。自分が未熟なため、仕事に間違いのないようにと、それで黒徳がお目付役だなと直感したからだ。当時、藤原・黒徳・三木久といえば、大阪の三羽烏と人がいったぐらいだ。

そこでわしは考えた。こうなっては、わしがやめるか、黒徳をことわるかの道よりない。考えた以上実行せずにはいられないわしの性質なので、藤原棟梁に「何をやらせてもいいですか」ときくと、「よい」という返事だったので、翌日から黒徳に、大工としてはやりばえのない下の仕事「窓の子」[*22]をやらせた。案の定、さすがの黒徳も、このため十日ぐらいしか続かず、そのうちに来なくなった。自分も若く、まだ苦労も足りなかったので、つまらぬ意地を立てたものだが、まアこの仕事もおかげで無事建前にこぎつけた。

ものの十日でも仕事をして貰っているし、棟梁への気がねもあって、建前には黒徳にも来てもらった。建前もなんの間違いもなく終わって、あとは御祝儀の酒になった。その時、黒徳はよくやったとほめてくれてから、お祝に秘密の仕事を教えようといった。それは六角の墨の仕様だった。六角の墨付は宮大工には大切なことだが、わしら茶の間大工にはさして必要ではなかった。しかし、これは昔から大変むずかしい仕事の一つにあげられていた。

黒徳は一通り六角の墨付を説明してから「わかったか?」といったが、わしが「わからん」と答えると、黒徳はもう一度説明し直してから、「どうだ」と聞くので、「まだ、わからん」といってから「せっかく教えてもらって有難いがあなたの教えてくれたのは、一通り教えてくれたというだけで、何か肝心のことが欠けているように思う」とつけ加えると、黒徳は「それがわかっていれば、もう教えるに及ばん」といった。

黒徳とわしの関係は、その後もう一度、猪飼《いかい》家の茶室を建てた時の思い出がある。黒徳は大阪きっての三羽烏といわれた人だけに、茶室にかけては文句の出るはずはなかったのに文句が出た話である。というのは猪飼家の茶室もほぼ完成した頃だ。何かのことでわしが行けなくなったので、わしの代わりに黒徳に行って貰って、残りの釘打《くぎうち》の仕事をやってもらった。ところが、その後中川《なかがわ》宗匠[*23]の呼び出しで、何事かといって見ると、「平田、お前は長年茶室をやって来ながら、釘の打ち方も知らんのか」と、たいへんな怒り方だ。そこでわけを聞くと、釘の打ち方が全部ちがっているということがわかった。

このことで教わったというより、茶室をやる以上、注意してやらんならんと思ったのは、わしら大工には「表」も「裏」もないが、茶には「表」と「裏」があるということだった。わしも黒徳もうっかりしていたため中川宗匠を怒らせてしまったわけだが、つまり黒徳は「裏」式をやって来たので、「表」の中川宗匠を怒らせてしまったわけだ。

土方との喧嘩

原田邸の建前のとき、もう一つこんなことがあった。

それは、明日が建前だという日になって、土方の責任者がわしに「明日は建前だそうだが、都合で、建前はぶちこわすから、そのつもりでいろ」といった。なんの言いがかりかわからなかったが、わけをきくと、藤原棟梁がまだ土方の親方に金を払っていないからだという理由だった。そこでわしは、「お前も土方の責任者なら、わしも大工の責任者だ、お前の親方はどうか知らんが、うちの棟梁にかぎって、人を働かせておいて、金を払わぬような人間とたちが違う、それだけのことをいうには、おのれの親方を確かめてこい。もしわしのほうが間違っていれば、片腕だってかけてやる」と啖呵《たんか》を切ったものの、そいつが帰ってしまってから、こっちは腕一本かけているのに、相手からなんの約束もとっていなかったのに気付いて、しまったと思った。

根が単純で、使う言葉も荒っぽいから、このぐらいのことは日常茶飯事で、いちいち恐がっていては仕事にもならんが、何んしろこの土方の責任者は、東京の震災のとき、何人かの人間を殺したということを自慢にしているような男で、使っている人夫を屋根から蹴落《けお》とすぐらいなことは平気でやる奴だった。

相手がそんな無茶な奴だったので、傍らにいた連中は、事の成り行きをだいぶん心配したらしいが、一面またそんな男だけに、間違いとわかれば謝るのも早く、その晩、そいつは酒を持って挨拶《あいさつ》に来た。

弟子の狂言自殺

原田邸の建前の後、屋根の仕事にかかっている頃で、寒い冬のことである。朝早い屋根仕事は、霜などで足を滑べらす危険があった。丁度その日はことのほか霜が多く、屋根に上ることを強く止めておいたのに、弟子の一人がわしの目を盗んで屋根に上り、滑り落ちた。うまい工合に、道具が先に落ちたのでけがはなくてすんだが、何分高い所からだったので、本人びっくりして気を失ってしまった。そこでわしは、すぐ横面をなぐって正気に返らせた。けがのなかったのは何よりだったが、とにかく大工が、高いところから落ちるとか、けがをするというのは、何よりの恥としたもので、こんなことがあってはげんもよくないので、その弟子はすぐ仕事をやめさせて帰らせた。

ところが晩になって、家に帰っていると棟梁が、すぐ来いというので行って見ると、ずぶ濡れのその弟子と交番の巡査がいて、ただならぬ様子なのでわけを聞くと、弟子が自殺をはかったという次第だ。しかし、わしはそれを聞いてもほんとうにしなかった。そしてこいつは見込みなしと思った。話の通り中之《なかの》島《しま》の栴檀木《せんだんのき》橋から飛び込んだのがほんとうとすれば、底は泥沼だし、所詮《しょせん》たすかりっこないというのがわしの判断である。それに話のつじつまがどうも狂言くさいので問いつめると、やはりそうだった。

これに対するわしの処置はきびし過ぎるかも知れんが、見込みのない者が見込みのない道で苦労をするのは、たいへんな無駄だから、一日も早く方向を立て直すのが得だというのがわしの考え方だ。

そんなわけで、わしは翌日すぐ弟子を親元に送って行った。ところが親たちは、我が子可愛さで、わしを恨んでいたようだったが、事情を説明して、こんな根性ではとても一人前の大工にはなれんからというと、ようやく納得した。

しかし、人の縁というものはわからんもので後年、疎開先でわしはこの弟子に偶然あった。聞くと野丁場《のちょうば》の仕事をしているということだった。考えて見ればひとってそう変わったことが出来るものでなし、かりに駄目だといわれても、本人になって見れば、そう簡単にすべてをあきらめられぬのが人間だ。一流だ名工だなどといわれなくとも、人間の幸福はいくらでも求められるという平凡な事実のほうが大切かも知れない。

師匠もない弟子もない

趣味となると、わしは古風なほうらしい。自分では新しいつもりだけど、モダンアートとかを認めないこともその一つの証拠だと、皆はいってくれる。しかし、わしとしては古いも新しいもない、美しいものには他愛もなくほれ込んでしまうほうだ。別にこれという物差しは立てないが、だいたい自然なもの、無理のない美しいものが好きだ。茶の間大工のせいで、よく庭の相談を受けるが、わしのいうことはそれにつきる。家を建てるにも自然、環境から始めるのもそのためである。

たたき大工のわしが、いつそんな勉強をしたかたずねられるが、答えもきまっている。わしには師匠もなかったが弟子もない。いって見れば性質の負けず嫌いが、こうしてくれたので、わしの一生は見ることと実行することだった。設計から山へ材木の買出しなど、人は休んでも年中無休の状態なので、旅行をしたり、道を歩いている時、思いがけぬ勉強をすることが多い。物を集めることも好きだが、暫くやっていると、われながら凝り過ぎて苦しくなり、途中でやめてしまうほうだ。楽しむつもりが楽しみでなくなってくるからである。そして諦《あきら》めたとなると、今まで苦労して集めたものも、たちまちにして散逸してしまう。

学問はないが、本も好きで若い頃は尾崎紅葉《おざきこうよう》の小説など愛読した時もあるが、その後はもっぱら、読む本より見る本だ。大工だからそれで足りるのだろうが、見て楽しむ段になると古今東西の本がある。有難いことに横文字なんか読めなくっても、結構わしは本を楽しんでいる。笑い話になるが終戦直後わしは人を使って、日本橋《にっぽんばし》で古本屋を開業した。そのとき蔵書の大半を失ってしまったが、専門の建築関係のものは残った。侍の商法と同様、たたき大工の古本屋は経費ばかりかさんでまんまと失敗したが、これもわしの本好きの一つのあらわれだったと思う。

彫刻というと生意気かも知れんが、根が好きだったことにもよるが、終戦直後の闇商売が嫌で彫刻を始めた。やり出してみると、捨てる木も何かの形になるので、おいおい深入りして、いまだに続けている。この頃でも夕食が終わると彫刻刀をいじくることにしている。お客があっても何か特別の客でない限り、彫刻をやりながら話すことが多い。わしのようにわがままで孤独癖の強い人間は、相手の気持を考えつつしゃべっているよりも、木を相手に刀を動かしながら雑談するほうがずっと気楽なんだろう。

言葉の失敗

囲碁をはじめゴルフまですすめて、わしをもっと社交的な人間にしてやろうという人があるが、全部ことわっている。商売上必要だというけどわしには出来んことだ。わしがそんなことを始めれば、商売繁昌《はんじょう》どころかつぶしてしまうだろう。勝負事が嫌いなのも自分の性質をよく知っているからである。

社交的になるためには、第一わしは日常の言葉から注意せんならんことになるが、そんなこと考えると、とてもたまらん。貧乏してもこのままのほうが、いいというわけである。

言葉が汚いというより、わしの言葉は粗野なんだ。大工でも利口な者はそんなことはなかろうが、言葉に対する不注意もあって、言葉についての失敗は数多い。

二十五か六の頃だったと思う。責任を持たされてある料亭の仕事をやらされた時、たまたま倉の中の軸を入れる棚を作ることになった。狭い場所で、やりにくい仕事だったが、とにかく中に入れる軸を見て置かねばならんと思い、それを見せて貰った。別に他意はなかったんだが、「このぐらいは棚に乗りましょう」というつもりで「こんなぐらい……」といったのが主人の気嫌を損じ首になってしまった。つまらん失敗だが、それから二十年後になって、その料亭から仕事を頼みに来た。で、わしは、「平田は昔の通り、口が悪いがそれを承知なれば」ということで引き受けたことがある。

矢張り同じ頃だが、ある家へ仕事に行った。玄関に角力取《すもうとり》の履くような下駄があるのに男気がない。変な家だと思いながら二、三日仕事をしてわかった。後家さん一家で娘二人の女世帯だった。姉が市場を経営していて、妹が借家を管理していた。えらく親切にしてくれるのは有難かったが、大工をやめて家に来てくれといわれたのには困った。そのうちに天井の仕事をやってくれというので仕事の足場に足踏台を持って来させた。ところが弟子の持って来たのは高いのと低いのと二つのキャタツだった。こんなものでは役に立たん。そこでわしは「こんなチンバのキャタツではあかん、いいのを持って来い」といった。こんどは先方から首にしてくれなかったが、実はこの家の妹さんは、気の毒にチンバを引いていたことをそのときのわしは忘れていたので、こんなことをいってしまったのだが、後になるほど悪いことをいったと、それればかりが気になり、とうとうその人たちの顔を見るのが気の毒になり、こちらがやめた。

こんどは言葉の失敗というより言葉で救われた話だが、それは最初の女房を死なせて間もなくだった。同じ大工仲間が、仕事先の女中に「平田は女房を死なせて淋《さび》しがっているから嫁になってくれ」と、おだてたものらしい。ところがわしのほうは、ある人の世話で結婚してしまった。さアこれが事の起こりで、その女中の両親の抗議から大問題となって、わしはある日棟梁に呼ばれて「得意先の女に手をつけた。そんな奴は使えない」といって首にされてしまった。びっくりしたのはこちらで、言いわけをいっても、証《あか》しの立てようがない。そこで相手の両親や女を呼んで満座の中で対決することになり、開口一番、わしは女に「いつわしは、お前と○○した？」といった。すると女は「そんな、いやらしいこと……」といって、その事を否定したので、この事件は無事におさまり、わしの首も元のままということになった。

博徒と間違われる

はじめて棟梁といわれるようになった頃だった。一年働いて漸く七百円ほどの金が残ったので、正月五日、若い者を連れて伊勢《いせ》参りをした。伊勢に行ったついでに友達の墓参りをしてから急に金比羅《こんぴら》参りを思いつき、大阪に降りずそのまま四国に行った。この旅行は弟子のほかに家内子供を入れて七人ばかりだった。金比羅ではお参りを終わった後は宿についてから、夜は遊びに出た。射的をやったり遊廓《ゆうかく》をひやかしたりしているうちに、ある店で可愛いい娘を見た。聞くと年齢は十七歳とかで昨日店に出たばかりだというのに、ひどく感動して、わしは早速楼主と身受の話をして、五百円のうち半金を渡して話をまとめた。わしのつもりでは、大阪に連れて帰り、家庭見習をさせてから、親元に帰してやるぐらいのつもりでしたことだが、このわしの突拍子な行動が、その娘の同輩たちの間でいろいろ取沙汰《とりざた》されたらしい。それとも娘の幸運に対する中傷だったのか、とにかく「あの男は賭博打《ばくちうち》で子分を連れて逃げて来ている男だ」ということになって、翌日楼主がことわりに来たので、わしの他愛もない義侠心《ぎきょうしん》も実を結ばなかった。実を結ばなくってよかったのかも知れんが、思い出して見ると、昔はなんとなくのんきだったような気がする。

伊勢から金比羅への僅か十日ばかりの旅行だったが、大阪に帰って見て、こっちが驚いたことには、警察にわしたち一行の保護願を出して、大変な心配をしているところだ。そんなことで「よく帰った」というわけだけど、心配のわけを聞くと、職業柄何者かに呼び出されて殺されたんだろうということだった。

身分不相応は恥

言葉の失敗で少し話したから、こんどは、身のほどを知らねばならぬと思ったことを書いてみる。

というのは、ある施主が東京へ行くので、何かの用件もあって大阪駅に送って行った。その人から汽車が発《た》つ前になって、家まで持って帰っておいてくれといってオーバーを預けられた。そのオーバーは金持の持物らしく、手ざわりもやわらかく、確かに上物だった。

その手ざわりが忘れられず、わしも同じ人間だったら一度あれぐらいの物は着てみたいと思い、それから三年後、金を貯めて同じオーバーを買った。同じ施主の仕事をやるとき、わしはこの新調のオーバーを着込んで出かけた。いい物を身につけるということは悪い気持ではない。

弟子も一緒だったから、さぞわしはいい気な顔をしていたことと思うが、人間の運というのは可笑《おか》しなもので、このわしが意気揚々と熱海《あたみ》のホームに降りたところ、お嬢さん同伴のSさんに、ぽっかり出会ってしまった。Sさんはわしにオーバーを預けられた当人である。その時のSさんが、又きわめて質素な服装だったので、かえってこちらは身が縮む思いで、めがねをはずすやら、オーバーをぬぐやら、心のうちではそのオーバーを隠すようにして、そこそこの挨拶をした。この時ほど、身分不相応なまねをするもんじゃないと、恥ずかしい思いをしたことはない。

飛田での喧嘩

早くなった母は信仰の篤《あつ》い人であったが、何の因果か、わしは一向そんなことは無頓着だ。あまつさえこの世に神も仏もあるものかと放言している。これも余り若い時苦労し過ぎたおかげだろう。

だから正月だからといって初詣《はつまい》りなんてことはやらん。たとえ参っても賽銭《さいせん》なんて一切ごめんこうむっている。そんなわしだが、今年は気紛《きまぐ》れから「十日戎《とおかえびす》」に参った。参ったというより散歩に行ったのであるが、あの人出はちょっと馬鹿げている。賽銭も千七百万円になったそうだから、ひとりくらい臍《へそ》まがりが出て悪態をついたって、神様には何んの影響もないだろう。その帰り新世界*24に出て、ジャンジャン横丁を少し歩いて帰った。この道は「飛田《とびた》*25」に通じる道で、昔はよく通ったものだ。そこで一つ飛田通いの若かった頃を思い出したので、恥のかきついでにしゃべってしまうことにする。もちろん独り身の青二才の頃である。

十八歳で親の家を飛び出し、神戸《こうべ》から宇治とさんざん苦労した後、兵隊も終わって大阪に落着き、藤原棟梁の下に世話になっていた時分、一円五十銭ばかりの金を握って、いつもの如くジャンジャン横丁を通り、関西線のガードをくぐり飛田の町通りに来たときだ。往来がにわかに騒々しくなり「泥棒だ」という声がして、ふとその声に気を取られていると、ドシンと人にぶつかってしまった。見ると商人風だが、どこか素人らしくない面相の四十がらみの男が、一人の貧弱な乞食《こじき》の手をねじ上げ、片手には一足ではない靴の片足をぶら下げていた。物見高い周囲の気配で、泥棒事件の当事者がこの男たちということがすぐわかった。若気の至りもあったが一種の義侠心も手伝って、乞食が余りにも貧弱だったからだろう、集まっている野次馬の中からも「出て来たのなら、許してやれ」という私語も聞こえたのに力を得て、わしはとっさに乞食に有り金の一円五十銭をやって、早く逃げろといって無理矢理に逃がしてしまった。するとと四十男は、余計なことをするなといって、わしに文句をつけて来た。こちらもそのつもりだから逃げた奴は仕方がない、それよりわしに突き当たった始末のほうを先にしてもらおうというて、あわや喧嘩になりかけたところを、気の利いた仲裁人が見物の中から出て来て、まアまアというようなことになった。そうなると両方とも悪口のつき合いで、言いたいことをいって物別れとなった。聞くとその四十男は、この近所の少しは顔の利く料理屋の親爺《おやじ》だということであった。

しかしその頃のわしは、その昔の石部《いしべ》金吉《きんきち》流の真面目さを失いかけて、恐い者知らぬ頃だったので、そのままでは何んだかさっぱりしない、そこで翌日仲間を一人誘ってその料理屋に出かけた。二階に上って酒をとったが、もちろんわしは酒は飲めんので仲間が飲み役になった。女中の居なくなった間に用意して来た蠅を銚子《ちょうし》の中に入れ、ご丁寧に振って置いたのを、上って来た女中にもすすめて酒をついでやったが、振り過ぎたのか、もう出てくれてよさそうなものに蠅はなかなか出てくれん。が、やっとのことで底のほうから問題の蠅が出て来たので、筋書き通り「お前の家は燗酔《かんざま》しを出すのか」と言いがかりをつけた。女中は散々謝るが、敵は女中ではないから主人を呼べといって、とうとう主人を呼び出して謝らしてしまった。主人はわしが昨日の男だと気がついたかつかなかったか知らんが、謝ったところを見ると気がつかんじまいだったのだろう。今から考えると、少し横車が過ぎたようだが、若いということは得なものだと思う。少々の無茶でもそれをやる稚気があるし、又やってしまうから恐い。自分たちの若かった頃を思い合わすと、今の若い者だけをアプレ[*26]とかいって批難も出来ない気もする。

大工の冥加

誰だってそうだと思うが、人の一生にはいろいろなことがあるものだ。これらの経験が子孫に受継がれ、大いに教訓になって行けば立派な人間ばかりになるはずだが、哀しいことには人間とはそうは問屋が卸してくれんようだ。だからいつも人間は一人一人が赤ん坊の「いろは」から始めて、同じような失敗をくり返し、同じような喜びや哀しみを経験していつかまたこの世から消えてしまうのがそのならわしらしい。こんな風に考え込むと、何んだか生きるのが面倒臭いが、年を取るにつれて、わしは物を創る喜びというようなものを強く感じるようになった。建築は家業とはいえ、人のおかげで次々といろいろな変わった建築が手がけられるのは、本当に冥加《みょうが》に尽きると思う。もちろん商売だから時には嫌なこともあるが、こと建築に限ると、わしにとってこんな結構なことはない。それと彫刻をやっている時がいちばん楽しい。別にこれで有名になろうとも、金を儲《もう》けようとも思わんだけに余計そう思うのかも知れん。そんな意味でもわしの現在は極楽のようなものだ。皆若い時に苦労してしまったおかげだと思って、余り欲を出さんようにしている。金なんてそんなに欲しいとは思わん。

そう考えると永生きできそうなのも有難い。苦しさの余り、何度か死のうとしたことがあるが、よくもあの時死んでいなくってよかったと、今では時々そんな昔を思い出すこともある。父親に虐待され玄翁《げんのう》で頭を殴って自殺を考え、それがうまくいかず野井戸に飛び込んだ子供の時のこと、一家ガス自殺を図った三十代の時のこと、そのガス心中を考えた時の家内が肺病で亡くなった後わしは子供二人、それも乳呑子をかかえて途方にくれた。その時もわしは、死んだ家内のことと子供を考え、乳呑子を連れて働くにも働けず、堺《さかい》の東池に飛び込もうと二度もほっつき歩いたことがあるが、あの時の気持も今から思えば紙一重の運命であった。人が死を考えるなんて心の弱っている証拠かも知れんが、心の弱った人間にとっては、そんなことは屁理窟《へりくつ》に過ぎん。

何とかこの苦難から逃れようと、子供を一時親せきに預けたり、道楽をすれば少しは気が変わるかと、酒は飲めんが女遊びをしてみたりしたが、長い家内の看病がついにわしにもその病気が感染したのか、からだが熱っぽく、その上寝汗はかくのでずいぶん気に病んだ。といって、その頃のわしにはすぐに医者にかかる甲斐性《かいしょう》とてなかったので、薬局の薬で間に合わそうと薬屋に行くと、薬局の主人は無慈悲に「あんた、肺病だんなア」といやがった。自分でもその心配をしていただけに弱点をつかれたのに腹が立って、思わず肝癪《かんしゃく》から薬瓶を土間にたたきつけて、粉微塵《こなみじん》になる薬瓶を踏んで帰って来た。

いよいよわしもやられたと思うと、目の先が暗くなった。夜中に目を開いていると、天井の汚れや木の節がまるで心あるように動いて魔物に見えた。電灯の影にもびくっとすることもあった。そんな苦しみに何日かたえた後、勇気を起こしてある日医者を訪ねた。病気が病気だから内科を選んだのは当たり前で、わしは恐る恐る医者の宣告を待った。ところが、意外にもその医者は二、三わしに質問した後、股間《こかん》に手を入れるとわしの睾丸《こうがん》をギュウと握りやがった。アッと思うよりも本当に痛かったので、そのまま「痛いッ」と音をあげると、その医者はニコリともせずに、内科じゃ駄目だ外科に行けといった。

あらためて説明を聞くまでもなく、わしの病気は肺病でなく睾丸炎だったのである。苦痛を逃れようとして遊んでいるうちに、恥じさらしな話だが、わしは自分が悪い病気にかかっていたことも知らなかったのだ。熱が出たり寝汗をかいたので、てっきり肺病と思い込んでいたまでで、その熱も寝汗も睾丸炎の故だと医者にいわれると、これまた人間て勝手なもので、いっぺんに肺病は癒《なお》ってしまい睾丸炎も忘れてしまった。

おかげでわしは、一つの危機を逃がれさせてもらうことが出来た。その後乳呑子のほうは死なすなど、なお苦労をなめねばならなかったが、子供があったればこそ強く生きようと思ったことは確かだ。

京都の瓦屋

棟梁になって間もない時だ。

ある日、わしは金を持って京都の瓦屋《かわら》へ、瓦をあつらえに出かけた。藤原時代からの知り合いだが、独立してからは初めてであった。そんなわけもあって、先方もたいへん喜んでくれた。雑談の間に、わしが人形が好きだと話すと、ちょうどよい人形を持っている家があるから案内しよう、というわけで番頭が二人までついて、そこに連れて行ってくれた。行った先は祇園《ぎおん》の料理屋だった。人形があるといったのは口実で、実はわしを得意に引込むためのもてなしだとわかった。芸者が二人呼ばれ、どちらでも好きなほうをというわけだが、だいたい、わしはこんなことは嫌いだ。見えすいたもてなしに預かるなんて、全く性に合わん上に、こちらは酒を飲まんのに、ではこの女にしますなんてことは、なおのこと嫌だ。そこでいつものつまらん負けん気を起こして、お前らの世話になるかいという気で、抱えの女が何人いるかと聞くと、七人居るというから、じゃ、その七人全部あげろといって、番頭たちにはそれぞれ相手をあてがい、わしは外から別の女を呼んで、一時頃まで遊んだ。おかげでその店を出るとき、持金は殆ど払ってしまって、三円ぐらいしかなかった。通人から見れば、大馬鹿野郎に映ったろうが、店では大変な扱いで、女中から仲居まで総出で送ってくれた。わしとてまア悪い気はせん。枚方《ひらかた》にいた頃なので、真っすぐ帰るつもりで、客待中の自動車を拾った。自動車に乗ると運転手はさっきからの様子を見ていたらしく「旦那、たいへんな持て方ですなア。毎日、自分も祇園辺りを流しているが、あんな豪盛な送りは初めてです」と話しかけるので、何んでそんな結果になったかを、ありのまま話してやると「へェー」といいながら「どうです旦那、ダンスホールは」ときた。しかし、わしはもう一文なしだというと、構いません、売上がありますからと、もう自動車はダンスホールについてしまったが、合憎ホールも看板だった。残念だったのだろう、こんどは自動車を京都に向けとまったのは三条《さんじょう》の市役所の近くである。運ちゃんは自動車に鍵《かぎ》をすると、さア行きましょうというわけだ。ある宿屋についた。さすがにダンサー相手の客が多いと見え、部屋も洋間だ。枚方の家に直行するつもりが悪運転手に惚《ほ》れられたおかげで、こんなことになってしまった。

翌朝、いうまでもなく、その運転手の車で枚方まで送ってもらい、立て替えてくれた費用を払い、土産も持たせて別れた。その時運ちゃん、京都で車拾われる時は、自分を呼んで下さい、どこからでも飛んで行きますと、連絡の電話番号を教えてくれた。

こんなわずかな縁だったが、東京の帰りなど京都に降りると、きっとこの運転手に電話して、枚方まで帰ったものだ。また彼も大阪の帰りだといっては、枚方の家に寄って行ったが、戦争が始まってから、全然消息が絶えてしまった。

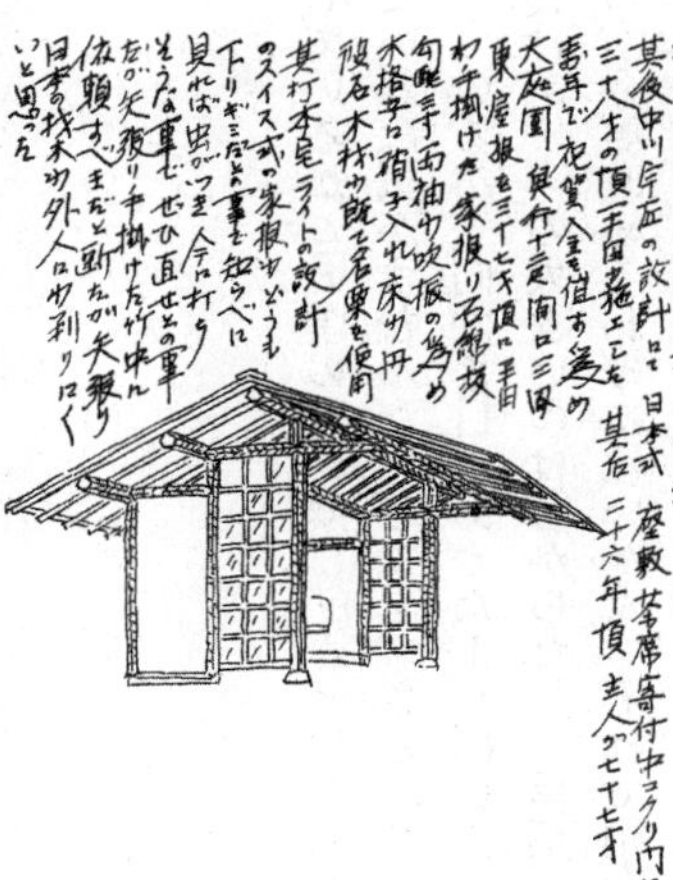

若者今昔

四六時中がなり立てて、仕事に精を出しているがこの頃の若い奴は、さっぱりわしの思う通りにならん。親父さんは怒なっていれば気がすむんだ、とでも、さとってしまったのか、怒なられた時だけシュンとしているが一向効き目があったように見えん。これでは大きな声を出すだけ損というわけか。声の大きいのは昔からだし、言葉の荒っぽいのも今に始まったことでないから、今更改めるわけにはいかん。それで相変わらず怒なり散らしては仕事をしているが、わしが死んだら少しはわかってくれるだろう。せんだって、冗談まじりにわしが死んだ後で、何か心に余ることが起きれば、わしの墓の前で頭《こうべ》をたれて考えて見ろ、そしたら今わしが怒なっていたことが、思い出されて心に当たることがあろうと、いって笑ったが、実はわしが若い奴らに口やかましいのは、自分の若かった日の修業時代を思って勉強して置くのは若い時しかないと思うからのことだ。

しかし考えてみると若い気持には、老人のいうことは、なかなか耳に入らんものかも知れん。お前の若かった時はどうだったといわれると、わしもそうたやすく人の言う通りにはならなかったけど、だが仕事に関しては誰にいわれるまでもなく、進んで困難にぶつかって早く自分のものにしようと努力したものだが、大工として志を立てた以上、その程度の努力はするのが普通である。そう考えると、今の若い奴らの仕事ぶりが歯がゆくてならんが、どうやらこの歯がゆさは死ぬまで続きそうだ。

なぜ今の若い奴らは理屈ばかりいって一向役に立たんかということで、よく思い出すのは、わしらの若い頃には兵隊で鍛えられた事だ。わしも戦争は反対だから簡単に兵隊をほめられんが、軍国主義だとか再軍備というようなことを抜きにして、ひとつの教育として考えると、あの年頃に兵隊生活を経験したということは、非常によかったと思っている。それが今の若い奴らにないということは、わし達の若い頃と今の若い者のちがいを知るためには大切なことだと思う。兵隊でわしは人生の要領とかその他良いことと悪いことを種々教えられたが、そのうちでもよかったと思うのは、自分の体力に自信を得たことと、己れの力の限界を教えてもらったことだ。なるほど兵隊生活は誰もがいうようにつらいことも多いが、そのつらいうちに、自分の力量の限界を知ったことは、その後のわしの人生にとって大変役に立ったように思う。

あんな生活は求めて得られるものでないだけに、誰にとっても兵隊生活が大変有益だということは、結論としていえないかも知れんが、わしの経験だけからいえばこんな風に考えている。今の自由主義教育とかの進んだ点が、どういうことだか必要もないので、少しも知らんが、世間の噂のようなものであれば、逆コースといわれても少し昔の教育の仕方を反省してみてもいいのではないか、大工の教育論なんて余りぱっとしないが、素人の愚痴と聞き流してもらえれば結構である。

中隊長と女の手紙

話が兵隊のことになったついでに、こんどは徴兵検査の頃を思い出すことにする。前にもいったことがあるが、義母との折合いが悪く、家を飛び出したのが十六歳。その後あちらこちらで大工の修業をして、初めて故郷に帰ったのは徴兵検査の時であった。

何年ぶりかで、故郷に帰って来たその時のわしの恰好は、セルの着物に土産物のほかはハッピと若干の大工道具だけだった。徴兵検査を機会に、内心わしは大工をやめ軍人になりたいと考えていたので、どちらかというと、勇んで徴兵検査を受けた。堺の旅籠《はたご》町といえば漁師が多く、わしのような色の白い奴はいない。それだけにいささか不安だったが、検査は身長から始まって、体重、目とだんだん進んで最後に検査員の上官がよしといって、待望の甲種合格と決まった。海軍をすすめられたが、わしは泳ぎができなかったので騎兵に志願して置いた。後から来た通知を見ると甲種合格の一番になっていた。わしは初めて自分の体というものの真価がわかったような気がして、急にからだに自信を得た。

入隊二十日前のことである。その時、わしは兵隊向きの万年筆が買いたくて、南海電車から西へ行ったところに「かなえ橋」というのがあって、その近くの文房具屋に入って兵隊向の万年筆をくれといった。すると留守番をしていたそこのおばさんは、わしの顔を見るなりわっと泣きながら奥に逃げこんでしまった。理由がわからないので、わしこそ狐につままれた恰好だったが、いれ代わりに、こんどはおやじさんが出て来て、入隊するのかと聞いた。

そうだと答えると、おやじさんは、実は自分には二人の子供があった。長男が兵隊にとられて騎兵に入ったが、余りにつらくて自殺してしまった。その罪ほろぼしに、今では弟も志願して騎兵になっているが、母親はあんたの顔を見てそれを思い出し、泣いてしまった次第だと説明してくれた。そして入隊したならば、播村軍曹の親類の者だといえと親切にいってくれた。

入営の最初の印象は、和歌山など地方から入って来る連中は、たいていカスリの着物に書生下駄という恰好なのに、大阪の者は羽織袴《はおりはかま》なので、いかにも惰弱に思われた。

次は騎兵となると馬だけが余計で歩兵、工兵にくらべると、たしかに朝晩半時間ずつちがった。顔さえ洗っている暇がないこともあった。しかしわしは、これまでいろいろ苦労をして来ているので、そんなにつらいとも思わなかった。

兵隊生活の面白いところは、新兵などでたばこをのむ奴があって、たばこをのみかけるときっと用事が飛んで来るという風で、意地悪というより、愛嬌《あいきょう》があって可笑しいぐらいだ。わしはこれまで苦労したおかげで、人の顔色を見ることも早かったし要領もよかったので、上官から可愛がられて、いっぺんもビンタを受けなかった。

しかし一度だけ中隊長に横面をたたかれたことがある。それは女文字の手紙のためだった。その時わしは中隊長の前で直立不動の姿勢で訊問《じんもん》された。「入隊前に、貴様には女があったろう、君江という女を知らんか」「知らん」「嘘をいうな、開封していいか」とうとう中隊長は一つの手紙を開封して読み出した。読み進むうちに中隊長の表情が変わっていって、終わりまで読み切らないうちに、「悪かった」と、中隊長がこんどはわしに謝ってしまった。

その手紙というのは十六歳になるわしの実妹からのもので、芸者見習に出されたことや、奉公先のガラスをこわして叱られたこと、「少女クラブ」という雑誌が欲しいというようなことを、兵隊のわしにうったえて来ている手紙であった。

このことが縁で、その中隊長は、毎月妹に「少女クラブ」を送ってくれた上、わしのこともいろいろ気にかけてくれるようになった。

わしの兵隊生活中でビンタを受けたのは、この時だけである。

一度は大工をやめて軍人になろうと決心したわしであったが、結局わしは大工をもって天職とすべき運命を持って生まれたのか、希望の騎兵志願も普通で三年勤むべきところを一年二ヵ月の兵隊生活を最後に、事志とちがって現役免除になってしまった。しかもその一年二ヵ月のうちの、二百日は病院暮しに終始した。

そうなったわけは、演習中に傷をしたことから足がはれて、入院しなければならなくなったのである。入院後も病気は悪化して、一時は足を切らんと駄目だろうといわれて、レントゲンも三回とり一ヵ月はギブスをしていた。少しよくなって隊に帰ると、また悪化するという風で、わしの右足はよほど不思議な足と見え、東京からわざわざ軍医正が診に来てくれたほどだ。妹の手紙のことでビンタをくれた中隊長も見舞ってくれて、病院をさわがせたこともあるのに、わしの父はついに一度も見舞ってくれなかった。

二百日余も入院していたので、しまいには、わしは病院の主のようになってしまい、重病人の介抱をしてやったり、看護婦の手伝もしてやって調法がられた。その頃からわしは絵が好きだったし、多少絵ごころもあって器用に絵をまねたものだから、看護婦たちに刺繍《ししゅう》の下絵を描いてやって人気があった。

重病人の介抱もわしの気性として徹底的にやってやった。そのためだとはいわないが、危篤の電報を三本も打った重病人が命をとりとめて、快癒したこともある。

これぐらいの兵隊生活で兵隊をほめたんでは、かえって恥ずかしいが、わしの兵隊時代は日本の軍縮最中で、考えて見れば、いい時代の気楽な兵隊だったから、こんなこともいえるのかも知れない。

迷信と奇跡

母を失って間もなく、義母との折合悪く、家を飛び出して、最初の職についたのが、浪花座の道具方志願だった。その時道具方の先輩に生意気なと叱られる原因になったのが、延若《えんじやく》十種の「乳房の榎《えのき》」＊27という芝居で、殺された子持の男の幽霊が、榎の幹に入るその入口の仕掛に意見をのべたためであった。聞くとこの「乳房の榎」が関西歌舞伎の人たちで八月の中座興行にかかるそうだ。この頃は怪談なんてはやらんが、芝居などでは夏は好んで、怪談物が喜ばれるようだから、わしもそれをまねて恐かった話を思い出してみよう。

わたしたちの幼かった頃は、よく化物が出たの狐に化かされたのといったものだ。今は田舎に行っても、そんな話をしても相手にしてくれまいが、考えてみると理由はいろいろある。今日のように、電灯は発達していなかったし、眼鏡も普及していない。教育程度も低いとあってみれば猥談《わいだん》、怪談がひとの好奇心をそそったのも無理はない。

母を失って、わしら兄弟、淋しくくらしていた子供の頃の話だが、町内の立派な大人たちが鉄砲や刀を持って、毎夜、幽霊探しの夜警を始めたことがある。麦の穂の出る頃で、何人かの人がお化けを見たというのが始まりである。何日か熱心な町のおっさんたちの努力でわかったことは、煉瓦《れんが》を焼くカマの火入を職とする、背のひくいちんばの老人が、古提灯《ちょうちん》を持って、麦畑を歩いて行くのがお化けの正体だったのである。幽霊の正体見たり枯尾花とはよくいったものだ。

こんどは、わしもその仲間にいたことだが、こんなことがあった。夏の月のよい晩であった。その頃、堺の仁徳陵《にんとく》の近くに馬ヶ背という淋しい所があった。追剥《おいはぎ》が出て、夜など滅多に人も近よらなかった。誰がいい出したのか、丁度、われわれ毛の生えかけたばかりの若僧たち三人で、ひとつその追剥退治をやろうと、それぞれ刀などを持って夜中に出かけた。目的の仁徳陵の池の近くに来ると、相手に気取られてはいけないと、ぬき足さし足、内心みなビクビクなんだけど、それだけに真剣な気持でいると、不思議なことに池の水がだんだんあふれて来る、しまいには池の端の道にまで波があふれて来た。これは大変だと腰をからげるやら、着物をまるめて頭に乗せるやらで、一騒ぎのあと、ふと気付いたことは、これは全く目の間違いであることがわかった。皎々《こうこう》とさえる月の光が、流れる雲をうつして、さながら辺り一面を池のように見せたためである。錯覚という奴なんだろうが、わしはいまだにその時の月の光の美しさを思い出すことがある。こんなことも、時と場合によっては狐に化かされたことになるのだろうが、幸いわれわれ悪童達は、目的の追剥にも出合わず、無事帰宅した。

迷信とか奇跡を信じるとか信じないというのでなく、わしは幼いときから恐いものでも何んでも、いいかげんにすますことが出来ん性質で、とことんまで確かめたいほうだった。だから余り恐かったという記憶はないが、そのうちにただ一つぞっと身の毛のよだったことがある。

それは十六歳の時で、母の死ぬ前日である。母は父が人並はずれた極道者だったのでいろいろ苦労ばかり続けたあと、病気で床についてしまった。亡くなったのは十一月八日である。もともと信心深い母だったので、わしも子供心にどうしても母の病気をなおしたい一心に、二十日ほど前から、母の快癒を祈って水ごりを始めた。井戸端で水を浴びては神に母のことを頼んだ。その満願の日である。人の寝静まったあとだから十二時ちかかった。いつものように水ごりして裏の戸をあけて家に入ろうとした時だった。「人殺し、たすけて……」という、か細い声が聞こえた。自分の耳を疑いながら、もう一度同じ声を聞いたとき、思わず身ぶるいを覚えた。ところがわしのくせで恐いもの見たさに、その声の聞こえる方向にたどって行くと、近くの細い露路奥の五軒目の家が、その声の出場所とわかったので、恐わ恐わ覗《のぞ》いてみると、事もあろうにこの夜更に、男が井戸に何かをつるし下げている様子で変だ。しかもわしを恐がらせたその声は確かにその井戸の中かららしい。よく見ると、その男が人間の足首を摑《つか》んで力んでいる。とっさにわしはどんなことが起こっているか知ると、男といっしょに女の足首をとるなり「誰か来てくれ……」と大声でどなった。幸いかけつけてくれた人たちの世話で、女を井戸から引き上げることが出来た。ざんばらに髪をたれ、細い身の青白い女を見ると、こんどもわしはぞっとした。その様子はどう見ても此世《このよ》の人の様ではない。こんなことになったわけは、女が胸を患っているのに亭主が酒を呑み歩いて帰りがおそい、それが原因で喧嘩になり、殺せ殺してやるが、こんなことになってしまったとのことである。わしは母親が重病にもかかわらず、気転を利かせて近所に救いを求めたというので、皆から大変ほめてもらったが、哀しいことに、その翌日の午前十時、母はこの世を去った。病気は腸満というやつだ。死ぬ前母はわしを呼んで、お父さんはお前を誤解しているが、実の子にちがいない、自分が死んだら妹たちをよろしく頼むといったのがただ一つの遺言になった。

この母の言葉で、父がなぜわしをいじめたかわかったわけだが、極道者の父はお通夜の晩に、母の悪口をいって、長いこと女に不自由して来たから、後添いを貰うなどいい出したので、母方の親類は怒ってその晩皆帰ってしまった。

この後、父が後妻を入れたが、わしはこの後妻とことごとに折合いが悪く、前にも書いたように、とうとう家を飛び出してしまうが、その時に入ったのが浪花座の道具方で、先に書いた「乳房の榎」をやっている時であった。

怪談ではないが、わしはよく夢を見る、たいてい仕事の夢である。やはり何か一生懸命に考えていると、その夢を見て、夢の中で思いがけぬよい考えを教えられることがある。仕事の夢ではないが、昔、わしはちょっと変わった夢を見た。それは神戸のあと、宇治の木幡に来ていた頃であった。独り身の時で、眠っていると夢に、窓から白い蛇が一匹入ってきて、伏見の稲荷《いなり》神社の裏山にほこらが二つあるから、それを祭れといって消えた。わしは蛇が恐くて逃げようとするのだが、逃げようと思うだけで一向からだが動かないところは夢によくあるやつだ。

なぜこんな夢を見たのか見当つかんが、とにかくわしは、その翌日、伏見の裏山に行って調べてみた。蛇のいったような塚は見つからん、また次の日出かけて、ようやくそれらしい塚を見つけたので、家に帰ると社から鳥居まで、自分の手で作って祭った。迷信を信じるわけでないが白蛇のお告げと思うと、なんとなく縁起もいい、そのうちに何かいいことがあるだろうと、虫のいい話だ。ところがそれから間もなく、いいことどころか、逆におこりという病気にかかってしまった。時間が来ると四十度近い熱が出た。医者に診てもらうがなんだかたよりない、そこでわしは熱が出ると井戸端で水を浴びることにした。医者はそれは無茶だといってとめるが、わしはやめなかった。とうとうわしはそんなことで病気を押し切ってしまった。

病気がなおると、夢で見た蛇などに踊らされてやったことが、かえってシャクにさわるので、社から鳥居も、こんどもまた自分の手でたたきこわしてしまった。

わしなんて男は、だいたい信心なんて柄ではない、そんな男が白い蛇の夢を見て、祠《ほこら》を探し歩いて、お祭りをしたというほうが不思議なぐらいだ。そんなわけだから信心から神社仏閣にお詣りしたことはないが、仮にお詣りしても、賽銭という奴を上げたことがない。これには一つ原因がある。というのは、十歳ぐらいの子供のときだった。何度もいうように父が無類の極道者だったので、殆んど母親のやせ腕で育てられたわしは、貧乏話なら、誰とやったって負けんつもりだ。そんな子供の時のわしが、ある正月、親せきから五十銭の銀貨をもらった。ギザギザのある五十銭といえば、子供の小使にはなかなかの大金である。わしはそれを持って観音《かんのん》さまのお祭りに出かけた。ほかにも小銭を少し持っていた。店屋など見ながらやってくると、参詣者《さんけい》の大人たちは、賽銭箱に銭を投げ込んでは、それぞれ手を合わせて仰《おが》んでいる。暫くそれを見ているうちにわしもふと賽銭を上げて仰んでみたくなり、持っていた銭を一枚ほうり込んでしまった。後で気がついてみると、投げ込んだのは五十銭銀貨だった。しまったと思ったが後の祭りである。なんとかして取り替えられないものかと、賽銭箱によじのぼるようにして中を覗いて見たが、そんなことで取り戻せることでなかったので、こんどは考えて、わしはわけをいって、五十銭を返してもらうよう頼んだ。しかし、坊さんは賽銭に投げ込まれる五十銭銀貨は沢山あることだし、果してどれがお前のやら、わからんといって、泣きそうなこちらの頼みなど聞き入れてくれる様子はなかった。そんなわけで折角貰って大切にしていた五十銭銀貨を失ってしまったわけだが、その時何くそと思ったことから、賽銭というものはしないことにしたのが今日まで続いている。

父は堺の大工

無学で教養のないわしのことだから、むずかしいことを並べたって、面白くも可笑しくもないだろう。逆に恥も外聞も捨てて、思いきりしゃべってみれば、世の中には、こんな一生を生きて来た奴もあるのかと、多少は参考にしてくれるひともあるかと、それを楽しみにしている。だから普通のひとから見れば、他人に知られたくないようなことばかりしゃべっているので、ずいぶん面の皮の厚い奴だと思われそうだが、本人としては平気どころか、内心は思い出を噛《か》みしめてやっていることだ。

わしは平常、何人かの若い者を使って仕事をしているので、ついその若い連中のことを考えていると、言いたいことが後から後からと出てくる。腹にためて置くことの出来んわしは、その都度大声でどなってしまうので、聞くほうもつらいだろうが、どなる老人の気持にもなって欲しい。時代がちがうので仕方のないことかも知れんが、日本はだいたい戦争に敗けていながら、昔よりぜいたくで遊び好きだ。そんな中で成長して行く若い連中を見ていると、自分の若かった頃を思い出すことが多い。今の若い者は可愛想だと思うこともあるが、また同時に、わしのやらされたような苦労は、とても今の若い奴には出来んだろうと思う。

わしとて、そう意志の強い人間ではないが、物心ついた十四歳の頃から今日まで、その時々の境遇はちがっても、体をはって、ひとには決して迷惑をかけないということばかり考えて来た。捨身の決心でやれば、少しは何かが出来るというのがその頃から今日まで、わしの一貫した生き方だが、その反面心余って死を覚悟したこともたびたびある。今日はそういうことを二、三思い出してみることにする。

父は堺の大工で、多少人も使って来た建築家であった。仕事では確実にもうけるが、もうけただけは打つ、飲む、買うの三拍子そろった極道者で、結局堺にもおれなくなり、母親の里に行って、そこで田舎の仕事を見付けた。わしも仕事の見習をかねて、毎日弁当《べんとう》をかついで仕事場に通った。棟上式にこぎつけたのは冬の寒い日であった。田舎の棟上は同時に下地までやってしまうので、時間がかかり、仕事が終わった時は、だから日もとっぷりと暮れていた。祝宴が終わったのは九時過ぎで、運悪くその頃から雪まじりの風が吹いた。酒呑の父は普通では歩けないぐらい酔ってしまったのでわしが杖《つえ》がわりになった。家まで四里の道のりがあった。途中墓場などあって、子供心に恐い思いでいっぱいだった。それでもこの父をたすけて初めての村に入り、万屋《よろずや》の表口に差しかかった時、父はとうとうそこで倒れてしまった。

物音に驚いて出て来た若い人たち（万屋で遊んでいた青年）は、すぐ事情を察して、酒で酔いつぶれている父より、雪の中に立っているわしに、かえって同情してくれ、とにかく家の内に入れとすすめてくれるが、父をそのままにして、自分だけが、温い思いは出来ん。すると所はどこだと尋ねられたので、尾崎《おざき》の岩田と母の親元をいうと、大八車と筵《むしろ》三枚を出してくれた。田舎の大八車は牛に曳《ひ》かせるので町で見るより大きかった。雪はその時になっても、まだ一向に降りやむ様子はなかったが、とにかくわしは父を乗せた車を曳いて出発した。なんぎな思いをして漸く次の村に来た頃、寒さで酔がさめかけたと見え、目の覚めた父が、ひとを物と間違えていると怒り出し、果はわしの横面を殴りつけてから、人力車を探してこいと命じた。わしは父のいう通りにした。

近所をたずね歩き、休みかけていた人力車に事情をいって来てもらった。父が車に乗ると、先の村で貸してくれた大八車を道わきの農家に預け、わしはすぐ父の人力車の後から走り出した。こんな雪の夜にひとりぽっちにされるのが恐くて、車におくれまいと走りつづけたが、結局駄目で、人力車にとり残されたわしが、漸くの思いで、家に着いてみると、家の前は人だかりでいっぱいだった。わけを聞くと、車賃を高く払い過ぎたことのもつれで、父が乱暴を働いたためである。

この一件でもわかるように、父はとにかく無法な人であった。その上父は兄弟四人の長男であるわしに、ことのほか辛《つら》くあたった。なぜわしだけが、こんなに虐待されるのかわからなかった。父がわしを憎んだわけは、母の死の寸前の言葉でとけたが、それまでわしは何度、家を出ようと思ったか知れん。しかし、実の父でさえこんなに辛くあたるのだから、他人だったらもっとひどいだろうと思ってそのつど考え直して来たが、その晩はどうにも眠《ね》つかれず、種々考えた末、今日のような辛い思いをするのならば、一層《いっそ》死んでしまえと、そのままわしはフラフラと起き出ると、庭に下り、ゲンノウをとって、それで脳天を打った。途端目の前が暗くなった。それからどのくらいの時間が過ぎたのか知らんが、夜も白みかけてわしが正気にかえったとき、耳元で母がわしの名を呼んでいるのを知った。

わしのこの自殺未遂一件は、さすがに父にも大分こたえたとみえ、それから暫くはこれまでのようなことはなかったが、日がたってしまうとまた同じで、酒をのめば前のくり返しであった。

当時わしは十五歳。田舎での父の仕事も思わしくないので、また一家は堺に移った。この頃母は、夜となく昼となく足袋のコハゼ付の手仕事をやり、わしも柱の穴掘の仕事を探して一家を支えていた。米騒動の二年前で、大工の手間は一円三十五銭で、抜け通[*28]で（穴を一つ掘って一銭五厘）それをわしは日に八十は掘った。少しでも両親に喜んでもらいたかったからである。それなのにある日、出面（でづら、手間賃）に一円貰ったことを、ほめてもらえると思って、そのことを父にいうと、一人前のことをいって生意気だと、父はまたわしを殴った。これもほんの一例で、その頃のわしの日々は、この父を中心に毎日毎日が同じくり返しであった。そんなことがまたわしに二度目の自殺を思い立たせた。

その頃、堺東の仁徳陵は、今とちがって田んぼの真中にあった。池をへだてて稲荷さんの新社があって、その近くに新たに掘った井戸があった。その井戸がわしの目的の場所である。とにかく社の休憩所の壁に月日と自分の名を残してから、井戸をのぞいてみた。たしかに二本の縄を持ったつもりだったが、どうしたはずみか一本の縄を握ったまま、真逆様に自殺する前にわしは井戸底に落ちてしまった。あっという間の出来事だった。井戸底の水は三尺ほどしかなかったのも、わしに幸いしてかすり傷一つしていなかった。井戸底から上を見上げると井戸の口が小さく見え、急に死ぬのが恐くなり、あわてて縄を伝って井戸から出た。その後、わしは日向《ひなた》ぼっこをしながら着物をかわかしてから、何喰《く》わぬ顔で家に帰った。

赤穂討入り

母が死んだ後、義母との折合いが悪く、ついに家を出て神戸に行った。その頃わしはある人の世話で見合いをすることになった。当時、わしは二十三でまだ女房を貰うつもりはなかったが、この見合いをしなければ、ある一家が破滅するという事情がからんでいた。

まだ服装で何商売かわかった頃で、わしは文字通り半纏ぐらしの大工であった。故郷には乱暴な父ではあるが、その父のもとに妹たちもいることなので、何かの時には役に立たんならんと思い、出来るだけ倹約して小金を貯めていたが、見合いとなればそんなこともいっていられない。思いきって着物と春のトンビ*29を買って、仲人とともに遠い赤穂《あこう》まで出かけた。相手は田舎政治家の娘で、近所の人々も集まり、娘さんも盛装で、仲人たちと赤穂神社に参った。うそのような見合いであったが、お互いに好感を持ったのか、口約束して別れた。これが縁で、その後一ヵ月ばかり毎日のように手紙のやりとりが続いた。ところがある時から、ぷっつり手紙が途絶え、出すばかりになった。そのうちに近所の人のくれた手紙で事情がわかった。それによると聞き合わせが悪く、親たちは貧乏で大酒のみだし、本人も家出同様の者には娘はやれぬということである。

この手紙を追っかけるようにしてこんどは娘からの手紙が来た。聞き合わせが悪いので両親承知せず自分は家を出る、ついては駅まで迎えに来てくれ、と汽車の時間まで知らせていた。これを知ってわしはすぐ電報で「クルノマテ二三ネンニオトコニナル」と返事した。親の意に逆らう娘の不幸がふびんに思えたからである。ところが、その電報を打った一ヵ月ほど後になって、また仲人の親せきになる近所の人から手紙があって、娘は看視付で外にも出されず、監禁同様の生活をしていることがわかった。たとえ親は貧乏で酒呑みであっても、わしだけは真直に歩いて、わかってもらおうと考えていただけに、この報《し》らせはこたえた。よしと腹を決めると、アイクチを一丁ふところにして汽車に乗った。汽車の走る時間が待ちどおしいほどであった。

女の連れ出しに失敗すれば、相手を殺してもというつもりだった。赤穂に行くには播州《ばんしゅう》の那波《なば》[*30]駅で乗替えねばならなかった。当時この支線は三回しか走らず、坂に差しかかると乗客は汽車を降りて、後押しをする代物である。いささか逆上していたわしの頭も、そんなことで手間どっている間に、いくらか冷静を取りかえして来た。おかげで赤穂に着いた頃は、最初の平田とはだいぶんちがっていた。

まず宿につくと一浴び風呂《ふろ》に入り、食事をすますと宿を出た。しかし田舎の町は淋しく、歩きながらわしは考えた。今女を連れ出しても、一人前の仕事も出来ない身では、可愛い女を幸福にしてやれるかどうかもわからない、それにまかり間違って、こんなことで一生を台なしにしてしまっては、妹たちはどうするかと考えると、思わず身うちが寒くなった。汽車の後を押したり、宿に着いてぐずぐずしている間の時間が、漸くわしにこれだけのことを教えてくれる結果になったのだろう。人間のやることってほんの紙一重のことが多い。ここで思いかえしたわしは、持って来たアイクチを石川という河に捨てると、すぐ宿に帰り、その晩は一泊して神戸に帰った。こうきまってしまえば何事も忘れてしまうのが勝だと思い、仲人にもあわず、道具箱一つに柳行《やなぎごう》李《り》一つ提げると旅に出た。

落着いた先は京都の宇治であった。女のことを忘れるために仕事に精を出したが、ほんとうはなかなか忘れられなかった。わしの一生で小説など読んだのもこの頃が一番多かった。こんな生活を一年ばかり続けた後、思い余って女に手紙を書いた。後二、三年待ってくれ、必ず男になって迎えに行くからという意味のものだ。しかしその時、既に女は結婚した後で、どういう経路をへてかわしの手紙が主人の手に入り、主人からひどく立腹した手紙が、女の返事のかわりにとどいた。手紙を返してやるから取りに来いという強談判である。わしは自分の立場や女の幸福ということを思って、その夜一晩苦しんだ。結局わしは女のためと思い、主人に詫《わ》び状を書くことにした。貧乏を省みず片思いの手紙をしてすまなかった。女には何んのけがれもないことだから許して欲しいという意味のものである。

男からはそれ以上しつこくはいって来なかったので、手紙一件はこれで事なくすんだらしくその後一回だけ女から手紙が来て、主人に二、三かげの女のあることや、血筋がよくないと知りながら、父の金銭の犠牲にされたということを、詫びて来たが、女との関係はこれが最後で、嘘というより他人の義理でかかり合った見合いが、こんな風な運命の動きを見せたのも、つまりわしの気性が原因していることが多かったようだ。だいたい荒っぽいわしの思い出の中では、いちばんきれいな思い出の一つかも知れない。今の女房にもこの女のことはよく話して来たし、一度訪ねてやろうと思いつつ機会にめぐり会わなかったが、昨年ある会社の連中が赤穂に遊びに出かけたので、様子を聞いてもらったが、その報告では十年前に子供を残して世を去ったとのことである。現在生きていれば五十七、八歳のはずで考えて見ればわしはそれ以上に年を取ってしまったわけだ。

寒い冬の日、田舎の汽車の後を押したり、アイクチを川に捨てた、約四十年前のあの頃のことがなつかしまれる。今だってあの頃のわしと大差はないだろうが、永い年月の間には、哀しいこと嬉《うれ》しいこと、人間っていろいろなことに逢《あ》うものだ。

子を連れて

今でこそ、わしもたたき大工上りの建築会社の社長とかで、人も訪ねてくれるし、得意先からもいろいろ親切にして貰っているが、人を使えば使うほど、心配は増えても一向にへってはくれない。

人生とはこんなものなんだろうが、それにつけても思いやられるのは、早く死んだ者のことだ。早く死ぬほうが得か損かわしにわからんが、いまだにわしには死にたくなることがたびたびある。

わしは家内を二人まで亡くしている。最初の家内は三日市《みっかいち》の医者の娘であったが、産後が悪く母子ともにこの世を去ってしまった。親類に医者を持ちながら、その頃仲が良くなかったので他人の医者に診て貰い、その後大阪の緒方《おがた》病院に行ったところ誤診とわかった。シャクにさわって、誤診した医者の看板をたたき割ったのは、今から考えると笑い草の一つだが、二度目の家内を失った頃は暗澹《あんたん》たるものであった。

その頃、わしは北区《きた》の兎我野《とがの》に世帯を持っていた。

風邪がもとで咳《せき》と熱がとれない。買薬を与えても、家内は嫌がって呑まない。とうとう医者に診てもらうと、結核の第二期との宣告を受けた。本人はそれを聞いてがっかりしてしまった。

なぜ本人に知らせずわしにいってくれなかったと医者を恨んだが、もう仕方がない。人が灸《きゅう》がよいといえば、それをやってみようと思い、家内にすすめるが嫌がるのでまずわしのせなかにやってから家内にやらせたりした。

転地療養がいちばんよいとわかっていても、日当三円のたたき大工にはそれもできない。とにかくもっとしっかりした信用ある医者に診てもらって方針を立てようと思っていたが、ある晩のこと、二人の幼い子供のことを思いつめて、妻がいっしょに死んでくれといい出した。子供が可哀相だから、それだけは考えるなといっても、どうしても承知しない、そこでなんとなし、わしもその気になり、死ぬならガス自殺だと腹を決めると、妻の父親宛に「アス十ジ・コイヒラタ」と電報打って置いてから、わしは泣く家内にひかれて、死ぬ用意に戸のすき間に目ばりを始めた。その間じゅう泣くばかりで、何度かわしは子供のために病気を治す気にならんかと、いさめてみたが、それも駄目で、とうとう最後にガスの栓をひねってしまった。次第に、家内が苦しみ出すのがわかったので、子供はどうだろうかと顔を見ているうちに、わしも苦しくなった。妻のように本気で死ぬ気でないわしは、そのとき、こんな苦しい思いをするぐらいなら、子供のため強く生きる気にならんかと、家内を叱りつけた。すると家内も初めて思い直してくれ、自分から戸の目ばりをはがし出したので、あやうく一家心中の新聞種にならずに助かったわけだ。

翌朝、電報に驚いてやって来た妻の父親などのすすめもあって、とりあえず方面委員の世話で市民病院で、改めて診断してもらうことになったが、診断の結果は、ここでも前と同様、結核の二期で殆どたすかるまいということであった。こんどはそれを聞かされたわしのほうが、ふと気が遠くなってしまって、気がついてみると、逆に家内の介抱を受けていた。

その後、子供を他家に預け、自分たちは田舎に一軒借り、朝早く炊事などしてから、毎日自転車で仕事に通ったが、妻の病状は目に見えて悪化するばかりで、とうとうある日夜中に、初めての喀血《かっけつ》をしてしまった。一時は血だらけの妻を抱えて逆転してしまったが、職業柄ふと思いついたのは、さらしにかわ[*31]である。血どめに、あるいはこれが利くかも知れんと考えついたので、さっそくそれを溶かして呑ましてみた。するとてきめんに喀血がとまってしまった。こんなことをして病人によかったのか悪かったのか知らんが、その後、喀血のつど何度かこの方法を用いた。

親せきに預かって貰っていた子供は四つと二つであったが、家内は病状の悪化とともに、子供のことを思っては泣き、泣いては思い出すという風でとうとう子供にも会わずに死んでしまった。子供二人をつれて、哀しいやら口惜しいやらで、わしは男泣きに泣いた。故人に対するふびんもあるが、自分の運の拙《つた》なさをしみじみ考えたものだ。

しかし、いつまでもこうしてはいられない。前の妻の時もそうであったが、早速、道具屋を呼んで来ると、女の着物はもちろん、タンス二本に道具類一切をいい値で売ってしまい、その金で自分と子供たちの着物を買っての残りの金は寺に寄進した。田舎の家をたたんで、日本橋で二階借を始めたのも妻を失ってからで、世話になった先は警官の家であった。わしの留守中の子供のことは、警官の奥さんが見てくれたが、朝晩わしは子供を連れて、戎橋《えびすばし》警察の近くの橋のたもとにある「めし屋」に通った。当時「めし」は小三銭、大五銭だったと覚えている。しかし「めし」を終わってから子供たちを家に置いて出るのがまた一仕事で、うまく隠れるようにして逃げ出しても、わしを追ってくる子供が、わが親と他人との区別もつかず、見も知らぬ大人の後を追う姿を見ると、たまらなくなってはまた抱えて家に連れ戻すという風で、ろくに仕事にも行けない。そこで喘息《ぜんそく》の婆さんを日給七十銭で来てもらったりしたが、この婆さんの喘息の咳で夜が眠れず困った。それから間もなく、下の子は疫痢にかかって亡くなった。

夜発病して朝にはもう死んでいた。その前わしは一日仕事を休んで、子供たちを連れて新世界に行ったとき、アメや西瓜《すいか》など喰べたのが、そんなことにしてしまったらしい。その日の帰り路《みち》に、死んだ子が道端の仏壇屋にのこのこ入って行って、一つの仏壇を指さしたのが、後になるほど思い出された。わしは迷信家ではないし、そんなことに意味づけようとは思わんが、足手まといになって、何度か心のうちで、この子さえいなければと思ったことがあるだけに、その時の子供の印象は長く残った。そんなわけもあって、わしは後年今の家内といっしょになってから、その仏壇屋で、子供が指さしたと同じ仏壇を七十円で買って、仏事を営んだ。

殴ったのが縁

余りいい話ではないが、ザンゲ話のつもりで古い傷にふれてみる。

宇治の県《あがた》祭といえば、御承知のように、夜の祭礼で、午前三時から五時までがたけなわである。

この県祭りにお参りに行こうと、友人二、三人と木幡（現場）から徒歩で出かけ、ブラブラ二村の近くに差しかかって、ふと近くの二階家を見ると、夫婦喧嘩が目に入った。それも女が男をたたきかけているところだ。好奇心も手伝って、その屋の表札を見て驚いたことに、現場はちがうが上の帳場にいる古参の職人の家だった。噂でもこの夫婦は女のほうが男勝りで、バクチもやれば刺青もし、その上金使いの荒いことは有名で、高利の金を借りても遊び廻《まわ》りたいほうだということも聞いていた。同じ職場の者とあれば他人ではないので、仲に入ってやろうと思い、あわてて二階に飛び上ったところ、勢いが余ったわけではないが、当時二十四歳の若造で血の気の多かったわしは、「女のくせに、生意気な」と、思わず女の横面を二つ三つ殴ってしまった。殴って置いてから困ったことをしたと後悔したが、もう仕方がなかった。そうこうしているうちに近所の人も来てくれて、漸くこの事件もおさまり、われわれは県祭りに参った。

その翌々日、当の亭主の話では、あんな若造に殴られてはと、たいへんな怒り方で、あるいは復讐《ふくしゅう》するかも知れんというようなことであったが、その後女も自分の悪いことを反省したのだろう、亭主のそんな話のあと一両日した頃、わざわざ女自身がやって来て、わしの近くで家を世話してくれということになった。理由は現在この夫婦の住んでいる辺りは、特に柄も良くないし、今後は身をつつしみたいからというわけだった。そんなわけであれば敢《あえ》て拒むほどのことではないが、ただ一つ、当時わしはまだ独身だったが、決して立ち入った世話はして貰いたくない約束で、隣りの家を世話することになり、その後この夫婦はそこに移り住んだ。

二、三ヵ月は無事にすんだが、そのうちに借金に苦しめられているのを見かねて、金を貸すようになった。元来、わしは仕事が好きで、夜遊びもせず、仕事の余暇は道具直しで過ごすという風で、人のうけも良かった。だから職人ふぜいにしては珍しく、二百円ぐらいの貯金は欠かしたことがなかった。当時、旅仕事で職人の手間は三円と米一升という時代だから、二百円という金はわれわれにとっては大金だった。わしがこの夫婦に金を貸していることを知って、友人たちは注意してくれたが、もともとこの貯金は五人ばかりの友人たちと「貯め合い」の競争を始めたことのおかげで、さして金には執着はなく、貸した金はいつ返すという約束もなしに、ついずるずると四十円ばかり出してしまった。

この夫婦との関係もこの程度に終わっておれば文句なかったのだが、こんどは十七才になる娘の婿に選ばれた。初めはまだ修行中だし長男だからとことわったが、約束だけでいいからと口説かれ、そうしてしまった。もちろん相手は十七の子供だし、本人もわしもやましいことは一度もなかった。ところがそんな平穏な日が続いたある日、夕食をすました後で、親類の芸妓《げいぎ》置屋へ娘を見習にやりたいという両親の希望を聞かされ、わしも別に疑おうともせず結構なことと承知した。

娘が見習に出て一ヵ月も経た頃である。ある日わしが伏見へ活動（映画）を見に行き、十時頃帰ってくると、隣家に客がある様子で、その話し声がふとわしの注意をひいた。話の内容は見習に行ったはずの娘のことで、こともあろうに水揚の相談だった。お茶屋が四分とか六分とかの話なので、思わずつばを呑みこんで、どんな話になるかと聞き耳を立てていると、義母のほうは平田にすまぬからよしたほうがよいという意見だが、義父はわからぬから構わぬということで、話をまとめて客は帰っていった。

その晩わしは一睡もせず、腹立たしいやら哀しいやら、とうとう翌日も休んで考えた。日頃友人たちとも話し合っていたように、人間まっすぐにさえ世渡りをすれば、人もまっすぐにつき合ってくれるものとばかり信じていただけに、こうなってしまえば、夫婦がぐるになってわしをだましたとしか考えられなかった。

そんなわけで三日目の朝亭主が仕事に出たあと、わしは義母にあって「平田の心のうちを考えてくれ」と相手の顔をながめた。すると義母もまた「わたしも現在の夫には、力ずくで夫婦にされてしまい、子供も出来てしまったので、仕方なしにこうしているが、わたしのからだをどうして貰ってもいいから勘弁してくれ」と、わしの手をとって嘆いた。

現在のわしだったら、こんなことにならなかったろうが、血の気の多かった上に、美人局《つつもたせ》にかかった復讐から、その日女と関係してしまった。しかもわしはなおも気が強く「娘婿のわしだ、淋しいから一緒に眠る」といって、その晩から三人いっしょに一つ寝床に眠ることにした。

それからというもの、わしは毎日仕事はせず家にばかりいた。こんな無茶苦茶な生活のある日だった。その晩もいつもの通り三人いっしょに寝た。ところが、わしからだったか女からだったかよくわからんが、その晩二人抱き合って寝たものらしい、ふと夜中に目が覚めてみると、亭主の持つのみがわしの喉《のど》にきていた。一突きにされていたらわしはその時でお陀仏《だぶつ》だったわけだが、さすがの亭主もわが身の良心にためらっている間に、わしが目を覚まし、「なにを、している」と、どなりつけたので、このことはそれですんでしまった。

ここまで来てしまったのでは、もう手おくれなんだが、女もいろいろ反省してのことか、生活態度は以前とはまるっきり変わっていたが、亭主の吝気《りんき》と喧嘩は絶えることがなかった。

こんなことにしてしまった一端は、当然わしの責任であるので、こんな生活から足を洗うべくわしは大阪に帰り、職についたが、その後女もまた、わしのあとを追って大阪に来て、どうしても帰ろうとしないので、仕方なく二階借をして暮すようになったが、何分二十五才の男と三十七才の女では健全な生活にはならない。「本バクチに行けば、大工の稼ぎぐらいは出来るから、遊んでいろ」といって、女はわしが仕事に出るのも嫌がるので月に十五日ぐらいしか仕事ができず、どこに行っても休みが多いといってことわられることが多くなった。

こんなわけで、約一年半、わしは無駄な暮しで日を送ってしまったが、この間じゅう女の亭主のことは、わしの頭からはなれなかった。そんなある日、わしは人から女の亭主が病気にかかったということを聞いたので、昔の平田になるのはこの機会だと思い、女にもそのことを相談して、亭主のもとに帰るようにすすめるが、どうしても聞き入れてくれない。そこでふとわしはある事を思いつき、わしは自分の着物からトンビなどを、全部板の上にのせ、女の眼前でチョンナミ[*32]の切先を使って、一枚一枚ずたずたに切ってしまった。苦しい世帯の間にも売らずに来たものだが、こうしてしまえばもう遊びに出られないし、見栄《みえ》の強い女だけに半纏一枚の男じゃ諦めるほかあるまいと思ったのだが、結果はわしの思いとは反対に、女は自分の着物も一緒に始末してくれ、といって、共に裸から出発しようといい出した。それでは何んにもならんので、そこでわしは外に飛び出すと、五十銭タクシーを拾い運転手に一円やって、女の親せきの家を教えて置いてから家に帰り、女の着物を柳行李《やなぎごうり》二つに入れ、それを自動車にほうり込んで置いてから、また家に引き返し「子供まである夫だ、その夫が病気だから一度帰れ、もし病人が死んだら、こんどはわしのほうから行く……」といっても、女は動こうとしない、そこでわしは女の丸髷《まるまげ》の根元を摑むと二階から引きずり下し、タクシーに押し込んで車を走らせた。

　その後、わしはすぐ道具屋を呼んで来て、家財道具を二束三文にたたき売ると、その足で旅に出た。

大倉山の決斗

十六才の時、実母が死んだあと、入れ替わり立ち替わり後妻が来た。わしは十六才にしては身体が大きく、可愛気がなかったらしい。その上妹のことから父や義母とよく衝突、とうとう家を放り出された。その時、友達の貸してくれた浴衣と兵子帯《へこおび》をして、とりあえず浪花座の道具方にはいったが、このことは前に書いたような事情で、すぐ飛び出したあと、やはり浴衣いちまいの着たきり雀で神戸に出た。湊川《みなとがわ》近くの帳場に手合に行き、その晩親方なる人にあったが、道具一丁持たず着たきり雀が親方には気にいらぬ様子であったが、お内儀《かみ》さんが死んだ息子に、年恰好背丈が似ているといってくれて働くようになった。

翌日からすぐ仕事に出たが、親方の縁続きの者で古株の職人がいて、この男が意地悪い奴で、ことごとにわしに辛くあたった。

ところがある日、夏のことで裸で仕事をしていた時に、その男がわしの額を指で突いて、「こいつは強情な奴だ」と罵《ののし》った。わしはその時ノミを使う仕事をしていたので、思わず相手の足を持ったノミで突いてしまった。見る見るうちに血が流れ、驚いた仲間の者たちが戸板にそのけが人を乗せて、すぐ病院に運んだ。

夕方警察から二人の巡査が来て、わしに捕縄をかけようとしたが、皆が弁解してくれたので捕縄はかけず親方に連れられて湊川署に行ったが、午後八時頃願下になったので臭いめしを喰わずにすんだ。

翌日、その男を病院に見舞い、入院中の費用も全部わしが持つことにしたが、ただ警察に訴えられたということが釈然と出来なかった。その男が全快して、病院を出て来たのは二ヵ月後だったが、やはりわしの気持はまだおさまっていなかった。そこでわしは最後の話をつけようと思い、二丁のアイクチを買うと、男を誘って人力車で大《おお》倉山《くらやま》に行った。相手は仲直りにどこかの料理屋へ案内されると思ったらしいが、二人のついた大倉山は、夕もやがかかって人影もなかった。車夫に車賃を払って帰すと、わしはその場で用意してきた二丁のアイクチを出して「これで勝負しよう、あの結末をつけるから」といった。

身体だけは人並以上だったが、何分徴兵検査前で思慮も浅かったのでこんなことをやってしまったわけだが、その男も日頃は気の強いほうだったので、きっとかかってくると思った。しかしわしの一途さに呑まれたのか、その男はアイクチをとる代わりに、ヘタヘタとそこにへたってしまうと「悪かった、平田許してくれ」と地に頭を下げていった。反対に相手がアイクチを持ってかかってくれれば、それこそ大変なことになったわけだが、まアこんな風に幕になったことは、思えば運がよかったといえるだろう。その後、わしは徴兵検査で甲種合格になり、騎兵隊に入隊したとき、その男が手紙をくれたので、わしも手紙を出したが、子供が出来たということを知って、わしは兵隊のくせに一斗餅《もち》をおくったりした。

藤原棟梁との手合い

明治から大正にかけて、大阪には茶室専門の大工が三人あった。裏千家《うらせんけ》では黒徳清平、表《おもて》千家には木津宗匠の出入大工の三木久。この人は仕事熱心のあまり自分の局部を切断してはげんだと聞いている。もう一人は、わしの世話になった藤原新三郎《しんざぶろう》棟梁である。当時この三人を呼んで三羽烏といった。わしの知った頃の藤原棟梁は三羽烏の一人に数えられ、既に大棟梁の時代であったが、ここに来るまでには木津宗匠について、安日給で図面を引き、たいへんな苦労だったと何度か聞かされた。

藤原棟梁に最初世話になった頃のことは、前にも、ちょっとふれたが、ここらで少し詳しく書いて置こうと思う。神戸、宇治と旅を続けている間に、女で失敗すること数度、もう女はこりこりだ、ここらで考え直して茶室でも習いたいと思い、まず京都の三上という茶室、数寄屋専門の大工の所に手合いに行った。大阪とちがって、すぐ茶室に案内されたが、困ったことには茶のことなんか何も知らん、ちんぷんかんぷん、ただ両手に茶碗《ちゃわん》を持って飲むだけである。だが幸い明日から来いといってくれたので喜んで表に出た。ちょうど夕方で、西からも東からも大小の職人が沢山帰ってくる。

大工町かしらんと思ったぐらいだ。ところがその連中、今わしが出て来た三上の家に皆入って行く、数を読んでみると約四十人ぐらい。そこでわしは考え直した。京都の大工は普通以上に根性が悪い、そんな連中を相手に、下っぱから四、五十人もの間を行くのは大変だ。これが考え直した理由である。

次は木幡高谷別荘の時知った、左官棟梁庄平さんに頼んで、藤原棟梁のほうに話してもらった。だがその返事が何日待ってもこないので、三木久の宅に手合いに行った。ところが名前と住所を聞いただけで、明日こいというので翌日行ったが、その日も同じこと。腹が立ったが仕方がない、その翌日も行ってみたが同じことをいう、とうとう腹を立ててしまって、名前や住居で仕事するものか、仕事は手と頭でするんだと、こちらから断わると表戸を荒々しく外に出たが、本当は困った。それどころではないのだ。で、その足で左官の庄平棟梁の家に行き、頼んで翌日藤原棟梁の家へ連れて行ってもらった。だが藤原棟梁も余り良い返事ではなかったようだ。わしの服装を見て、紺の股引《ももひき》に鯉口の半纏の上に大半纏ときては、どう見ても芝居に出る大工の恰好だ。そいつが気に入らぬらしい。しかし京都もやめた、三木久も駄目、ここで断わられたら困ると思ったので、賃金も安くてよい、使ってみて気に入らなければ断わってくれてもよいということで、庄平さんに泣きついたので、藤原棟梁もようやくその気になったか、いっぺん来てみろということになり、指定された日、南河内《みなみかわち》三日市の普請谷邸の現場に行った。建前の直後で、材木もよし職人も若手揃いの上物師らしい連中だ。最初あてがわれたのは、神代杉杢板《じんだいすぎもくいた》*33である。とてもむずかしい仕事だ。しかしケズリ物には自信があったので心配はしなかった。「粉《こ》仕《し》上《あげ》*34にしますか、鉋《かんな》けずりにしますか」とたずねると、両方やってみてくれとのことだ。ただ気にいらぬのは藤原棟梁が、うしろの椅子に腰をおろして見ていることだ。粉けずりは訳はないが、鉋屑《くず》を出す仕事を一枚鉋で送りけずりした。満足してくれたのだろう、棟梁は一枚鉋を使う大工は今家におらぬ、といって次は丸太の桁*35に丸太の束*36の仕事だ。

前とちがってこいつは初めて手がけた仕事だ。うまく行かぬ、悪いことに棟梁が見ている。気があせるばかりで何度やっても仕事が下手だ。最後にノミを研いでやるつもりが、朝から夕方までかかって一本も出来かねた。折角ノミを研いでやったところ、切り過ぎて失敗だ、辛い思いをした。この経験で、今日自分が棟梁になってからは、仕事をしている前を素通りして、特に悪いのが目につくと教えてやる。下手でも一生懸命やっている者には余り言わない。建前には当日は立会わない、翌日出来上ったのを見て廻って悪い点を直すことにしている。

図体《ずうたい》は大きく気は勝っていても新参者である。経験も少ない。他の職人に気兼して、朝昼晩の食事時には、五丁ほど離れた食事場まで薬缶《やかん》を下げて行き、飯も自分がたいた。年恰好もそう違わぬ連中が、それぞれ座敷など受持って張り切っているのに、わしは押入、女中部屋、天井仕事など余りふるわぬ付属の仕事ばかりだ。しかしそれでもあわてて失敗して一ヵ所が落ちれば、次々と落ち、仕事の仕口《しくち》をいためて、われながら恥かしい思いも何回かあった。昔からいう「手切り、まら出し、釘こぼし、差し金[*37]探しのウロウロ大工」その言葉の通りだ。また下手な大工を「しまい風呂」ともいった。蔭口《かげぐち》も何度か聞かされた。しかし下手は隠しようがない。ただ負けぬ気からわしは人一倍努力した。夜は自分の体になるので、明日の仕事の準備にノミなどを研ぐことにした。

そのうちに棟梁は少しは役立つと思ってくれたのか、良いほうの仕事に廻してくれ、三間の縁側窓の子と共に、この取付の仕事をあてがわれた。仕事をいそがれていたので勘定[*38]の翌日も休まず仕事をしてくれということで、皆も承知した。しかしその日になってみると大阪に行った連中は誰一人帰って来なかった。結局わし一人だ。しかし自分にとっては、誰に気兼することもないからこのほうが好都合だ。昼食も忘れてやった。

普通なら明日の昼までかかる仕事が、その日の三時には出来てしまった。煙草も人がいると遠慮せんならんが、今日は気持よく吸った。またうまかった。仕事は熱心にあせらず、手順よくやって行けば出来るものだと知った。その時、後から肩をたたく者がある。振りむくと棟梁だ。仕事中煙草をやったので、お叱りかと思うと、そうでなく、頼りにならん人たちだと、かえってわしがほめられた。

前にも一寸《ちょっと》ふれた扇棰木の一件はこの頃のことである。夜若者が集まって仕事の自慢話のとき、村松という先輩の腕自慢の奴が、扇棰木の寸法出しをやって見ろといった。人に出来ることが自分に出来ぬわけはないと、翌晩から蚊帳《かや》の中で差金をいろいろと振って見るが出来ない。盆踊りのある頃で遠くに太鼓の音がする。村松は「えらい勉強だな、そんなに差金を振り廻すほどむずかしいものでもないがな」と嫌味をいって出かけた。何くそと思ったが、それから三日過ぎても同じこと。離れ家に寝泊りしていた棟梁が若い者の扇棰木のことを聞いたのだろう。

その日も仲間は遊びに出て誰もいない。蚊帳の中でいろいろ線を引いていると、棟梁が二階に上って来て、自分もやったことはないが、こういう風にすれば如何《どう》かと教えられて、やっと根本がわかった。翌日、紙の上で出来た通り木でやってみるとうまく出来た。嬉しかった。毎日、仕事のことしか頭になかったが、そんな風で一年たつと、自信も出来、皆に負けなくなった。

ある勘定日に貰った勘定が、これまでより多かったので、その分を棟梁に返しに行くと、今月から手間賃が上ったということであった。それでもまだ半日分多かったが、それは次の勘定で計算するという話だ。ところがその翌日は休日で、大阪に帰った村松は出て来ぬはずなのに、やって来ての話に、棟梁から直接いうかわりに自分が頼まれて来たといって、わしは首になってしまった。最近、別段失敗したこともなし、突然のことで、不思議だなと思ったが、古くからいる村松のことだ、疑いもしなかった。しかし、一回で道具や持物を運び出せんし、次の仕事も見付けねばならん。翌日になって皆が出て来てからでは恰好も悪いので、近所の自転車屋に預けることにして、そのことを頼みに行った。自転車屋の主人は消防団の組頭をやり、この土地では顔役の一人である。その主人がいうのに、此間、風呂に入りに来た棟梁が、平田は見掛けによらず熱心な人間だといっていたから、きっと何かの間違いだろう。棟梁が来れば自分がたずねるから一日待てといった。自転車屋のいった通り、棟梁が来てわかったのは、村松が邪魔者の平田を除くつもりで、勝手にやったことであった。棟梁も怒ってこんどは村松があぶなくなったが、わしも頼んでそのまま共に仕事をすることになった。この村松はその後、棟梁の弟子の文吉をそそのかして現場から鋼材や材木を持ち出していたことが発見されて、最後はお払いになった。

あみだ籤に当たった女

藤原棟梁の世話になって、初めて踏んだ現場は前回にも書いた南河内三日市の谷邸の普請からであった。

神戸、京都と旅仕事をして来て、だいぶんいろんなことを経験したが、仕事の経験とちがって、女の失敗はもうこりごりだ。こんどこそ真面目にやるつもりで励んだかいあって、藤原棟梁の信用を得たことは嬉しかったが、わしには皆のように帰る家もなく、月二回の休日はかえって身を持て余した。

そういうわしの境遇を知って、自転車屋の福田はたいへん親切にしてくれた。わしもまた休日には福田のため風呂の薪をこしらえたり、直し物があればそれをやってやるので、福田は夫婦そろってわしを子供のように可愛がってくれた。男二人女二人のめぐまれた子持、姉は既に養子を迎え、他村で自転車屋をやっている。長男は三人の職人を使って自転車屋をやっているが、独身だけに少し極道はしていたようだ。次女は師範学校を出て小学校の先生、次男はまだ在学中、猟好きの福田は、わしの休日を選んで鉄砲打ちに連れて行ってくれることもあって、親父に頭をどやされることはあっても可愛がられたことのないわしには、これが子供のように嬉しかった。又どこにも行かぬときは食事まで家族といっしょで、離座敷に絹夜具で寝させてくれるのも心に沁《し》みて嬉しかった。

しかしなんといっても他人の親切には遠慮がちだ。気の合った若い者同志で遊ぶのも楽しいものだ。ある夜、仲間の連中四人ばかり集まって籤《くじ》を引いている様子だ。「あみだ籤」かとたずねても、連中笑って答えない、「入るか」というので「入る」と答えると、「実行するか」と妙なダメを押す、何かわからんがこういわれて敵に後を見せるわけにいかんので、「やる」というと、女が一人たらんというような話になって、そのたらん女に後家のお花の師匠の名が上ってそれに一決した。そして籤を引き終わると、それぞれ引いた籤に近所の娘の名が書いてある趣向だ。つまり引きあてた女を物にするということが実行の約束であったわけだ。運が良かったのか悪かったのか知らんが、わしの引いた籤はお花の師匠であった。どうせ遊びだぐらいに深く考えていなかったが、そのことがあってから、夜が来ると皆出勝ちになり、中には早くも「実行」に成功、百姓娘をものにして映画に行く奴もあって、まだ目的をはたさない奴は少しあせり気味に見えた。どうせ遊びだし、女にはこりているのでつき合い上、恰好だけですますつもりだったが、大工でもその頃はもてた。ことに百姓嫌いの女にもてた。

師匠の年は三十七、八、良家の娘で上品な人であった。兄は立派な家に住んでいるとのことであった。結婚したが主人に女ができ子供女房を捨てて大阪に出て帰って来ない。その女にも子供が出来ているという噂であった。師匠は子供の成長のみが楽しみで、弟子を二十人ほど取って、子供は女学校に通い、先《ま》ず安気な暮しであった。もちろんわしは顔ぐらい知っているが言葉をかわしたこともない。仲間の手前だけでも心やすく出来ればと考えていた。

ちょうど谷邸の第二工事の建前で祝儀に五円と折詰が出た。よい機会だと思い、その五円に三円たして自分に似合う着物を見はからい、師匠に仕立を頼んだ。ついでに建前で貰った折詰を子供にやって帰った。これがきっかけでその後時々夜遊びに行くようになった。娘は学校があるので早く眠るので、その後師匠は仕事をしながら苦労話をした。苦労話となればわしも人後におちんので、つい話に花が咲いた。しまいには友達を連れずに来てくれともいった。大阪に出ると福田と師匠の子には手土産を持って帰ることにしていたが、師匠のほうも、「ぜんざい」をたいたから、「まぜ飯」をしたから、といっては子供が呼びにくるし、時には洗濯を人目をしのんでやってくれた。

秋になって、子供が学校の一泊旅行に出かけることになった。その日がまたうまい工合にわしの公休日にあたった。師匠は子供の留守に大阪へ連れて行ってくれというので、待ち合わせて二人で大阪に行き夜おそくまで遊んで帰って来た。その夜、部屋に帰れば問題はなかったのだが、休みのこととて誰も帰っていない所に帰るのも心が進まず、福田の家をおそく起こすのも遠慮気味でいるところを、師匠が泊って行けというので泊めてもらった。ところが、これがどんな風に噂されたのか兄なる人の耳に入って、師匠は兄の家に連れ帰られてしまった。置手紙に「自分はたいへん不幸だ、可哀相に思って下さい、兄の誤解は言い訳をするが、こんど帰ってくれれば、よろしく頼む」という文面のものであった。

自分としてはそんな気はないが、仲間の手前やったことが、またまた失敗で、一人の女を不幸にしてしまったので、福田の親父に理由を話し、手紙をことづけて、兄なる人の誤解をときに行ってもらった。

用心棒

このことから福田は、年頃の男だ、間違わぬうちに結婚しろといって、娘を貰ってくれないか、本人にはいっていないが親せきの者も賛成だといった。学校の先生に無学の大工では娘さんが可哀相だからと思って、一応ことわったが、他人が入って話がむし返されたが、そのうちに話は立ち消えになってしまった。事情は後で仲に入った人から聞いたのだが、わしの考えた通り、先生には大工が不足だったからである。自分でも承知していたものの、明らさまに女がそういったと知ると、「何くそ」という気になった。女はその後親の反対する役場の吏員と結婚したが、その男が肺を患って死んでからは不幸が重なったようだ。福田の親父さんが死んでからだが末っ子が学校を出たとき目を患った。大阪の眼科に診てもらっていたが、通うのが大変なので約半期ほどわしの家に置いて医者に通わしたが、なおってからある役所で働くようになって、幾分か恩返しをした。

結婚話がこんな結果になったのは、何んといっても気拙《きまず》いことであった。だができるだけそれにはさわらんようにして福田とは朗らかに交際した。

その後暫くした頃であった。一緒に仕事をしていた先輩の大工が、皆と仲たがいになり、帰ることになったので、送別の酒盛をした。芸者も二人呼んで、一時近くまで続いたので皆酔いつぶれてしまった。酒を呑まなかったのはわし一人、そのため芸者を家まで送ってやらんならんことになった。若い芸者は事務所でよかったが、年増芸者は相当酔っていて家まで送らされた。そのまま帰ろうとすると、帯をほどいてくれという、やっとほどいて寝かせてやったが、又水をくれという、それをやると、いきなりわしに抱きついて帰さないという、恥をかかさないでという、素人でもなし相手は芸者だ、お花師匠との世間の噂、福田の娘との縁談の不調、ここのところ面白くないこととの続きだったので、つい虫がおこって泊ってしまった。こんなことからその後約一ヵ月女との関係が続いた。注意していたので、まさかと思っていたのに、これが福田の耳に入って、ある日呼び出されての話、あの芸者は鉄工所の主人のかこい者だが、お前はそれを知っているのか、毎日大阪からナッパ服の男が見張りに来ているとのことだ。そういわれれば二、三度そんな男にあった覚えがあるが、欺《だま》されたのはわしで、責めるのなら女に責任がある。しかし今日限り手を切ると、福田にはあやまった。

福田の顔もあるので、きっぱり女との関係は絶つつもりであったが、翌日になると、欺された話をきっぱりつけようと、その日は宵の口から女の家を訪ねた。すると火鉢の前で酒をのんでいる老人がいて、女は留守だった。勘の悪いわしは親類の誰かだろうと思っていると、老人がお前は誰だと聞くので、女一人の用心棒だというと、それはご苦労さん、とぬかした。相手に構わず夜具を出して着たまま横になったところへ女が帰って来た。女はあわててわしの手を引張ると、今日は、親せきの人が泊ってくれるから、又の日にしてくれと図々《ずうずう》しい。それと一緒に老人もまた女のとめる手を振り切って出て行った。後を追って女は駅のほうに行ったが、無事に老人が電車で帰ったらしく、間もなく帰って来て何もいわんので、その夜も泊ってしまった。

ところが翌日、福田からまた呼び出しがあって行ってみると、三人見も知らぬ男がいて、昨夜泊ったことをなじった。福田はお前は馬鹿かそれとも度胸がいいのか、主人の前で横になったので、主人が顔負けして帰ったのだが、そんなにあの女が好きなら、主人は女をやってもよいといわれるが、どうかという話だったが、わしはことわった。初めから主人のあることがわかっていたら、こんなことにならなかったろうに、わしが馬鹿正直だから女の言葉を真に受けての恥さらしである。

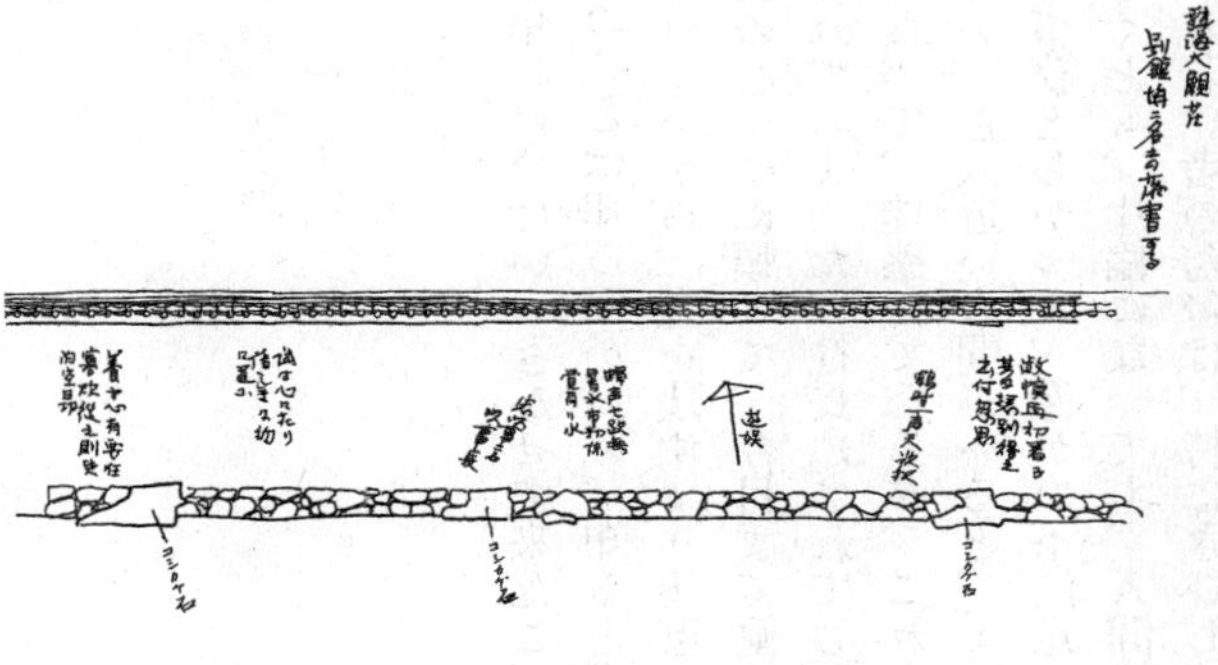

大工心得帖

亀の甲より年の功

処世訓なんていえば、笑われるだろうが、五十年、自分にいいきかせて来たことは「自分の職に生きること、そのためには、職以外のことは知らぬが良い。知ると高慢になる。喜びは人と共に、建物は風呂敷《ふろしき》には包まれないから、金を残すより仕事で残す」このぐらいのことだ。そして、神仏よりも己の心一つに頼って、今日まで働いてきた。そのわしがいつか棟梁といわれ、社長にされてしまった。社長にされてしまってから、なんだかんだとつまらん雑用ばかり多くなって、迷惑しているが、これも沢山の人間を必要とする仕事だから、仕方があるまい。百人近い人間がいると、よいことばかりはない。それに大工の仕事は、机の上の事務とちがって、僅かの不注意からでも、命を失うようなことが起こる。命に別条なくとも、片輪になっても、人間一生たいへんな不幸だ。それだから家に泊り込んでいる若い者の監督は、特にきびしくする。食事のことから健康のこと、そのつど家内にも小言を飛ばすので、家内は可哀相だが、わしのような男の女房になったのが百年目で、あきらめて我慢してやってくれているのには感謝している。

年をとるということは有難いことで、若い頃だったら誰も見向きもしてくれなかったような仕事の工夫でも、今では、わしがとやかく自慢するまでもなく、感心してくれて、落語ではないが、説明する前から、さすがに棟梁だなんていってくれる。こういうことは施主と喧嘩しながら、やっていた若い頃とはたいへんなちがいだが、つまり年の功というわけだろう。だが、それだけにまた、こちらに責任があるわけだから、いいかげんのことは出来ん。で、仕事を引き受けるまでに、施主と十二分に話し合うことにしている。これは相手の人柄や、性質、趣味、家族などを知ることが出来るからで、建築の設計は、施主のそういう様々なものが考えられて後、建築の形となり、構造となり、装飾にも及んで一つの建物にまとめられるわけだ。もちろんこの場合職業も知らねばならんし、家の建てられる環境だって大切だ。商売だって繁盛してもらわねば家だけ立派でも商売にむかないでは困る。悪い道楽のある人だったら、そういう道楽がなおるようにと思って設計を考える。建築はこちらが専門だからといって、へイ承知したで、自分勝手の家を建てるわけにはいかん。だから製図も、わしとしては一つでよいが、相手に満足してもらうために、三つは書き、それから選んでもらう。

それが決まってから、内部や立体図にかかるのが、わしのやり方だ。

最近は茶室など新築する人は少ないが、ある時、三十にならぬ若い人が訪ねて来て、茶室を建てたいという希望だった。自分で儲けた金か、親から貰った財産か、そこまで確かめる必要もなかったが、どこかで、わしの建てた茶室を見て気に入ったから、ぜひというわけだったが、あんたがもう二十年も年をとったら建ててあげるが、それまで茶室など考えずにやることはないかな、といって帰したこともある。これに似た話は多々あるが、自分の都合でことわる場合もあるが、相手の身になってみてことわることも多い。

そんなことで平田って気むずかしい奴と思われてもいるようだが、これもまた親切の一つだと思っている。

去年第一期工事の終わった芦原《あわら》温泉の「つるや旅館」のことで、変な噂が飛んだ。というのは、「つるや旅館」の新築に、平田が金を出しているとか、応援しているとかいうことだった。どうでもいいような人の噂だけど、「つるや」の主人のために腹を立てていった。

「こんな、つまらぬ噂が出るのも、あんたが若いからだ。元気を出して、もっとしっかりしなけりゃならん」

と、わしなりの忠告をした次第だ。「つるや」の主人というのが、まだ学校を出たばかりの感じの人だから、こんな根も葉もない噂がたったわけだろう。世の中の事はこんなことのためにも、ある程度年をとって置くほうがいいようだ。若い時、わしは人の十倍も二十倍も苦労したので、そのことを考えると、今のわしは金はなくとも極楽みたいなものだ。

　この「大工一代」も、大分長く続いた。読んでくれている人の間から、建築の技術的なことを、もっと書き残してくれという声がある。身の上話という奴は、わりあいやり易いが、技術のことをしゃべったり、書いたりすることはむずかしいものだ。ことにわしのように学問のない人間には、特別むずかしい。まごまごしゃべっているより、やってしまうほうが早いからだ。しかし、それでは文章にならんのでなんとか方法を見つけねばならんと思っている。そのためではないが、最近わしは十冊ばかりノートを作った。それは文章ではなく、建築に関するものの「絵」である。例えていえば、門とか床の間とか座敷、茶の間、玄関、という風に類を別《わ》けて、これまで、わしがやって来たものを、スケッチ風に書いてみた。装飾の部では、欄間とか、襖《ふすま》などのデザインまで並べているが、このスケッチのみそは、寸法に合わせていることである。文章なんて、ややこしいものより、技術のことでは、このほうがわかり易いし、書くにも都合がいい。おかげで、五ヵ月ほどこのノートに熱中して、好きな彫刻もほっぽらかしだ。一応自分の手でやってきたものが終われば、次は建築に関係のある様々な考えや、試みを絵にしてみようと思っている。例えば、床の間だって昔ながらの形でなくとも、三角にしたっていいわけだから、そんなのも書いてみるつもりだ。

数寄屋建築というのは、本来、御殿造と茶室建築の合の子である。利休《りきゅう》などが日本の茶道なるものを打ち立ててから、いろいろな流派が出来、茶室の建築も、それにつれて発達したというか、今日のようなものになり、それがまた流派によって、表だの裏だの官休庵《かんきゅうあん》だのと、多少ちがっているが、そんなことは建築としては大したこととは考えない。この頃の茶の先生がどんなことを教えているか知らんが、西洋人などが茶に興味を持ち出したら、わざわざ日本人の寸法から割り出された天井のひくい茶室で、頭を打つ心配をしなくとも、西洋人の体の寸法に合った茶室も考えていいと思う。また日本人でも茶室で「すき焼」ぐらいやりたいと思う人もいるだろうから、その時の便利を考えるのも、当然やらねばならんことだと思う。そんなわけで、茶室もこれからはだんだん変わってくるだろう。

今いっている数寄屋建築は、茶室建築と住宅建築が、両方から影響し合ったものと思っているが、一口でいうと、その特色は壁面が広く、天井のひくいことだろう。だいたい軒が低く、壁面の多いことは、安定感をあたえる。軒が低いと天井に重量がかかるので、数寄屋建築ではそこに種々工夫がいる。これを外観から見ると、軽快で安定した感じが出る。それだけに建築の構造上の工夫が内に深くかくされているわけだ。

自然そのために使われる材料の木材も吟味され細くて強いものが使われるが、わしは丸太を有効に使うようにしている。材木は太いばかりが強いとはいえないのである。同じ材木でも目が通っているのと、そうでないのとでもたいへんちがっているし、また目が細いか荒いかでもちがってくる。

わしは材料を材木屋で買うと、高くつくので、山から丸太を買って、うちでひくが、丸太をひくのも楽しいものだ。節があれば節を包んでしまうようなひき方も出来るから工夫という奴は面白い。

それに「木」も人間と一緒で、苦労して育ったのと、楽に育ったのでそれぞれちがっている。苦労した奴は、多少ひねくれていることもあるが、目も細かくまた木が良いときもある。温室育ちは目が荒い。また老木だと、雷の傷が出たり、蛇の巣で穴のある奴があるかと思うと、思いがけぬ箇所から、古い釘が出たりするが、これは、昔よくいわれた丑《うし》の刻詣りの名残りである。

そんなわけだから、木一本買うにも、いろいろ注意せんならんが、木も七十年八十年と育ってきた奴を使わしてもらうのだから、わしにとっては「木様々」である。だから好きな彫刻も、仕事場で捨ててあるようなものを拾っておいて、結構間に合わしている。

大工に泥棒なし

せんだって、近所のいつもの連中が集まって、家でマージャンをやった。皆下手である。上手な奴がたまに入っても、ルールは平田流だし勝手が違い過ぎて、面白くないのか二度と続かん。それで集まってくる奴は、いつも同じだ。十二時過ぎていたろう。少し暑かったが近所のさまたげになってはいかんと思い、戸をたててやっていると、庭のほうで、木の枝の折れる大音響と共に時ならぬ水音がした。すわ何事かと、戸を開いて音のほうに明りを向けると、なんとしたことか人間様一匹が庭の池に落ち込んで、もがいている。家の若い連中にしてはトンマ過ぎるので、皆で池から引きずり上げてみると、全く他人だ。それもいい若者だ。ずぶ濡れの顔に血が流れ、この若者「眼鏡、めがね」と、この期にあわてている様子は、よほど強度の近眼だからと見える。しかし眼鏡どころではない、とにかく血を処置してやらんならんと、薬を探したが、すぐに見付からんので、とりあえずメンソレを眉間《みけん》の傷に塗ってから、こんなことになった事情をただした。本人はただ梯子《はしご》を上り、広場だと思って飛び降りたのが池だったと、自分の失敗を語っただけだが、すぐ前後の様子はわかった。というのは、松坂屋《まつざかや》に近い日本橋の通りで、仲間と一緒に辻《つじ》強盗を働き、女の子に騒がれ、人に追いかけられて逃げ込んだ果てが、壁にもたせてあった梯子の縁で、わしの家に御入来というわけである。そのうちに巡査もやって来たのだ。

折角家に入って来たのだ。若い時の間違いということは、誰にもあることだから、少し罪が軽くなればと思い、泥棒を追って来て池に落ち込んだらしいと、わしもいいかげんのことをいうと、そうです、あいつどこへ逃げやがったかなと、なかなかその態度が図々しい。だがなんせ強度の近眼で、人を見据えるような態度が、皆の同情を失い、なかには棟梁こいつはあきまへんで、という奴も出て来る。それになお悪いことは、巡査が姓名と居住を聞いたときの答えが、わしにいったことと違う、それでわしもそうかと気がついたので、巡査を別室に呼んで相談すると、あいつは初めてやありませんで、という次第だ。それならというので、こんどは本人に、お前を助けてやろうと思ったが嘘をつくのが気に喰わん、しかしずぶ濡れでは可哀相だからこれを着て行けといって、下着と古いジャンパーにズボンを着せてやり、巡査にはわからんようにして三千円をやった。

警察に行って証しを立てろと送り出したが、三千円やっていたために、翌日巡査がそれを確かめに来ての話に、初犯どころか、つい一週間前に刑務所を出て来たばかりだということがわかった。とんだ縁でいそがしいのに警察までいって調書を書かされた。こんな泥棒事件にかかわり合うなんて、どうもわしには余計なことが多過ぎる。

恥ずかしい話だが職人など沢山使って、仕事に出していると、種々な心配もあるが、泥棒ということもその一つだ。わしは大工には泥棒はいないという信念を持っている。ことにわしの家にいる奴には、一人もそんな不心得者はないというのがわしの信念である。ところが実際は、わしの信念のようには世間が大工を信用してくれんようだ。いちばん警戒せんならんのは職人を入れて仕事が始まると、小さな盗難事件が起ることだ。たいていそういうのは、内らの者がやっていながら、大工に罪を被《かぶ》せるという手だ。家の職人にそんな嫌疑をかけられたのでは、ほっとくわけにいかんので、自分で処置するが、ある有名な料亭で銀行から持って帰ったばかりの金五万円と通帳が、風呂敷包みのまま紛失することが起こった。夕刻になって、普通なら、職人たちは帰って来んならん時間なのに一向帰って来ん。気になって電話してみると、そんなわけで警察に行っているという次第だ。わしはそこで、さっそく警察に飛んで行って職人は、自分が責任だからといって、少し強引だったが帰れるようにして置いてから、普請場を徹底的に調べた。ここと思われるところは瓦の間まで探してみたが、盗品を隠している様子はなかったので、こんどは人に当たって見ることにして、先ず最初に、奥さんを呼んでたずねた。奥さんは不服そうに、何んで棟梁に私が調べられんならんのです、といったが、そうじゃない、あんたはわしの職人に嫌疑をかけてるやないか、これはわしが疑われるのと一つだ。だから、先ず奥さんから聞くんだが、あんたは、ぼんぼんの手前、何か臍繰《へそく》りを欲しがってるんやないか、というと、あほらしい、そんなことおまっかいなア、というので放免、次は大学に行っている息子さんに来てもらって、ぼんぼん、あんたは小使いにこまって誤魔化《ごまか》したんやないか、というと、馬鹿らしい、小使いが欲しかったらお母さんから貰うというから、あんなけちなお母さんが、そうたくさんくれるかいと笑って、ぼんぼんも終わった。次が女中たち使用人だ。

わしは一人一人来てもらって、同じ意味のことをいってたずねた。

「親や子のために働いて、苦労をしているんだろうが、心配ごとがあってぜひそれだけの金が入用というのなら、わしに相談してくれ五万円はないが、三万円ならここに持っている。この場で、言いにくいだろうが白状してくれれば、これをお前にやっていい、若《も》し、盗《と》った奴が出んということになれば、残念だが警察の手で最後まで調べ上げんならん、そんなことになる前によく考えて、悪いと気がつけば、後でいいから便所のどこかに置いておくように……」

女中だけでなく、板場の料理人にも同じことをいってたずねたが、その場で白状する者は出なかった。しかし、わしにはきっとこの連中の誰かのやったことにちがいないという勘があった。

その晩、わしの帰ったのは十一時近かった。翌朝である。六時頃その料亭から電話があって金が出て来たという、奥さんの報告であった。警察は九時に今日も来る予定である。さすがに奥さんは嬉しそうな声だ。どこにあったと聞くと、便所だという、風呂敷の包み方が反対になっていたのは、中をひらいて、又包み直したものらしい。

これは、わしの勘があたって、面目をほどこした事件であるが、次の話はちょっとばかり失敗である。ここも名をいえば、すぐわかってもらえる有名な料理家である。内から職人が入っていた。改造工事のためだ。

そしてある日、その職人の一人が電話をかける必要があって受話器をとって話している間に、電話台に女持の時計があるのを発見して、それを手に持ちながら話していたらしい。ところがこの時計、奥さんがそこに置き忘れたもので、その時の職人は何気なく時計を手にしていたものと思うが、突然、奥さんの声が「うちの時計わ」とがなり立てた瞬間、奴《やっこ》さんその時計を投げ捨ててしまった。悪心はあっても、少しずるい奴なら、奥さん、これでっか、といって何んでもなくすんだ筈《はず》なのに、投げ捨てた上に「知らん」といい張ったものだ。とうとう巡査が来てから自分が捨てたが、どこへ捨てたかわからんというようなことだ。その結果、問題の時計が工事中の壁の隅っこから出て来たわけで、益々《ますます》よくない、わしが出かけたのはその頃で、巡査は隠して置いて後で持ち出すつもりだと解釈して、とうとう本人を警察に引っぱってしまった。

わしは警察までついていって警察の解釈の通りかも知れん、しかし、わしの考えはこんな僅かなことで、人を罪にしたくない、それに時計も出て来たのだから、わしが保証人になるから許してやってくれ。わしの解釈では、奴さんもともと気の弱い性質だから、奥さんが「時計わ」と叫んだとき、逆にあわてて処置に困ってあんなことにしてしまったものと思う。全然、悪心がなかったとはいわんが、気の弱さが事を大きくしてしまったんだから人間ひとり助けてやってくれと頼んだ結果、一日だけの拘留で許してもらったことがある。

新聞にものった事件で少し恐縮なんだが、戦後高松宮《たかまつのみや》が大阪に来られて、某有名旅館にお泊りになった。その時、宮様の写真機が紛失した。宮様の宿泊中は職人は出ていなかったが、工事が終わって間もない頃なので、警察ではその嫌疑をうちの職人にもかけて来た。

ある日私服の刑事が二人やって来て、この事で調べるというわけだ。そこでわしはいってしまった。家にはそんな不心得者は一人もおらん。調べるのなら、わしの責任で調べるから帰ってくれと主張した。刑事はこの親爺生意気なぐらいは思ったろうが、わしはついでに、宮様ともあれば護衛の警官もおつきしていただろうし、お供の人もあった筈だ。それにこんな事件を起こすなんて、わしに言わせれば以《もっ》てのほかだ。責任はその連中にある筈だ。見も知らぬ人間を調べる前に、その連中から調べてこい、それからの話にしよう。うちの連中については、わしが責任で調べるということで、とにかく刑事さんには帰ってもらった。こうはいったものの、わしは心配だった。そこで、わしは種々な方法で調べて見たがわからなかった。そんな不心得者は居ないと確信しているものの、結果が出ないというのも心配なものだ。この事件は結局犯人が上らんじまいになったが、その後長らく、わしはこのことで気を使った。わしの所を出て行った者でも、調べられる限り調べてみた。事件後十年になるが、今でも時々思い出していることがある。わからんということは後味の悪いものである。

大工心得

「大工心得」というようなもの知らんか、とたずねられるが、そんなこと教えてもらったこともないし、見たこともない。それならそんな「心得」風のことをいって見ろ、といわれるが、そう開き直られると、こいつも困り物だ。第一、自分はまだ、わしこそ大工だと威張れるほどの職人だとは思っていない。強いていえば大工手伝ぐらいかも知れん。その程度の大工でも、平田、平田と親切にしてもらえるのは、他の奴らが、余りでたらめだからだと思う。良い仕事をするということは、自分のためであり、又施主のためである。儲けだけに走っていては、とても満足な仕事は出来ん。といって損をしていては続かん、この辺がむずかしいところだ。建築は芸術とちがって、もともと人が住むという実用が主だから、綜合《そうごう》芸術だなどとおだてられたって、わしらには一向ピンと来ん。見ても美しいし、住んで気持が良いということが大事である。それには、矢張り無理はいかん、自然なほうがよいようだ。

仕事を請負って困るのは、施主が契約の予算を忘れて、種々注文を出されることだ。出来るだけ施主の希望を生かしたいと心がけるが、予算がある以上、仕事にも限りがある。誤魔化しだったら、無理をいう施主の目をくらますことは容易だけど、それではこちらの気がすまん。ことにわしは、大切なところはたとえ表に出ない部分でも、うんと力を入れて、丁寧にやるので、一時しのぎのことはやれん。店でもわしの設計は金がかかって困ると、いつもぼやかれるが、ぼやかれても儲けが少なくても、これがわしの流儀だ。せまい大阪に暮して、変骨ぐらいには思われているようだが、先ず無事に生きて居られるのも、わしの誠意がわかってもらったからだと、今ではうぬぼれている。そこで、わしは店の若い者に、大工心得というほどのことではないが事あるごとに、下手な説教をするが、声ばかり大きくて、余り若い連中の耳には入らんようだ。

若い間だけだから、人の二倍も三倍も勉強しろ、つまり働きながら研究するようにいうが、何んとなく打てば響くという感じは出ん。わしらの若かった時は、何んでも人におくれを取らんようにと、腕を磨いたものだ。

年功などより、職人の値打は腕しかなかった。腕がなければ、何んぼ年上でも小さくなっていなければならなかったものだ。又後輩で修行中の者は、先輩たちが休んで火を囲んでいる時でも、自分から進んで、先輩たちの道具を磨いたりしたもんだ。決して皆と同じように火にあたっていることは許されなかった。一事が万事その調子で、職人の生命は腕しかなかった。もちろん腕はあっても身持が悪かったり、その他の点で欠けるところがあって脱落して行く職人も、たまにはというより、永い一生の間では数多く見て来たが、これは職人に限らん、人間という奴だ。運命となると、人は明日のこともわからん、だから、今日の日を誠実と親切で生きて、仕事に責任を感じろというのが、簡単にいえばわしの説教だ。職人は金儲けが上手では困る、そんな奴はどこかで悪いことをしているものだ。金を儲けることが成功のように思う風が最近特に強いが、わしはそれは好かん。何よりも仕事を全うすることだ。

沢山の職人に接して来たおかげで、道具を見ても、だいたいその人間の性格がわかる。自慢にはならんが、これも又年功の賜《たまもの》だろうと思う。そんな目で見て、次のような種類の人間は先ず駄目だ。職人として失格である。

(イ)、自分の腕のことは棚に上げて、先ず金のことを最初にいう奴。
(ロ)、小言や愚痴をいう奴。
(ハ)、一本の釘でも粗末にする奴。

(二)、言いつけられた仕事を人にさす奴、そして自分の手柄にする奴。

(ホ)、物をこしらえる時、尻《しり》をかけてやる奴。

(ヘ)、草履、下駄、靴の「うしろ」をへらす奴。

その他数え上げると、きりはないが、われわれの間では、前にもいったように道具を見るのが人を知る上で一番手取早い。

仕事や設計のことでもいろいろあるが、さてとなると、うまい具合に口に出てこん。心得というほどのことではないが、大工は日常刃物と共に生活しているから、血を見るということは恥にしていいだろう。自分が傷をしてもいかんし、つまらんことで人を傷付けるなど、以っての外である。

高い所に上っていて、落ちかけたときは、すぐ飛ぶ気になることだ。又、何かにつかまることである。そうすると、同じ落ちても頭を打つようなことは少ない。

大工の仕事は重い物を持つことが多いが、何人かで持つ場合でも、自分一人で持つ気持が大切である。依頼心があると、ケガのもとだ。

一日の仕事が終わり、火の用心をすることは当然だが、とかく忘れ易いことで、自分の道具類や半纏の始末をよくして置くことも大切である。でないと、泥棒などに悪用されて、思わぬ恥をかくことが多い。

自分の腕を反省することも大切だが、一面自信を持つことも必要である。経験が浅いと少し大きな工事になったり、変わった仕事だと気を呑まれてしまって、さっぱり駄目になる奴があるが、そんな時には、少々図々しいぐらい自信のある奴のほうが始末がいい。

　木材についても、大工は先ず木の性質をよく知らねばならん。木の種類によっても違うことは当然、同じ木でも育ちによってもちがう。また在る所によっても違うものである。日に日に違うといってもいい過ぎではない。濡れた木を乾いた木と同じ気持で扱って、ソマ[*39]ではつった[*40]瞬間、大傷をしたということはよくある。これは湿度や乾燥度を忘れたから、木に復讐されたのである。木も人間と同じで、いろいろな根性を持っている。反感を起こす木もあり、傷だらけになる木もあって、不注意な奴は思わぬ不覚をとるものである。

　新築だからといって、材木が全部新しいものでなければならんということはない。使う場所によっては、古材で十分だし、古材のほうがよいということは沢山あるが、施主にしても職人もこれを余り喜ばん。仕事がめんどうだったり、損をするような気がするからだろう。しかし古材はよく乾燥しているから、狂いが少ないが、若い新材は日が立って狂いが出てくる。

　設計のことでは、通風、採光などは誰しも考えるし、当然のことだが、矢張り環境のことも考えることが大切である。その時も、己れだけの利益を主にすることはよくないと思う。隣り近所があっての自分の家だ。如何に建築が立派でも隣り近所に迷惑をかけてはよくない。なかなかそんな風には考えられんらしいが、そのぐらいの思いやりがあって、はじめて家にも施主の品位があらわれるものだ。設計をするわれわれが先ずそこを考えんならんことは当たり前のことである。昔やった工事でこんなことがあった。戦前の大阪で、土地は狭く、少しの土地でも生かしたい仕事であった。その狭い土地を最大限に生かして、防火設備をする必要があったので、考えた末、建前の日に隣家の壁にセメントを塗った。ところが施主がそれを知って、自分は何も金を出して隣りのために建築しているんじゃないと立腹の態《てい》だ。そこで、わしは隣りのためにやったのじゃない。若し別に防火壁を作るとなると、それだけ土地を喰われるし、費用も高くつくから、これはあんたのためを思ってやったことで、どちらにもいいことである、と説明してやっとわかってもらった。

　大工に限らずどんな職業でもそうだと思うが、自分の職業の楽しさを、早く知ることだと思う。不平があったり、迷っていては腕は上達せん。人間の楽しみが、仕事や生活と別にあるように思うのは、われわれ凡人の浅はかさだ。世の中が便利になって、どうも、わしもその誘惑にひかれがちだが、楽しみを心の内に求めて、仕事や生活を楽しむことこそ大切に思うが、大工の説教じゃ余り面白くもなさそうだ。

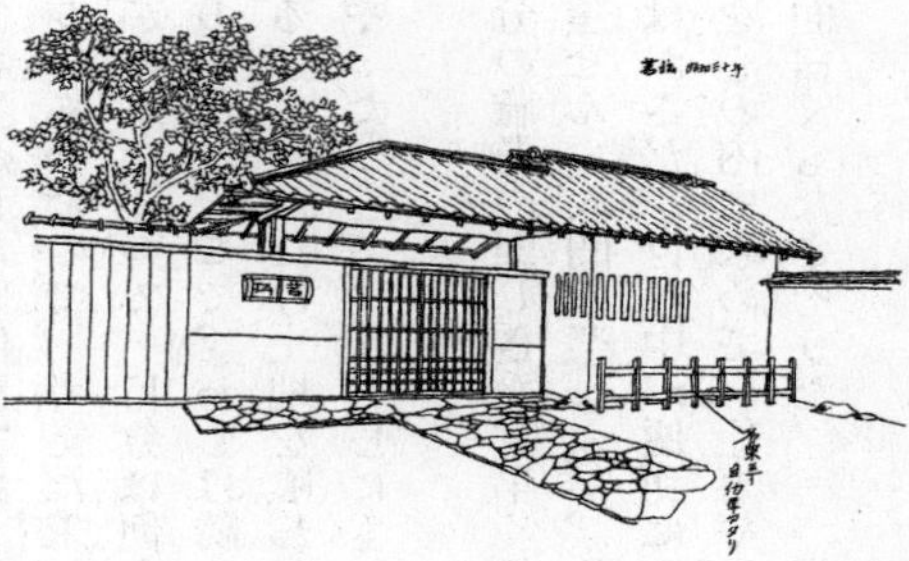

材木と庭園

材木の話

二十歳から三十五の年まで、ただ一途に仕事一本で生きてきたわしだが、三十五歳で、初めて独立したとき、他の大工のしないことをやらんならんと思い、考えたことが、施主のためにもなり、自分にもよいというようなことはないだろうか、ということであった。当時大阪に何百軒の材木屋があったか知らんが、とにかくそれだけの店が、材木の商いだけで、結構やっていることに思いついて、材木屋の仕事から初めてやろうと思った。そうすれば、材木屋に儲けられる分だけ、割り安の仕事が出来、施主にも喜ばれ、職人をも満足さすことが出来るやないか、というのがわしの思いついたことだ。

独立最初の、この考え方は誤っていなかったと思う。以来、わしは五十五の年まで地方にも行き、山へも出かけ、原木を探しては、自分の目で見、己れの判断でそれを買った。あわせてわしは、それらの買って来た材木の製材も、自分の考えで、汗水を流してやることにした。だからその頃のわしは、材木を買い、製材をやり、設計をやって休む暇がなかった。今では材木係にまかせ切りで、設計ばかりやっているが、その頃のことがなつかしい。

製材ということは、労働も烈しく、全く縁の下の力持だから、余り誰にも喜ばれんが、やってみるとなかなか面白いものだ。工夫一つで、節のある木でも節のないように製材できるのだから面白い。汗水を流してやってみる値打がある。ただの丸太が製材のやりようひとつで、こんなにもいろんな材料に化けるかと思うと楽しいものだ。こんな風にして、材木になれてきたおかげで、木の目を見て、こいつは土の肥えた所に育ったなとか、険しい山の出だとか、あるいは日向か日蔭《ひかげ》で育った奴だとか見分けられるようになった。

製材をやっていての、変わった経験といえば、そう沢山はないが、木の中から昔の角釘が出たことや、木の中味が「くちなわ」*41の巣になっていたことなどだろう。角釘の打ち込んであったのは、いわゆる「丑の刻詣り」の名残りで神社の境内にあった良い木である。このほかに変わった木では、「水われ」といっているが、樵人《きこり》の手で切り倒された時、石などに烈しく当たったのだろう、その衝撃で肌われの出来た木である。

また「かみなり」にあたった木は、雷の残した傷跡を切ってしまって、外形は普通の木と変わらなくても日がたって乾燥してくると、トゲが出て使い物にならんものだ。

大きいので持て余したのでは、直径八尺からの代物であった。これは大阪の安治川《あじ》のほうの木場にあったのを、大きいのに惚れて買ってしまったのだが、当時、道頓堀《どうとんぼり》の近くにいたので、牛車三台でそこまで運びかけたが、途中で電車の線路に車がはまってしまい、二時間近く電車を止めてしまった。そんなにまでして、やっとの思いで家まで運ばしたが、直径八尺といえば軒より高い。狭い昔の大阪の通りだから、まるでこの丸太一つに道がふさがれてしまった感じである。ところが町内の連中が騒ぎ出した。こんな大きな木、下ろしてもらったんでは、家が倒れてしまうという意見だ。なるほど、下手すると、第一わしの家があぶないかも知れん。そこで建築中の阪口楼《さかぐちろう》の現場に運んでみたが、ここも駄目で、結局もとの所に運び帰し、十一尺の鋸で木引《こびき》四人で製材した。

材木を買う時、わしは昔から一切値切らん、言い値で買ってしまうが、そのかわり変な物をつかまされると譲らんので、平田は恐いといった奴もいるが、値切ると逆に変な物を売りつけられることが多いようだ。

丸木船のように、中味の「がらんどう」の木を買ったことがあるが、それは店の者二人が名古屋《なごや》で買ってきた丸太であった。鋸を入れると、一二尺すうと切れてしまう、まるで豆腐か大根のような手応《てごた》えである。余りひどいので、売り主に抗議したところ、値切ったから仕方がないという返事だった。そこで現物を写真にとって再び抗議したら、先方から見に来て、こいつはひど過ぎるといって、取り替えて来た。値切るなといっておいたのに値切ったのは、その金で遊廓に泊るためだったとかで、とんでもないことだ。そいつらは大恥をかいてしまった。悪いことはせんことだ。木一本を買うにも性根を入れて注意すれば、こんなことは起こらんはずである。

「かみなり」にやられた木や、蛇の巣に化けた木などは論外だが、年数が立つと目が立ったり、艶《つや》が出たり、油ぎって黒くなるなどいろいろなことが起こるが、これは地質など育った時の事情のためらしい。

永い間の経験のおかげで、木にもいろいろの性質のあるのは人間と同じだということを教えてもらって、最近彫刻をやるのに、たいへん便利している。無駄な失敗や労力がはぶけるだけでなく、木の性質に応じていろいろ工夫ができるからだ。しかし木のことを、こんな風に文章にすることは、むずかしいよりも面倒臭いから、手取早い方法に図解してみるのも一興かと思うのでやってみる。

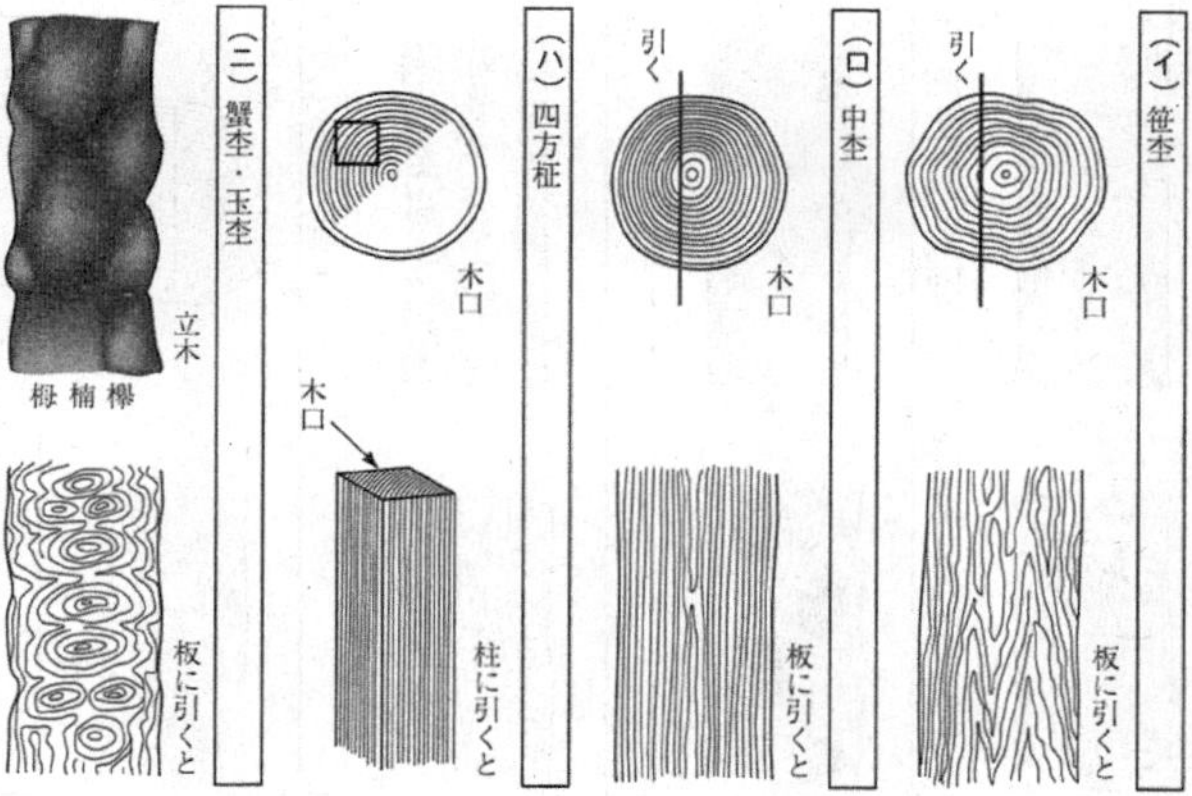

イ、杉の木などで、いびつになった材木の目が波打っているのをひくと、図のような笹杢《ささもく》の板がとれる。

ロ、真の目のしまった杉を引くと、茶室好みの素直な中杢《なかもく》がとれる。

ハ、立派な譜請の場合、栂《とが》とか杉の柱を使用するが、そういう時の四《し》方柾《ほうまさ》をとる時の図である。

ニ、欅《けやき》、楠《くすのき》、栂など外部から見ると、凸凹になっているのが多いが、そういう木を引くと、蟹杢《かにもく》、または玉杢《たまもく》がとれる。

ホ、ゴヘラ*42の木の荒目のゆったのを引くと、図のような荒杢《あらもく》がとれる。

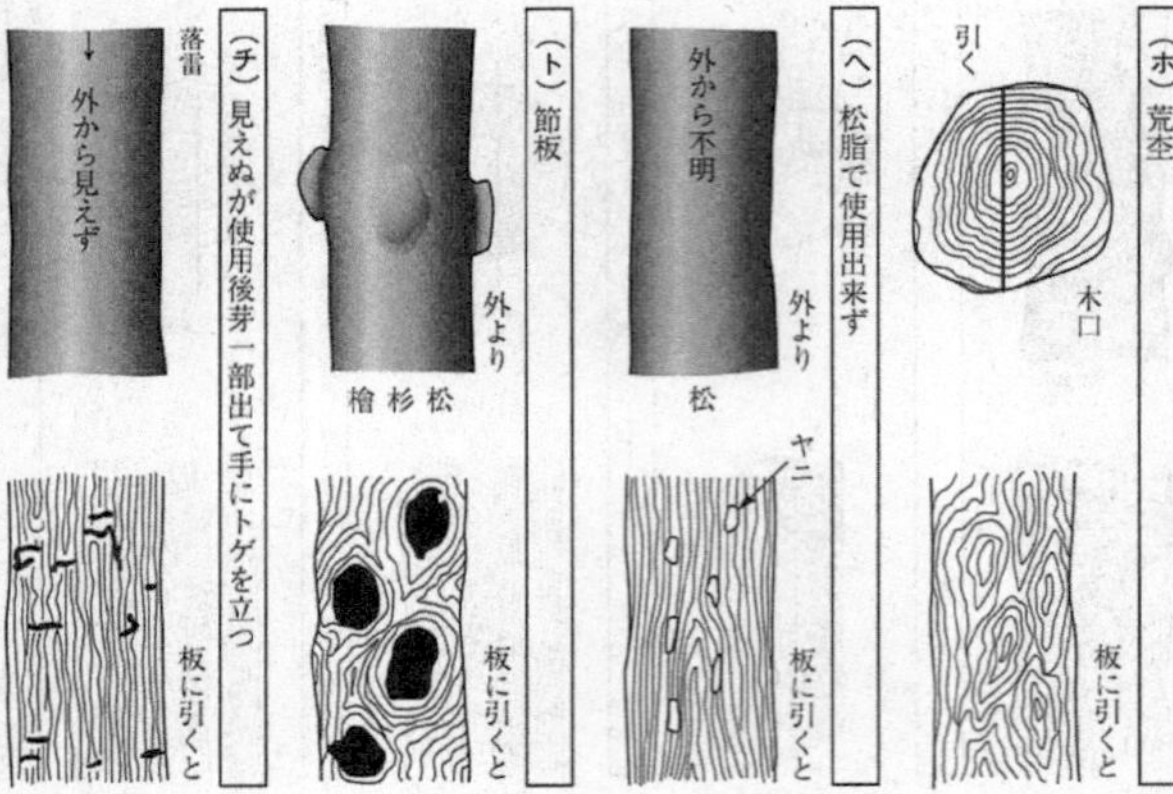

へ、松の木、わかりにくいが、外肌が少しふくらんでいるのを引くと、ヤニが一面に出ていて、こんなのは化粧板には使えない。俗にヤニ袋といっている。

ト、節板というのはゲテモノに使用されるが、これは松、杉、檜《ひのき》などの節の多いのを厚味も普通の天井板より少し厚く引く、それを使用するまで裏表に紙をはって節割れせぬように保存し、使うときこの紙をはがしてけずる。

チ、落雷のあった木である。こんな木は引いて、日が立つにしたがって逆むげのようなトゲが立ってくるので、化粧板には使えぬ。

続大工心得

師匠も弟子もない、というのが、わしの信念だが、そんな気持で努力して、なんでもかんでも人に負けまいと生きて来たけど、考えてみると、わしの半生は、失敗ばかりのいわば傷だらけのオンボロ人生という奴だろう。しかし失敗があって、初めて教えられたことが多かったように思う。昔の人は良いことをいって置いてくれたものだ。失敗は成功の母とか父とかいうことだ。だから、わしは若い者の失敗には理解があるつもりだけど、同じ失敗を二度くり返すようでは、余りほめられん。えらそうなことをいっていても、生きている限り、人間はどこで失敗するか知れんが、恥にならん失敗ならやってもいいと思っている。

今のような世の中なら、成功する奴より失敗する奴のほうが、人間が立派だったかも知れんと思うことが多い。第一金を儲けさえすれば人生の成功と見る、世の風潮はわからん。

商売人が金に執心するのは、金儲けということが、彼らの人生最大の望みだから愛嬌もあるが、それにしても義理人情もわきまえず金に執着する姿は嫌いだ。金に縁のなさそうな芸術家までが、最近ではマスプロとかのおかげで、右往左往しているのはみっともない。なぜこんな世の中になったのか、わしにはわからん。それに比べると昔の人の書いたものは、矢張りどこか気品があったように思う。生活と精神の持ち方から来ているのだろう。又余談になりそうだから、舌足らずの談義はよして、先月書き残した大工心得とかいうことの続きにかかることにする。大工心得といっても、そんな大変なことではない。建築する時の些細《ささい》な注意を並べて見るだけである。これも昔、わしの失敗から得たことである。いってしまえば誰でも知っていることばかりだろうが、家を建てる者も建てさす人も、事柄が小さ過ぎて忘れていることが多いと思う、その点参考になろうと考える。

(イ)、溝の土管

これはなるべく曲らず、真直ぐな大き目のものを使用すること、掃除に便利だからである。

(ロ)、樋(とい)

ていさいも考えて出来るだけ大きく作る。落葉やごみが積りやすく、そのためつまる憂いがあるから、堅固にすることが大切である。雪国では特に堅固にする必要あり。樋のことで思い出したが、三年ばかり前、こんなことがあった。それは北の中川料亭の仕事の時だ。表を旧式にやる考えで、軒先を低くした。それに樋を普通につけたんでは恰好がつかんので、雨が軒先に流れてくるまでに、屋根の中に樋を仕込んだ。ところが、ある日行ってみると、近所の樋屋が来て、軒先の樋を作っているので、わけを聞くと、この普請をやった大工は不親切で、表樋をかけていないから、それをやっているのだということなので、お前も樋屋なら、もっと注意して屋根を見ろといって叱りつけたが、樋屋も経験が少ないのか、このくらいのところが多くなった。

(ハ)、風呂場の板

風呂場の板は、入口からいきなり長く縦に張るのは危険である。掃除には便利だが、風呂場だけに板がぬるついて、すべって大けがをすることがあるから、注意せんならん。

(ニ)、ガスのこと

ガスを部屋に入れる場合は、窓の位置をよく考えること、旅館などは勝手を知らぬ客相手のことだから、特に注意する必要あり。

(ホ)、台所のこと

台所は余り大きくせず、一人で事が運べるぐらいがよい。そして西日をさけ、煙突を設けること。包丁さし一つでも、包丁さしその物よりも、それの隠し場所から考えること。包丁は刃物だから、泥棒に悪用されぬよう最初から注意して作る。

(ヘ)、電気のこと

電気の配線は、よほど注意する必要あり。職人はいつどこで働いているかわからんのだから、職人を頼まなくてよいだけの配線図は大切である。

(ト)、床の高さ

湿地か乾燥地か、その点よく確かめて床の高さを決めること。

(チ)、屋根裏利用

施主で屋根裏を利用したいと思うときは、予《あらかじ》め大工にその旨をいい置くこと。小屋根に注意すれば、それは、いと簡単に出来ることだからである。後からでは駄目。

(リ)、床と掛軸

床の間の掛軸は、少しの風でも動き、下壁にすれて傷がつき易い。初めて冷房装置を床の間にやった時、通風装置を隠したいと思い、床裏につけたが、軸が動くので失敗、その後はていさいよりも実質を思い、外に出すことにした。

(ヌ)、障子

最近、少々の雨にも大丈夫なように、障子の外にガラスを入れるが、そのため外と内の温度のちがいで雫《しずく》ができ、障子の桟にたまった埃《ほこり》がしめって汚れが目につくが、これを逃れるには、下のサンから一寸ほどあやまってはること。

(ル)、雨戸の戸締り

雨戸は雨を防ぐだけではない。戸締りの[43]ことも大切である。泥棒は雨戸[44]の戸締りのことをよく知っているから、雨戸のカマチは入念にして場所をかえてコロをする。

その個所も時々変えることだ。

（オ）、窓格子

窓の格子も泥棒よけに、若い時から枘《ほぞ》入*45にして、その上に二吋《インチ》半ぐらいの釘を打って来た。ある時、施主がそれを見て、「この大工、釘打の仕事をする」といわれたが、釘を打つ理由に、枘にしても木が古くなってへってくる、泥棒などその気になれば、小さい鋸二、三回で切ってしまうだろうから、「釘打」もそのためだといって、かえって喜んでもらった。若い頃の話である。

（ワ）、出入口様々

別荘、料亭、旅館、その他大小あるが、部屋によって柱の太さ、内法の高さ、天井の高さなど変えることが必要である。

故人になられた中川宗匠に小言をいわれたり、いつも喧嘩の原因になったことに、茶室の「躙《にじ》り口」のことがある。躙り口はご承知のことと思うが、だいたい二尺六寸程のものだ。それをわしは二尺八寸ぐらいにして、内法も少し大きくした。そのため宗匠から落着きが出んと、いつも叱られたが、わしの考えは昔の人間と今の人間では身長がちがう、まして戦後は外人のことを考えに入れると、出入口で頭を打つのを気の毒に思い、一二寸加減するのだが、宗匠にはそれが気にいらなかった。昔からの習わしのことだから仕方ないだろうが、今日までわしは自分勝手の寸法でやってきた。

（カ）、大工三態

いちがいに言い切れぬが、大工にも次のような型があるようだ。

▼口で仕事をする奴、こんなのに限って、すぐアキがきて、後で往生する。

▼無口のへんくつ。この種類の大工は仕事の出来るのが多い。人つき合いの悪いのが欠点だが、家のためにはよいだろう。

▼温和で仕事の上手、これにこしたことないが、そんな人間にはなかなか巡り合わんもんだ。わしの狭い経験では六割は悪いほうの部類の奴が多かった。もちろんわしだけのことだから、いっぱんには通用せんかも知れん。

（ヨ）、家の形

完成した家の形を見ても、その設計者がすぐ想像出来る。その意味でも設計という奴は恐い。机の上だけの設計か、田舎の親方の設計か、町の二番手の親方か、若いか老人か、その人間の性格まで表われるのだから、家の設計も馬鹿にならん。大工の仕事にしても、丸太を「はつった」面を見ると、二番手の大工か上手のやった仕事か、すぐわかってしまう。二番手の大工は「はつった」あとペーパーでこすっている。又はつらず鉋でけずっている。これでは茶室建築のよさは消えてしまう。

大工心得といっても、これは人のための心得ではない。わしだけの心得帳のようなものだ。したがって、別に考えを整理したわけではない。思い出す順に並べたまでである。生意気いっているわけでないから、そのつもりで見てもらえば有難い。

庭園の話

わしは一介の職人にすぎんので、たたき大工としての苦心や工夫は、毎日のように続けている。これは天職だから仕方がない。芸術家だとか学者だったら、こんな馬鹿気た苦労はしなくても、盲千人《めくら》で、結構先生だなんていわれて悦に入っていられるのだろうが、こと建築と庭については、わしには芸術家も学者もない。近頃、建築や庭のことを芸術とか学問の立場で研究し、いろいろいわれるようになったのは結構だが、わしは今更そんなことに感心していられる年でもない。先も短いのだから、何くそという気持で、自分流の苦労をしている。こういうことも勉強だといえば、わしは大の勉強家だということになる。

昔の庭は今のようなものでなく、どうだったこうだったといわれている。今の流行の言葉でいえば一種の「広場」で、そこで人が集まって話し合ったり、商売をしたそうだが、それは遠い大昔のこととかで、そういうものから発達して、今日のような庭になったということだが、こんな風にたどると、庭一つをとって見ても面白いだろう。しかし、わしはいつもいうように、たたき大工で、たまたま庭好きだというだけなので、庭についてはほんの僅かな経験しかないから、むずかしいことは抜きにするが、京都に行くときまって暇をつくり、大徳寺《だいとくじ》により、あの広縁に座って暫く庭を眺めることにしている。大きな気持になって、暫くはなんともいえん。桂離宮《かつらりきゅう》や竜安寺《りゅうあんじ》の庭もそうだ。ことにわしの目に映った竜安寺の庭は、古い土壁と石組白い砂利、それに見る場所の一致が良いのだと思う。これらの庭が、夫々《それぞれ》いつの頃に出来たか知らんが、今の庭は、だいたいこの辺のまねから出来ている。それが下手にまねるもんだから盆栽みたいになって、くだらなくなる。だからわしは出来るだけ自然からまねることにしている。山に行くと水の音、樹木の繁り工合など、参考になるものは沢山ある。

若い頃やった仕事で、山をとり入れた別荘を建てたが、今から思うとこれは失敗だった。わけは、最初、施主は設計を武田《たけだ》博士*46に頼んだところ、博士の設計は、山をとり入れず淀川を遠景にして見晴らしを主にされたものであった。ところが施主にはそれが気にいらず、山をとり入れたわしの設計を採用されたわけだが、山をとり入れることが主になって、遠い見晴らしを失ってしまった。今から考えると、明らかにわしの負けだったと思う。

自分が庭が好きだから、施主といっしょになって、わしはよく庭をいじくるが、これも若い頃の話である。住友《すみとも》のある重役の家を建てたとき、主人といっしょに、汗水流して庭を作った。この庭を見たある会社の重役が、庭を作ったのは誰だという話から、わしの名前が出た。ところがその人には、頼まれて図面を書いて渡してあったのだが、出入りの植木屋が図面を無視して、好きなようにやってしまい、狭い庭に、小さな子供があるのも考えず、深い池をほったり、こしゃこしゃした木を植えて、つまらなくしていたので、それを批評すると植木屋は怒って、わしに殴りかけて来たいきさつがあった。そんなわけから平田だとわかってみても、今更、平田にも頼まれんので、別の植木屋に頼まれた。おかげで三倍以上の金がかかったと聞いている。

日本建築とか庭といえば、誰でも桂離宮を考えるとみえ、ある時、訪ねて来た外人も、手まねをまじえて、桂離宮は立派だとほめてから、茶室をやってくれと頼まれたが、写真などで知っているわしの知識では、外国の建物は立派で豪華なのにくらべると、いかにも日本の建築が小さく貧弱に思えたので、やる気がなくそいつはことわった。

建築はわしの仕事だけど、好きというだけで、庭は専門ではないので、三人の庭師の棟梁がわしの相談相手だ。

建築の設計とともに、わしは庭の設計をするが、始めに石組図を書き、また別に植木の種類と配置を書く。箱庭のようになるのが、わしはいちばん嫌いだ。庭で重要な役目を持つ石も、だから出来るだけ自然の石を使うようにする。山では水の音を聞き、それをたどっていってみると、思いがけぬ美しい流れに出会うことがあるが、僅かな水の感じでも、そういう気持が大切だと思う。植木屋にまかせて困るのは、細い枝をやたらに切ってしまい、太い枝ばかりにしてしまうが、あれでは庭が堅くなって嫌だ。それに、やたらに石を積みたがるのもわしは好かん。細い枝は、風になびいて涼しく感じる。それには「もみじ」などいいだろう。竹もいい。ことに今の大阪では、松など育たない。これはどこの都会でも、大都会になるほどそうだと思うが、松や杉にかわって、いちばん育て易いのは竹だ。そんなことから、市内の料理家建築にわしは、よくこの竹を使う。料理家で思い出したが、僅かな土地を、広さいっぱい活《い》かさんならん。市内の料亭建築で、庭を作りたくともそう広くとれん、それに料亭ではどこの部屋からでも一つ庭を四方から見て客の顔がむき出しになってはこまるのでお互いに客の顔が合わないようにせねばならん、そうなると庭を中心に建築をどう工夫するか、こいつが一苦労だ。一例をいうと、階下は樹の幹を見、階上は小枝を見るという風にするのもそのためだ。居宅とちがって、商売屋は、先ず第一に商売が繁盛してくれんことには困るので、建築にも、先ずそれを考えねばならんだけに、思いがけぬ点で、気を使ってかからねばならんが、そんなわけだから、設計以前に、わしは出来るだけ施主のことを知るようにしている。相手を知る必要から遂に深入りしてしまって、時には身の上相談まで引き受けてしまって、困った目に合ったこともある。若い時よりも、このことは年をとってから多い。つい親切が過ぎて誤解されるわけだ。

せんだって、「新建築」という雑誌が、わしの家の庭を紹介してくれていたが、この庭は疎開中田舎で感じたことを庭に移すつもりで、自分で作った庭である。だから出来るだけ自然をまねた。自然といえば花ほど器用なものはないとわしは思う。だからこの庭も四季の花が楽しめるように草庭にした。花は四季はもちろん、風にも雨にも風情を呼んでくれて、ほんとうに可愛い。杉、柏《かしわ》、樟が風情をそえる。

話のついでに、わしの庭にある主な物をならべてみると次の通りだ。

松　一本
孟宗竹《もうそうちく》　十本
笹　二株
杉　二本
もみじ　七本
石灯　四個
石仏　二個

他に、花をつけるもの、小さいものをあげると

萩
すすき

梅
秋海棠《しゅうかいどう》
椿
百合
あやめ
南天
シダ
茶セン等

庭の広さは、奥行八間、巾《はば》三間の二十四坪。生き物では、池の鯉数尾、猫二匹、セパード一匹、狸一匹このうち犬と狸は仕末が悪いので檻《おり》に入れている。

このぐらいの庭なら、誰にだって出来ると思うが、写真ではよくわからんだろうと思ったので、恥のかきついでにならべて置く。

庭というものは「庭園はそれ自体が造型される空間である」などと、小むずかしいことをいうまでもなく、楽しいものだ。学者などのこんな小むずかしい理屈を聞くと、なにを苦労して力んでいるのかと、早く忘れてしまうほうを先にする。

旧・自邸

町内物語

首つりの処理

日本橋高津《こうづ》十番に住んでいた頃を思い出してみる。戦争もだんだん烈しくなっていた時分だ。わしはこんな気性だから、誰にもつきあいがよいという風ではないが、特に気が合うと、毎日のように遊びに来てくれた。

その中に道具屋でAというのがいた。年齢もわしより少し下である。子供が三人あって真面目な男だった。その上末っ子の男の子の出来がよく、夫婦ともこれをたいへん自慢にして可愛がっていた。ところが、ふとした病気がもとで、この男の子を死なせてしまった。以来おかみさんの嘆きは夜となく昼となく子供のことを思い出しては、泣き暮すという風で、今でいうノイローゼとかのきつい奴だろうが、可愛い子を失った母親の気持としては無理もない。

ある晩、Aが話しに来て、おかみさんのそんな様子を伝え、なんとかあきらめるよう意見してくれというような依頼だった。ところが、はからずもその翌朝である。わしは机の前で図面を書いていると、飛び込んで来たAが、「親方」といったまま、口もきけないで、そのまま、ほんとうに、こんなことを腰が抜けるというんだろうが、ヘタヘタと座ってしまった。「朝っぱらから、何んだ、縁起でもない」と、わしが持ち前の大声でどなると、ようやく口をひらいて家内の変死の事情を話した。そこで、わしもすぐ「始末したか？」ときくと、「そのままだア」という、「馬鹿め、そんなことは早くするんだ」といって、わしもあわてて飛び出して行った。Aの家まで約半丁[*47]ほどしかなかった。

家につくなり二階にかけ上ってみると、なるほどAの伝える通りだ。まず頭に手をやってみたが、冷たく氷のように、もう、こと切れた後であることは、素人にもわかる。さっそく縄をときにかかったが、なかなかとけない。来るかと思った主人もこないので、仕方なく台所に下りて行って、出刃庖丁《ぼうちょう》を探し出して来たが、錆《さ》びた出刃庖丁ぐらいでは、そう簡単に切り落とせる縄ではなかった。そこでわしは「死骸《しがい》」を抱きかかえるようにして縄をゴシゴシやった。死骸というものは重いと聞いていた。わしも種々経験の多いほうだが、こんなことは初めてだ。ホトケさんの首が、どすんとわしの肩にかかると、よろよろとなって、そのまま死骸を抱いたまま倒れてしまった。ここまでは、とにかく一気にやってしまったが、勝手のわからぬ他人の家ではどうもならんので、隠れて出て来ぬAを探し出し、こんどは彼にも手伝わせて、布団を敷き、そこに死骸を横にした。

そうして置いてから、次はAだ。ここでは駄目なので、一先ずわしの家に連れ帰り、前夜の事情をいろいろ聞きただした。新聞種になったり、警察沙汰《ざた》になっては可哀想だと思ったので、根ほり葉ほり、わしはAに聞いた。「夫婦喧嘩でもやったのか」というと、「そんなことはない」と、いうAの返答だ。そこでまた「お前が殺したんではないなア」というと、「めっそうな……」と、いうわけなので、早速、警察へ厭世《えんせい》自殺の届けをし、検視がすむと葬儀屋を呼んで、翌朝葬儀をすませてしまった。

葬儀も終わった後だったが、死骸に血がついていたとかいう子供からの聞き込みで、案の定、警察からやって来て、葬儀委員長は誰かと、わしのところへやって来た。委員長なんて者ではないが、世話をしたのはわしだというた。顔には見覚えのある巡査だったので、わしはAにはまだ子供もあることだし、家内が首をくったなんてことが、新聞なんかに出たんでは、この町にいられないだろう。子供を失って妻君は神経衰弱が昂《こう》じて、こんなことになったんだから、余りやかましくいわないで、見逃してやってくれ、といった。巡査も手持無沙汰《ぶさた》で処置に困った風だったが結局なんていうこともなく帰ってくれた。その後新聞記者が一人、たずねて来たが、何もいわず追い返した。しかしわしはAのために考えた。どうせ、世間はよくいうまい、こんな土地にいたのでは肩身もせまく、やりにくいにちがいない、残された子供のためにもならん。そこでわしはAのために家を探してやって、そこに移転させた。一切やり直しだとAに元気をつけてやったが、その後は、戦争も烈しくなり、疎開、疎開とごったがえし、戦災で何もかも変わってしまったがAとはそんな縁で、いまだに盆暮にはあいさつに来てくれ、先ず無事に暮らしている。

長靴も時の氏神

やはり日本橋に居た頃の話だ。Bという男で、商売は金物屋である。Aと同じようによくわしを訪れてくれる一人だ。

戦時防空演習なんてことが流行し出した頃のことで、かまぼこ屋の大将とか、下駄屋のおやじなどが、もっともらしい顔で、町の防空団長だなんて意張っていた。わしは大工だから、火事だとかなんとかになると、少しは役に立ちそうに考えるのか、何かといって引張り出しに来た。いざという時には、何を置いても働くつもりだが、団長だの役員だなんていって、もっともらしい顔をするのは嫌いだ。

そんなわけだったが、わしはある時、防空団の連中に防火訓練の指導に引っぱり出され、その時、高い所で行動する時の注意などして、その実演をやってみせた。大工は屋根など、高い場所での仕事が少ないので、家の若い者にも、間違いのないように、若し危険を感じたら、何にでも抱きつくなり、自分から飛び下りるようにしろ、といってきているが、その時もそんな話をして、さて実演という次第だ。十尺ぐらいの高さから飛び下りるわけだが、このくらいのことは、別に驚くことではない。わしはいつものような気持でそれをやって見せた。ところが運て意地の悪いもので三回目の時に限って、飛び下りた瞬間、道に敷いてあった莚《むしろ》が、どういうわけだか滑って、思わぬ不覚をとってしまった。おかげでわしは「くるぶし」を傷めてしまって、とんだ実演になってしまった。その傷も漸くなおりかけて、長靴を常用していた時のことであった。その日、いきなり見覚えのある子供がかけ込んで来て、「おっちゃんきてェ、お母ちゃんが……」と、いうわけだ。子供はBの長女だった。わけをきくと夫婦喧嘩とわかった。子供のうったえでは、ほっとくわけにもいかん。わしはそこで長靴をはいて出かけた。行って見ると、家中近所の人でごったがえしている。二階から物音が聞こえるほどだから、相当派手な夫婦喧嘩だ。痛い足に長靴では、ぬいでいるのもめんどうなので、そのまま、わしは二階に上ってしまった。

おかみさんが産後なので、床は敷いたままだ。仲裁が入ると、喧嘩はかえって派手になりがちなものだ。そこでわしは「いい年齢をして、弱い病み上りの女に強いのなら、わしにかかってこい、相手になってやる」といって、二人を引きはなした。ついでにBの横面を一つ二つ殴ると二人とも急に温和しくなってしまった。殴ったのが利いたにしては余りに簡単過ぎた。自分でも拍子抜けの態だ。実は、二人が温和しくなったのは、わしの手がこたえたのではなく、泥だらけの長靴のせいであった。Bは「棟梁、そいつはどうも」といい憎そうにする。見ると、畳の上から布団にかけて泥だらけだ。わしが動けば動くほど、その靴跡の数が増えるだけで長靴のおかげで夫婦喧嘩はどっかへすっ飛んでしまったわけだが、喧嘩が終わってしまうと、わしの長靴のほうが、どうも恰好がつかん。夫婦喧嘩の仲裁に入って、こちらが謝る手もないので、悪口の二つ三つ並べて引き揚げた。

仲裁の礼をいうつもりだったのだろうか、その翌日、妻君がわしを訪ねてくれたのはいいが、話が、ついまた亭主の不平やら、年の暮れにかけての世帯話に持って行かれて、とうとうわしはBの年の暮れを助けてやらんならんことになってしまった。当時、わしは軍需工場の仕事が多く、忙しい身であったが、Bよりも妻君に同情して、二万円の金を出してやることにした。これで何んでもいい金物を買って並べるように、馬鹿の知恵まで貸してやった。この商売の結果がどうだったのかよく聞いていないが、戦後Bはある種の商売を始めたのが、頭に当たって、今ではたいへん成功している。

三道楽

「女の味」「仕事の味」とならべると、わしは仕事の味のほうをとる。それがわしの今日までの生き方である。酒の味といわんのは、幸い、一滴の酒ものめんからだ。昔から世話に「打つ、買う、呑む」というが、三つともわしは嫌いだ。といえば、嘘だとでも思うのか、皆わしの顔を見るが本当である。しかし、まったくこの三つに今日まで無縁できたわけではない。それどころか、わしほどこの三つの世界に育てられてきた者はほかにないかも知れん。第一わしの親父は、俗に「打つ、買う、呑む」の達人で、それで一生を終わったような人だし、長じて職人の仲間にはいってからも、多くの仲間はどれかそのうちの一つに秀《すぐ》れていた。自分の弱点を知っているし、そんな連中を余りにも多く見てきたので、嫌いになってしまったのかも知れん。

酒が一滴もいけない証拠に、こんなことがあった。ある晩のことだ、仕事のことで得意先を訪ね、サイダーをよばれた。少し変な味だったが、上等のサイダーだというし、暑い夏の宵だったので、コップに半分ほどをのんでしまった。ところが、暫くすると、なにか胸苦しく、気がめいってくる。おかしいと思ったので、さっそく車を頼んで家に帰った。家内たちも心配して、医者を呼ぶやら、一騒ぎ持上った。そうしているところへ、サイダーをよばれた得意先の親子が、心配してやってきて、少しサイダーに洋酒をわったのだが、棟梁がこんなに弱いとは思わなかった、ということだ。それを聞いて、わしは床から立ち上り、真裸になると、庭の池に飛び込み、首まで水にひたって、約半時を過すと、いくらか心臓もましになり、騒ぎがたいへんだっただけに大笑いしたことがあるが、こんなに酒だけは駄目なのだ。こうなると、好き嫌いなんてことでなく、からだが全然酒をうけつけないようにできているのだ。神様はよくしてくれたと思っている。この上酒が好きだったら、わしはどんな人間になったかわからん。

「打つ」ことについては、若い頃賭博打ちの女と同棲《どうせい》したこともあるし、無理に義兄弟の盃をかわさせられた仲間の大工も、賭博好きの酒呑みだった。たまたまその男の二階に下宿していたことから、その男の女房に惚れられ、あらぬ嫌疑の末、たいへんなことになりかけたが、結婚式から逃げ出して、腐れ縁を断わった。そんなわけで、相当ひどい「打つ、買う、呑む」の人種を知ってきているので、たいていのことには驚かん。気性からいっても勝負ごとは嫌いではないが、負けると癪なのでやらんことにしている。やるといえばパチンコぐらいなものか。パチンコはそれでも自慢のうちである。

女を買い損ねる

「買う」ほうだが、こいつは余りはっきりしたことはいえん。これまでにも、若かった頃の女出入りは二三書いたから、その程度にとどめておくが、わしの場合、妙に意地とか人情とか義理がからんでいる。女遊びについては女を買うのを誇にしたような時代でもあり、またそんな周囲の雰囲気だったから、話すのもばかばかしいようなものだが、わしは惚れて通うなんて粋《いき》なことは、さっぱり出来なかった。

今でも、うちの連中は「親父さんのような恐い顔をしていては、女もほれんわい」とぬかしくさるが、それはそうかも知れん。そこで今日は、自分のことでない、そういう若い連中の昔うちにいた男のことを話してみよう。

若い者を何人も抱えていると、つぎつぎと心配は多いものだ。まだ戦争も始まらん頃のことだから、今うちにいる連中とは関係はないが、その頃、京都の田舎で仕事をしていて、責任者が一人泊り込みでかかっていた。ところがその男、田舎の仲居にひっかかってしまって、とうとう青い顔をして帰ってきての相談というのが、女に子供ができてしまったから、当時の金で千円貸して欲しいという頼みだ。承知してやることは簡単だったが、その前に、同じ責任者の仲間四人を呼んで、お前たちでどうしたらいいか相談して置けと命じた。ところが二階に上って行った連中、一向に話がまとまらんとみえ、十二時近くなっても下りてこんので、わしが上っていって皆にたずねた。すると皆それぞれ意見がちがう、ひとりは千円は多過ぎるから五百円でいいといらし、別のひとりは一文もやらんでいいという、まるっきり話がばらばらだ。そこで当の本人に、お前はその女に未練があるかとただすと、別に未練はないという答えなので、よしそれなら、わしが解決してやるということにした。

翌日、わしはその連中のうちで、男前の女遊びのたっしゃな奴を選び、わし自身はラッコの毛皮のついたトンビをひっかけ、懐中には、新聞紙でふくらませた金包《かねづつみ》を持って、いかにも金持らしい遊人気取りで、問題の女のいる料理屋に上った。頃を見て、わしは気前よく金を女たちにばらまいてから、帳場に下りていって話をつけてしまった。問題の女は、連れてきた責任者にかからす段取だったが、なにかのときに、その部屋でわしと女だけになってしまった。すると女はいきなり電灯を消し、押入れの布団を出しにかかった。

おかげで、わしの計画は狂ってしまったわけだが、エーままよという気で、そのとき相手の腹の様子をさぐってみたが、妊娠している風はなかった。その後、われわれは大阪に出て旅館に、入ったが、ここまできて、連れてきたわしの責任者と女がぶつかってしまった。女の怒声がするので、ほかしてもおけず、その部屋に行ってみると、親方の女に手出しする気か、とたいへんな見幕である。それを見て、わしは腹を決めると、よしそんならわしが話そうといって、ひらき直った。

実はわしはこういう者だが、お前は賭博打ちの亭主とはかって、妊娠しているといって、気の弱い男をだまし、金を取ろうとしているがそうだろうというと、女は涙をぼろぼろこぼして「すみません」といった。すまんとわかれば見逃してやるということで、わしの目的はまんまと果すことができた。ところがその後がいけなかった。寒い頃のことだから、話しながら、どちらも火鉢に手をあぶっていたので、運悪く女はわしの指輪に気がつき、平田の文字を読んでしまった。「あんたは、棟梁の平田さんでしょう」と聞いてきた。しまったと思ったが、もうどうしようもないので「そうだ」と答えると「刑事だなんて、ようまアだましなはったなア」と、いうわけだ。しかし、ここまで泥をぬり合っては喧嘩にもならん、白々しい気持で翌朝町に出て、日本一の交叉点《こうさてん》にさしかかると、女は朝の買出しの人の中で「この人、夕び、わたしの××盗りはりました」と、あられもなくどなりやがった。こいつにはわしも参った。まるで顔から火の出る思いというのはあのことだろう。

賭博打の世話

こんどは賭博打のことを話すが、以前、東京から逃げてきた賭博打があって、そいつがわしを頼ってきた。女房も子供もあるのに、賭博打なんて可哀相なものだと思った。

世話をすることはかまわんが、今後一切賭博はしない、その約束ができれば世話してやるというと、約束するというので、さっそくわしは家を借りてやった。なにか商売を考えてやろうと思ったからだ。わしはわりに思いつきのうまいほうで、これなら競争相手も少ないから、こんな男にもやれると思ったので葬儀屋をひらかせた。やってみると案外うまくいった。仕事が仕事だから繁盛とはいいかねるが、そこそこに仕事があって、次第に商売らしくなっていった。何年かたち小金もたまってきた様子で、この分では大丈夫だと喜んでいた頃、とうとうそいつは、また悪い虫を出して、わしに隠れて賭博をやっていたものらしく、正月早々また逃げてきて、かくまってくれというので十日ばかり家においた。その時も、これかぎり一切賭博には手を出さない約束になったが、賭博好きとなるとやめられんものか、それから一年ぐらい後だったか、こんどもまたやってしまった。さすがにわしのところには逃げて来られなかったとみえ、警察からそれが知れた。五、六人の仲間だ、二人だけが行方不明とかで、その一人にはいっていた。新聞にものった事件で、警察は、わしがかくまっていると思ったわけだ。そこでわしは「よろしい、そいつは、わしが責任をもって探そう」ということにした。

さっそく家に訪ねてみると、家内がいてどこにいるかわからんという。しかしわしは女の顔色から、知って隠していると見込んだので、嘘をいうなと叱りつけると、ようやく白状してしまった。

家内は、わしが亭主を警察に突き出したということで、だいぶ恨みに思っていた様子だが、亭主が警察から帰ったとき、わしも出かけて行って、最初、商売初めにわしが整えてやった商売道具を表に放り出し、若い者にそいつを燃やしてしまえと命じたが、泣きつかれてそこまですることは中止した。

だまされた腹立も手伝ってのことだが、復讐心というか、短気というか、わしにはこんな烈しい一面がある。年をとって、この烈しさもいくらか角はとれたが、しかし、なにごとによらず、好き嫌いの烈しい気性は変わらないようだ。

このことあって、その一家とは全然つきあいがないが、三年ばかり前、その主人が死んだとき、葬式代を半分わしが持ってやった。商売のほうも息子が後を継ぎ無事にやっているようだ。

昔からいう酒と女とバクチの三つの味は、こんな風でわしには余り縁はなかった。これを聞いて、平田って、案外野暮天の可哀相な男だと思う人も多かろうと思うが、そのかわり「仕事の味」だけは、骨のズイまでしゃぶってみたいと思っている。

若い頃から今日まで、わしのような、大工以外は何事につけても不器用で、融通の利かん男が無事に過ごせてきたのは、一筋に仕事に執着できたからだと思う。仕事というものは苦しいものだが、その苦しさがまたたのしいようなもので、振り返ってみて、何度か臨んだわしの人生の危機は、いつも「仕事」一途に考えることで、まぬがれてきたような気がする。

彫刻　板戸

終戦前後

小物道具や絵などは昔から好きだった。好きだから、力に応じていろいろ集めたが、また散逸した。彫刻は職業柄、木に縁が深いので、いちばん身にあったのだろう。木は五十年七十年の成長を遂げたものでないと役に立たんので、それを使わして貰う身を心から感謝している。彫刻をやり出してから、捨てるような木の切れっ端でもだいじにするようになった。忙しくって、永い間、落着いて彫刻もやっていられなかったが、終戦前後のあの無茶苦茶な世間を見ているのがつらく、いつか自分を慰めるため、彫刻をはじめたのが今日に及んでいる。

二十年三月十三日の大阪空襲で、わしの家も一物残さず灰になってしまった。五日間の防空壕《ぼうくうごう》生活の間に考えた。わしは大工という仕事を通し、当時、指導の立場にいたいろいろの人に接し、その人たちのやることを見てきた。わしはわしなりの物さしで、こんな連中が指導者面をしている限り、戦争に勝つ見込みなしと、とうに腹をくくっていたが、ここまできては、自分の見込み通りになったことが、かえって哀しかった。今後の身の振り方も考えねばならんので、これも一つの試練だと自分にいい聞かせると、気を取り直し、さっそく焼け残りの製材機械を日本橋に持って帰り、ここで製材の仕事を始めることにした。段取がすみ、機械の動くのを見ると、最初の腹づもり通り、後は職人たちにまかせ、自分は疎開先に帰った。ラジオで終戦の玉音を聞いたのも、この疎開先である。

日本橋の製材所は、職人たちのために思いついたことなので、こんどはわし自身の生活を考えねばならん。田舎町のことであり、疎開者の一人であってみれば、そういい知恵も出ん。それで考えたのが古本屋だ。所蔵の僅かばかりの本と、柳行李二つの着物を売った金を資本に店をひらいた。その頃は、百姓たちが進駐軍の闇タバコを吹かし、鼻いきの荒い時であった。店の陳列その他の建具類も自分でやった。田舎の本屋にしては気を利かせたつもりだが、初日から商売のほうはさっぱり駄目だ。たまに売れても安い本ばかりである。それにいい若い奴が来て、つまらない本を喜んでいると、つい説教をいってしまうので、売れん本がよけいに売れんことになる。結局損ばかり続けたわけだが、本の買出しには大鉄、阪和、南海沿線と随分遠方まで出かけたものだ。岩波文庫は七円から十円が相場だった。なかにはただでくれる家もあった。店で本を売るよりも、本の仕入れのほうがずっと面白かった。こんなわけで店のほうはてんと駄目だったが、どこで聞いてくるのか、逆に大阪の本屋が店にあさりに来て、いつの間にか仲間商売も教わった。しかし、たいていだまされてばかりいたので、勉強にこそなったが、損は相変わらずだ。店の名前も村長が考えてくれたぐらいで、町の人気はあったが、しまいには子供の集まり場所になってしまった。三日市には子供のためのいい遊び場所がないので、そんなことに役立つのも結構だと思っていたがそのうちに、店に集まってくる子供のなかから、本を盗む奴が出たので、これでは、かえって子供のためにならんと考え、間もなく、わしは三日市での本屋は廃業することにした。古本屋はそれから数年後、日本橋に帰ってからまたやったが、この時は、昔から知っていた古本屋が困っていたので、そいつを助けるつもりで始め、結局、商売にならん上に、人を使っては負担ばかりかかるのでやめてしまった。

彫刻を始める

先にもちょっといったように、わしが彫刻にこりだしたのは、終戦後の混乱した世の中で闇商売の噂しか聞かれないのが嫌さに、それを忘れたくて始めたのだが、三日市の疎開先で最初に彫ったのは「鯉」であった。皿の上に鯉を二匹ならべ、それを見ながら彫った。大官、小官の鯉二匹で小官の鯉のはねている浮彫の額である。

次は板戸に瓦模様に菊と桐を彫った。巴瓦《ともえ》*48は国民、菊は天皇、桐は皇后の意味である。

三度目がまた鯉だった。彫っている時、丁度ある人が訪ねて来て、ほめたつもりなんだろうが、みごとな鯰《なまず》だといった。がっかりするやらシャクにさわるやら、いっそのこと二つに割ってしまおうかと考えたが、帰りがけに、そいつが屁《へ》をこいたので、そんな奴だから目がないんだと我慢した。

終戦の八月十五日、重要ニュースがあるというので聞いた。無条件降伏だ。戦の終わったことは有難いが、胸のうちでは憤懣《ふんまん》やるかたなしの態で、その感情の中で彫り始めたのが「唐獅子《からじし》」である。ただの唐獅子では駄目なので、今に見ろという気持で「立ち上る唐獅子」にした。それを彫り終わった頃のある日、突然、日本画家の木谷《きたに》千種《ちぐさ》*49が進駐軍の海軍少佐リチャード・H・ブラウンというのを連れて訪ねて来た。少佐は、わしの彫った「唐獅子」を見ると、どこが気にいったのか売ってくれといい出した。売れないが気に入ったのなら、やってもいいというと、少佐はたいへん喜んだ。三日待たして、わしは唐獅子の背景に牡丹《ぼたん》を彫り加えたのを贈った。唐獅子の礼状に英文の手紙が来たが、そんなものはちんぷんかんぷん、わしにはわからんので送り返してやると、こんどは代筆なんだろうが、下手な字で和文の手紙が来た。その少佐、今どこにいるか知らんが、アメリカまで彫刻を持ち帰ったものであれば、何人かのアメリカ人の目に見られているであろうが、まさかそのときのわしが、どんな気持で彫ったかまではわかるまい。

五度目に彫ったのが「鮭」である。今度は丸彫であった。三日市時代の作品はこれで終わるが、大阪に帰ってからは、今日まで相当の数を彫っている。

大阪市展第一回に、偶然のことからこの鮭と、板に雁を彫ったのと、鍾馗《しょうき》*50の衝立《ついたて》を出品した。展覧会出品のつもりはなく、当時、わしは熱海大観荘《だいかんそう》の工事に出張中で、家内が人にすすめられて出品したのがたまたま入選したわけだ。わしは旅先でそのことを知った。素人彫刻家の平田に恥をかかすようなものだと、きつくいってやったものだから、家内たちは心配したと見え、子供が毎日美術館に通って、人の噂を聞いてきたそうである。その子供の耳にした噂の中に、Aという彫刻家が、たたき大工が彫ったというのは嘘だというのがあって、子供なりに腹を立てたらしいが、このAとはその後知り合いになり、いまだに時折訪ねてくれる。

この時の「鮭」は当時の市長の手にある筈である。いきさつは、望月《もちづき》美術館長がわざわざ訪ねてくれ、鮭を市長が欲しがっているがわけてくれないだろうかという相談だった。考えて、市長にはわしからやる理由はないが、望月さんにになら差し上げてもいいといって渡した。現在、自分の身近に置いている鮭は、その後、正月の暇をみて彫ったものである。

伊藤彦造発病

三日市に居た頃、挿絵画家の伊藤彦造[*51]がひょっこり訪ねてくれた。戦時中にも一度訪ねてくれて、白浜《しらはま》に三日間遊んだこともあるが、彦造と最初あったのは、朝香宮の茶室を建てたとき、朝香宮夫人の十三回忌かなにかのとき、伊藤彦造が荒木《あらき》大将か誰かについて来ていたので、若い時、彦造ファンであったわしから名乗りをあげて知り合った間柄である。

終戦後の世相は、ことのほか彼には打撃だったと見え、ひどく元気がなかった。彼はわしへの土産に、ルーズヴェルトの鬼が桃太郎《ももたろう》の日本を背負って、よたついている戯画の色紙をくれた。わしも同じような考えで彫刻など彫っていたので、彦造を慰めるために高野山《こうやさん》に連れて行った。ところが、彼は山についた夜から発熱して病気で倒れてしまった。三日間、わしは彼の背をさすって看病した。電報を打って家内を呼んでくれという本人の希望ではあったが、お前の身はわしが預かったから死んだ時か、全快した時に家内を呼ぶことに腹をきめさせた。

病人を三日市に運ぶために、管長の自動車を借りることは出来たが、ガソリンがないので、人に頼んで橋本《はしもと》でそれを手に入れ、漸く病人を運び出したが、高野山を発ったのが朝十時で、三日市に着いたのは五時であった。彦造の病気は全快まで二ヵ月ぐらいかかったが、なにぶん物資不足の時だけに、家内などはほんとうに困っていたようだ。医者も大阪から三人呼んだ。どんな犠牲を払っても病人を助ける責任があると思ったからだ。金も封鎖時代で思うようにならんので、今なら時価で二千万円はする道具や骨董《こっとう》類を、当時七十万円で売って、このために使った。家内などいまだに惜しがるが、わしはこれも人間の縁だと思って執着していない。おかげで病気もよくなってくれたのが何よりである。その代償というわけではないが、観音が血まみれの軍人を抱えて昇天する大物の絵を頼んで、それに必要な参考書やその他のものを持たして大阪駅まで、見送って別れたのが彦造との別れだったが、絵は今日までついに出来ずじまいである。

彦造とわしとの縁の切れたのは、直接はこのためでなく、その後、何かの折りの手紙に、進駐軍相手だと彼の絵が、五、六万円に売れると書いてよこした時からである。戦時中から、わしは彼が書いてくれたものに対しては、高いか安いか知られんが、当時の金で千円を送ることにしていた。わしは一介のたたき大工で、金には余りめぐまれんが、困った時、頼まれれば、無理算段をしても若干のものはしなければならんと思うほうだし、彦造にはそれをしてきた間柄だったのに、進駐軍に売ればどうのこうのといわれたので、急に嫌になってしまい、その後音信をしなくなった。

丸公は苦手

戦争中のことは、誰だってあまり良い思い出とはいえんだろう。わしも御多分にもれん。仕事をする者には「闇」だの「経済警察」なんて奴は、鬼門だった。だが、仕事をすすめようとすれば、どこかでそいつに引っかかったものだ。仕事のことでは、三日三晩徹夜したって平気だが、闇だの物資不足の心配では、神経衰弱になりそうだった。

幸い軍需工場の仕事をやっていたので、米には不自由なかったが、他の物はそんなに豊かとはいえん、つい沢山居る若い者から甘い物が不足で、といわれると、そのために苦労したこともある。酒はどうでもいいが、甘い物には目がなく、とんだ失敗話もある。その一つに出入りのある者から、棟梁「菓子を買いまへんか」といわれ、「よし、持ってこい」といった。せいぜい風呂敷にいっぱいぐらいで、自転車でやってくると思ったのに、リヤカーで運んで来て、「これだ」というわけだ。琉球《りゅうきゅう》からの「アメ玉」で、持主も始末に困っていたものらしい。それも半分とけかけて「アメ」ではなくて「アメの塊」である。ここまで来て持って帰らすわけにもいかんので、買うことにしたが、その後が大変、とにかく大甕《おおがめ》を六個ばかり買って来させ、飴《あめ》のかたまりを小割にして、それをカメに入れるやら一苦労だ。平生喧嘩には強いつもりのわしも、この「アメ」には弱かった。一人こっそり隠れて喰べるのには多過ぎるし、他人にわけてやっては闇取引でやられそうだし、こいつには、一寸参った。一晩は完全に「アメ」のために眠れなかった。結局、ただでやってしまえば闇にもなるまいと一週間かかって、知った先に分けてしまって、はじめてほっとした。

闇取引といえば、一度セメントの闇で警察に呼ばれたことがある。

休日の日だ、その日洋服を着た男が二人やって来た。商売の注文取りかと思っていると刑事だ。セメントの闇をやっているから、担当の責任者を出せというわけだ。責任者は休日で来ていなかったので、最高の責任はわしにあるからといって、自分で出かけた。種々訊問を受けたが、売った先方から調べているのだから隠しようはない。高いのを承知で買ったセメントに相違ないが、軍需工場の仕事を期日までに進めるには、そうするしかなかったためだ。こちらは闇で買って公定で納めるのだが、それでも闇になるか、というような問答を続けた。わしが警察に呼ばれたというので、責任者も後からやって来た。とにかく正直にありのままいったので、警察もだいたい了解してくれたが、始末書を書けなどおそくなりそうなので、責任者は家内が身重だというとにして早く帰した、自分はおそくなってもかまわぬように、家の者が心配して松虫花壇《まつむしかだん》から運ばせておいてくれた食事を、警察で夕食をすませてから帰った。こんなことは、当時、多少の仕事をした人ならば、誰だって一度や二度は経験ずみのことと思う。

戦時中の「丸公」[*52]という奴は警察だけの話かと思っていたら、そうでなかった。丸公を理由にねぎられて損をしたこともある。Kという新聞販売店の社長で、宝塚の邸宅工事だ。植木屋から話があって、かかった仕事だが、茶の間、応接間から始めた。茶の間では茶の先生がやって来た。それがまた中川宗匠であった。洋館のほうは村野《むらの》藤吾《とうご》さんだ。どちらともわしには多少関係のある間柄である。ところがどちらとも少々偉過ぎて、自分ばかり主張されるので、その間に立っていちばん困ったのはわしだ。しかし施主は、何んとかして頼むから、早く仕事を完成してくれというので、必要なものを買い集めて完成に持って行った。ところが後日、店の責任者が金を取りに行くと、使ったセメントが丸公でなく高過ぎるという理由で金をくれない。最後にわしが出かけて、金だけは貰ったが、すったもんだの末、結局丸公で勘定しやがった。悪い奴といつまで喧嘩してもと、少々口惜しかったが我慢した。頼むときは散々頼んで置いて、自分の都合だけで、まるっきり逆の人間に早変わりの出来る人間なんて、わしにはよくわからん。しかし世の中には案外こんな人間も多い。

疎開で大工閑日月

昭和二十年三月十三日の大阪空襲で戦災を受けてからは、疎開先の三日市に移って、英雄閑日月でない、大工閑日月で、このわしがどう世をはかなんだのか、彫刻をやったり古本屋などを計画していた。古本屋を始めてからは、泉南《せんなん》のほうへ古本の買出しに行ったこともある。今までの荒くれ大工の棟梁が教養ありげな若い奥さんから、古本を買う気持は妙なものだ。今でもわしは本は好きだが、日本橋に帰り、大工稼業を再開してからも、人を雇って家の一角で古本屋をやらせていたが、商売としてはゼロだった。結局この間に、従来大切にしていた本を手放してしまうだけのことに終わった。

戦後の「闇」といえば、われわれ程度の身分の周辺では、殆ど食料に限られていた。駐丁度、わしの疎開先の二階屋から見ると、交番がすぐ目の下丸見えの所にあった。駐在の巡査は真面目な人で、よくやって来て、百姓連中がいろんな物、といっても、主に食料を持って来て困る、という話なので、よし、あんたのことくらい、わしが心配するから、あいつらから買うな、あいつらは闇をやっている手前、あんたが恐いからだといった。

百姓連中はその頃、わしら疎開者には意張りくさっていて、全く不愉快極まった。アメリカさんのタバコを吸っているのも百姓だし、靴もアメリカさんだ。都会者をつまり疎開者のことなんだが、都会者の持物を全部取り上げてやると、陰口をきいている百姓の噂もわしは聞いた。そこでわしは、いたずら気を出して、出来るだけ百姓どもに目につくように、持っている着物を全部虫干しして見せた。だいたい、わしは着物道楽だったので、自分でもいくらか自慢気もあって、こんな馬鹿なこともやれたんだが、案の定百姓連中びっくりして、平田は物資を隠しているなんていい出しやがった。

芋《いも》の供出にも、見ていると百姓連中、わざわざ素人の作った出来の悪い芋と交換して、それを供出に出すという風で、疎開者には事々に不親切だ。で、わしは一度遠方からトラック一台芋を仕入れて、トラック代はわしが払って、疎開者だけに配給したようなこともあったが、その後、わしのいたずら気が、又一案を思いついた。

それでわしは休みの日の巡査を誘って出かけた。巡査には何も知らさなかったが、目的は買い出しである。百姓連中わしのこの手にまんまと引っかかった。漸く話が出来て、金を払う段になると、家の近所に巡査の姿を見るものだから、びっくりしやがって、「いや、丸公で結構だ」なんてぬかしやがる。肩で持ち帰れる程度だから、量にしても金高にしても知れたものだが、平生横柄な口をきかされていただけに、「ざま見ろ」という気持で、一日結構楽しかった。着物の虫干しで、平田隠匿物資の陰口をきいた奴もわかったので、そいつもわしは引っぱってきて、隠匿物資というのは、こんな物じゃないと、たしなめたのもお笑い草である。

八月十五日の終戦の日、この交番は朝鮮人の襲撃を受けたということになっているが、実際はその日の夜更けに、酒に酔った朝鮮人三人が、大声で歌ったり、どなったりしたのを、交番の巡査がたしなめた。それがもとで乱斗《らんとう》になった。夜中に大きな声を出しやがるので、わしも目が覚めたところ、交番の巡査の妻君が、声をあげて人を呼んでいるので、わしは矢庭に飛び起きると、手頃の樫《かし》の棒をひっ下げて、いきなり相手の三人をたたき伏せてしまった。巡査も昂奮《こうふん》して、すぐ本署に連絡するといってきかなかったが、わしはそれを制して、こいつらも酒の上のことだから、それはするなといいなだめて、此度は朝鮮人にお前らは、祖国が独立したのだから嬉しかったのだろうが、日本人は敗戦で哀しんでいるんだ。暫くでも日本人として生活したんだったら、お互いにもう少し、いたわりの心があるのが本当やないかと、いってやると、連中もよく分ってくれたので、本署にも連絡せずこのままで治めることになった。

翌日その朝鮮人、あらためて謝りに寄ってくれたが、疎開中こんな風につき合って貰った交番の巡査も、今は出世されて相当な地位につかれていると聞いている。

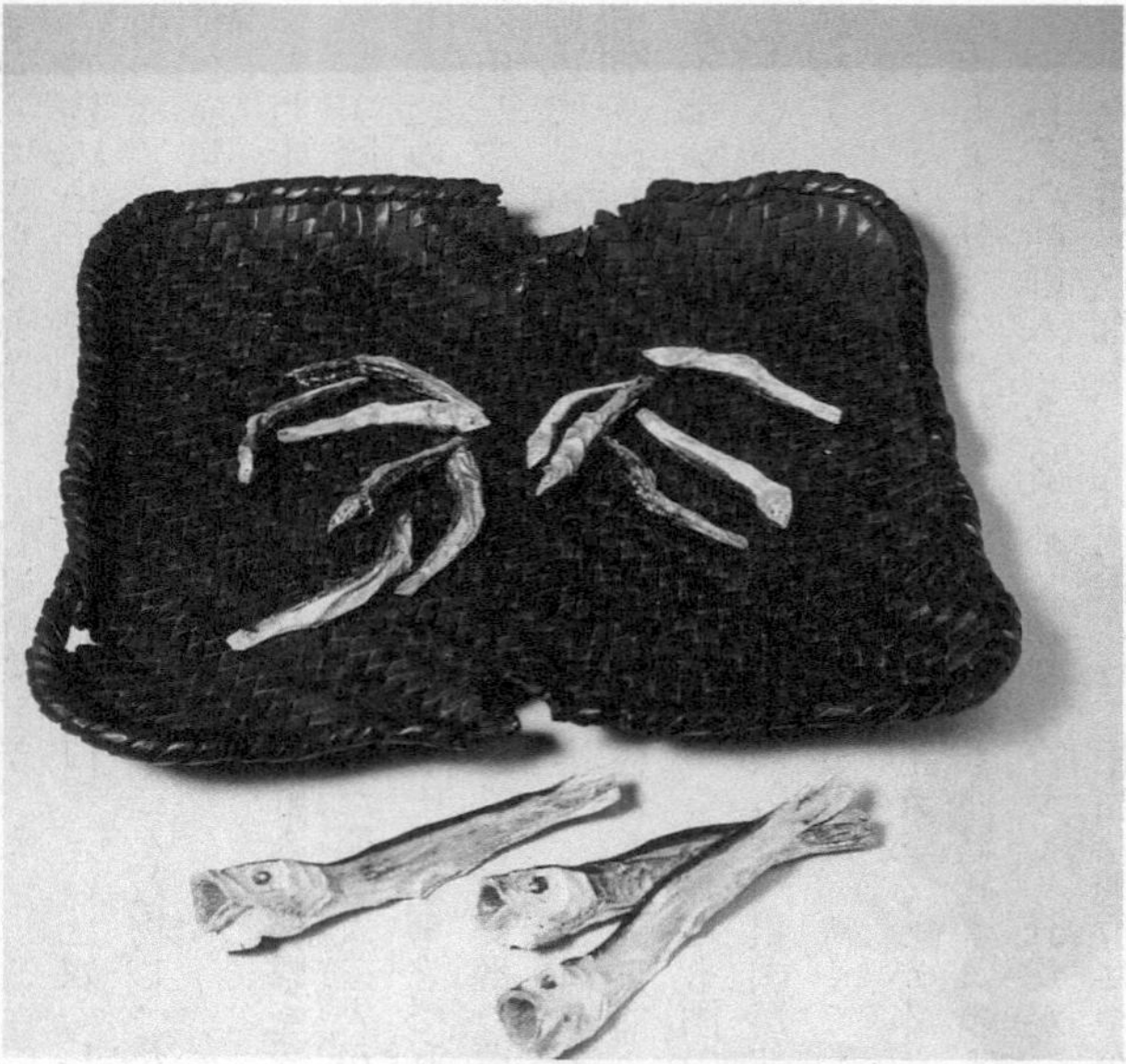

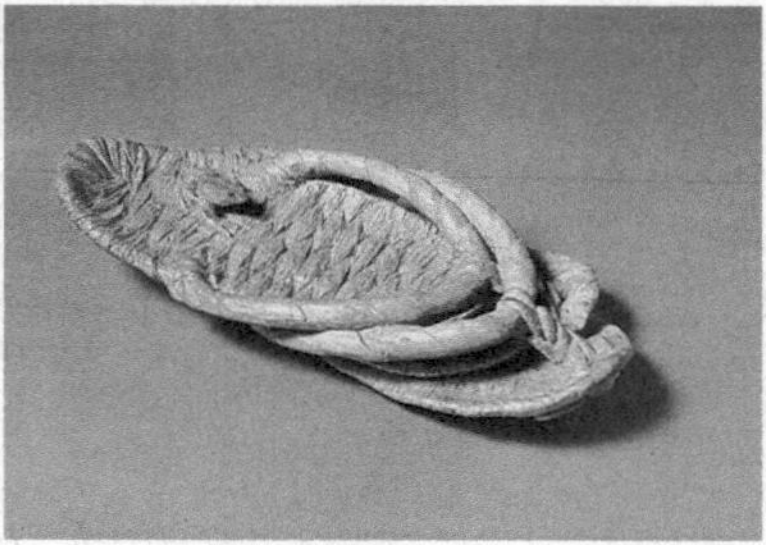

木彫

老彫刻家の世話

彫刻は好き

若いときから、絵と彫刻が好きだったことは、これまでにも何度かいったと思う。しかし画家や彫刻家になろうなどとは、一度も考えなかった。絵や彫刻を集め出したのも、よほど後で、いつのまにか人並に棟梁といわれるようになって、多少とも金の廻りがよくなってからだ。それまでは貧乏で、展覧会に行く金もないぐらいだから、好きでもどうにもならん。だから、わしは雑誌の口絵などを集めて、そいつで楽しんだ。今はそんな商売はないようだが、当時は、雑誌の口絵など集めて、一枚売をしてくれる店があったので、わしらのような貧乏な、たたき大工の卵には便利だった。そんなにして集めた複製の絵や彫刻を、眺めているうちに、いつの間にか、画家や彫刻家の作品や名まで覚えてしまった。また暇なときには、それらを模写してみたのが、器用程度の絵心と、彫刻心を養ってくれたのか、後年本気で彫刻をやり出してからは、たいへん助かった。

だが、本職は大工だし、大工仕事が絵や彫刻よりも好きだったから、製図は随分書きまくった。夜の明けるのも忘れてやっていることもあった。今日、棟梁といわれるようになって、若い奴らを叱りとばしても、何んとか聞いてくれるのは、この頃身につけた苦労のおかげというものだろう。一人前の大工で責任を持つようになってからも、いい仕事をすることが第一で、棟梁になりたいなどとは、さして考えなかった。それがいつからとなく棟梁と呼ばれ、社長にされてしまってからはくだらぬ心配が増えただけである。

この年で、今までの苦労を省みて、思うことは「大工も一代」ということだ。よくたずねられることだが、わしには師匠なし、弟子なしと答えているが、どうも人はそれで満足してくれない。最近ちょいちょい、わしの弟子だと称している大工のあるのを、人からたずねられるが、さっきもいったように、わしには弟子はいない。だから弟子だといっているのも、店に暫く居たことをそういっているのだと思っている。弟子だの先生だのといっても、生きている間だけだ。死んでしまえばなにも無くなって、後は仕事が物をいうだろう。弟子だの先生だのといった、甘えた気持は仕事をする上では邪魔になる。

大工の道でも、そんなに考えているのだから、好きでやっている彫刻は、まして誰から教わったものでもない。展覧会に初めて出品した時、そういう人間の彫刻を見て、偉い先生方が、素人の彫刻だの、たたき大工の仕事ではない、といってくれても、一向ピンと来ん。もちろん、悪くいわれるより、ほめられるほうが気持がいいが、偉い先生の立場上何かいわんならんとすれば、気の毒なことだと思うだけである。

老彫刻家

展覧会に出品した後だったが、わしは暫く老彫刻家を居候させたことがある。深い理由はなかった。彫刻が好きだったから結ばれただけで、わけを知らない人は、この老彫刻家が、わしの先生だと思うらしく、度々それをきかれるが実際はこうだ。

出入りの植木屋が、庭に植える竹を探しに味原《あじはら》のほうに出かけ、その先で、白髪の老彫刻家にあった。相手が彫刻家なので、彫刻の話をしている間に、棟梁も彫刻をやるということから、翌日わしの彫刻を持って行って見せたものだ。帰って来ての話に、その老彫刻家が、一度訪ねたいという話だ。年寄にわざわざ足を運ばすのは気の毒なので、そんならわしが行こうと、さっそく出かけた。

行って見ると、老彫刻家は独身住いで、仕事場はさすがに整理されていたが、他はパンの喰い残しなどもそのままで、ちょっとへきえきした。奥さんは京都のほうに疎開したままだという。当時、老人は七十七才「ほてい」とか「鍾馗」が得意の彫刻家だ。展覧会などに出品するのでなく、いわゆる古くからの町の彫刻師だ。こんなことが縁で、京都の疎開先の家のために二万円ほど融通したりした後、間もなく、わしの家に世話になりたいという話が出た。永い間には、お互いに嫌なことも起こるから、特にその点では注意するということで、家に来てもらうことになった。

彫刻は好きなことでもあるし、暇な時の話相手になってくれて、死んだ父親の代わりになってくれれば結構だというのが、わしの考えであった。小使いに月三千円出した。仕事場の奥にバラックを建て、それを老人の部屋にした。ところが、老人の生活は、芸術家というものがそうなんだろうが、朝もおそく、夜もおそい。百燭光《しょっこう》*53の電灯はつけ放しで、実は何をしているのかも、こちらにわからない。その上、妙なことに、見も知らぬ人間が、こんどはわしの目をかすめて、裏から、こっそり出入りするようになった。女や店の連中がそれを気にし出したので、ある日、わしがそれを忠告したところ、それが気に入らなかったのか、翌日、置手紙に歌のようなものを書いて、家を出てしまった。世話をし出して四ヵ月目である。しかし家出となっては穏当でないので、心配して京都の妻君の疎開先に連絡をとってみたが、そこにも帰っていず、行先がわからなかった。子供ではないので、老人探しはこれだけで打ち切ったが、その後、ある日、制服の若い警官がやって来た。事情を聞くと、老人の残して行った道具を持って帰るということだ。話しているうちに、この若い巡査が、老人と何か特別の縁故があると感じたので、とにかく道具は、本人に貸金もあることだし、一度本人が出てくるように、そうでなければ渡せん、とつっぱねて警官を帰した。制服の警官であれば、驚いて文句なしに平田が道具を出すだろう、という下心が見えて、わしは余計に腹を立ててしまった。

警官の口からわかったことは当時、老人がある建具屋に泊り込んで、そこの仕事をしていることで、その後、また人を介して、わしのところに帰りたい、といってきたので前非を悔いるなら帰ってよいといってやったが、ついに帰らず、それで関係が終わった。

わしという人間は、社交的な楽しみが少なく、人づきあいも下手なので、建築屋仲間のつきあいは、殆どしていないが、ある百貨店の建築で有名なAさんは、尊敬しているひとりだ。殊に約束が堅いので感心した。Aさんから、というのは、随分昔のことだが、枚方から大阪に居を構えて間もなくだった。ある必要があって増築をしたいが、その設計施工をやってくれないかという話がきた。予算もこれこれしかないとかで、二間ぐらいの離れ家だ。相手がAさんでは四の五のというのもおかしいので、損を覚悟で引受けて完成した。お礼に四千円ぐらい持って来られた。約束だからそれでいいのだが、実はその倍ぐらいかかっていた。八千円まるまる損をするか、四千円を貰って半分にとどまるかというところだが、最初から損は承知だから、お祝いということで受取らなかった。その代わりというのでAさんから竜村[*54]の帯を頂いた。その時、わしが人形好きだということを知って、平田《ひらた》郷陽《ごうよう》[*55]の人形を贈るからといわれたが、それはすぐには実現しなかった。日もたち、いつか日数を重ねているうちに、わしも忘れてしまい、その間には戦争などがあって、もうあてにはしていなかったのに、終戦後になって、思いがけぬときに、Aさんから約束の人形を頂いて吃驚《びっく》りした。これにはわしも驚いた。竜村の帯は、終戦後の金のいるとき四千円で売ってしまって、今はないが、人形は残っている。

先々年だったか、南海電車の中でAさんに久し振りに会った。次の駅で降りねばならんので、ほんの簡単な話しかできなかったが、その時、Aさんは最近のわしの建築より、昔の古い好みのものをほめて下さった。昔のものでも、ほめられて悪い気はせんが、負けん気というのか、わしはわしなりの意見を立てて、それに答えた。というのは、わしが新しい材料や、新しい感じを取り入れてやっているわけは、東京の有名な学者の建築家に負けたくないからだと、その人の名まであげていった。少なくとも大阪の地場では負けたくないからで、デザインの上だけでなく、価格の点でも、半分はおろか三分の一でもやってみせると、わしのことだ、力んで下手な議論を大声でやってしまった。降りぎわになって、人中をかまわずしゃべったので、乗客たちが、こちらを見ている中を、Aさんと笑いながら別れた。

錦戸

動物物語

動物を可愛がるということはむずかしいことだ。だいたい、わしはそんなに動物は好きなほうじゃないが、家内が好きなので、いつの間にかそれになれてしまった。人の子供と動物とどちらが好きかと問われると、人の子と答えたい。子供を二人まで亡くしたし、貧乏で子供の頃苦労したせいか、可哀相な子供の姿を見ることはつらい。貧乏していた頃、乞食の子を家に入れて数日面倒を見たのも、幼児を失って間もない頃のたまらない気持が手伝っていたのだろう。

現在わしの家には、小鳥も入れて、猫二匹犬一匹、小鳥二羽、狸一匹が雑居している。主としてわしと家内で、こいつらの世話にあたっているが、なれると可愛いものだ。家内は猫がやたらに好きなようだが、わしは何んだっていいほうだ。縁が有って飼うというほうである。このわしの動物好きは、確かに家内にひかれてであるが、わしが身近に動物を出来るだけ多く飼いたがるのには、今一つのわけがある。というのは、わしは彫刻が好きだから、その参考にしようと思うからだ。専門の彫刻家や画家ではないので、動物園などに出かけて写生などしている暇はないので、つい近くに置いとくのが便利なのだ。しかしわしは特に珍種を集めて楽しもうという考えはないから、自然に集まって来たものばかりだ。また犬とか猿一種に凝るというのでもない。今日まで、どのくらい飼ったか思い出して見るのに、犬は約三十匹、捨犬か貰い犬ばかりである。猫は二十五匹、これは殆どが捨猫である。仕事の性質上、仕事場や材木置場が、犬猫を捨てるのに都合がよいらしい。それにわしの家が動物好きだとどこかで知らされて、わざわざ捨てに来てくれるらしい、迷惑なような嬉しいような話だ。猿一匹、これは商売人から購入、二十日鼠、モルモット、狸は買った。チン四匹は買い。

鶏では軍鶏《シャモ》を彫刻の目的で買った。

小鳥では貰ったり、捕えたりして、ムクドリ（捕える）、オシドリ（貰う）、アオクビ（貰う）、ウグイス（捕う）、メジロ（捕う）、キビタキ（捕う）などを飼った。

変わったところでは、エサをやって鼠をなつかせたこともある。

猫

捨て猫は、たいてい生まれたばかりの赤ん坊が多く、家内はそいつに乳をやるのに、綿に乳をふくませて呑ましているが、考えてみると、心から好きでないと飼えん。猫もいろいろ性質があって、テレビをかけると、おとなしく見ているのがいる。もちろんわかる筈はないが、何か目に感じるのだろう。ある猫は障子をあけるのにガリガリかくので、ひどく叱ると次から横になって、器用に障子をあけて入ってくる。猫の小《お》笠原《がさわら》流とでもいうのか、愛嬌があって可愛いものだ。

又、留守にして帰ると、淋しかったのか、目に涙をためて飯も喰わぬ猫がいる。風呂に入れて洗ってやっても素直なのも可愛いものだ。猫でも雄は、大きくなると出て行って帰って来ない、必ずといっていい。猫は病気になって死ぬ時、人に姿を見せぬというが、わしのうちでは死ぬまで世話するので、箱から出てその場で死ぬ。猫は執念深い動物といわれるが、そうかも知れん。最近の経験であるが、この夏前、生後一ヵ月ほどの捨猫を飼った。すると前からいる猫が、この子猫をやくのか、三回にわたって子猫の耳を噛んだ。それから又、夜中に家内がとっぴな声で呼ぶので、何かと見ると子猫の鈴の音と死にそうな泣き声だ。暗くてよくわからんが、それらしい方向に池の水をぶつけると、大きな猫が足音荒く屋根に逃げた。懐中電灯をとぼして植込の中をしらべると、子猫が胸から片腕にかけて歯形が残るほど噛まれて、泣く声も出ない有様である。すぐ医者にかけたが、その後二、三日大猫は姿を見せなかったが、帰って来たので、これでは子猫が可哀相になり大猫を捨てさせた。ところが三回まで一日ぐらいすると帰って来るので、最後に自動車で遠くに捨てさしたら、今度は帰って来なかった。

犬

犬が沢山いたのは、なんといっても戦時中である。いちばん多い時は七匹いた。なんせ戦争で食糧難が始まり、普通の家では犬どころではない。幸いわしのうちは軍需工場のはしくれだった上に、職人も多かったので、残飯などでさして苦しいとは思わなかった。それで貰ってくれというのや、黙って捨てていくのを飼っていたわけだ。セパードを四頭に土佐《とさ》犬の雑種など同勢七匹だ。

土佐犬の雑種は、ある年、別府《べっぷ》の仕事をした時、道端に鎖にくくられた見るからに強そうな犬がいて、近よると、ウォーと今にも飛びかかってきそうな様子をした。その家の主人というのが慌てて飛び出して来て、近よらぬようにしてくれといった。強そうですなア、というと噛み犬でほとほと困っている。殺すのも可哀相でというから、そんなら貰えまいかというと、一も二もなく承知してくれた。しかし、どうして連れて行きますかというので、船付場まで連れて行ければといって、わしは暫くその犬とにらみ合った後、鎖を力いっぱい、人間なら嫌というほど引っぱった。二三回それをやると、犬めびっくりしたのか、足早に走るわしに引っ張られて船付場に来た。船員に注意して、檻《おり》に入れてもらった。ところがこいつ、宇和島《うわじま》近くに来た頃、食物をやろうとしたボーイの手を嚙んで、わしにとんだ迷惑をかけてしまった。

猛犬といえば、相棒のセパードもひどい奴だった。腹が立ったのは、このセパード、別の小屋に入れて置いたのだが、いつの間にか腹が大きくなって、仔犬《こいぬ》を六匹生んだ。ところがその後、この親犬、飯を喰いに檻の中に入って来た自分の子四匹まで嚙み殺し、あと二匹も虫の息にしてしまった。大急ぎで医者に来てもらったが、その二匹も駄目だった。いかに畜生でも、我子を嚙み殺したのがむごく思われ、可哀想ではあるが、カッとなったわしは腹立も手伝って、ツルハシで真向から頭をなぐった。すると鼻と口から血を出して死んだので、店の者に広場の隅を掘らせて埋めることにした。しかし、死んで間がないから、頭だけは出して置くように命令して、自分は二階へ上って図面を描き、二時頃便所に行きたくて降りると、最初はよくわからなかったが階段わきの暗い辺りに黒い大きなものがいて、尻尾《しっぽ》を振っているではないか、さっそく降りてたしかめると、口と鼻にどす黒い血をつけた、わしの殺した筈のその犬だ。急にふびんがかかり、大急ぎで獣医に来てもらって手当をして、もとのように元気になった。

職人たちも、この猛犬には一目置いていたが、そのうちに戦争が烈しくなり、武庫《むこ》之《の》荘《そう》の住宅地にひんぴんとして盗難があって、犬が欲しいという知り人があったので、その犬を連れて行った。そこでも主人よりなつかなかったということだが、約二年後に、所用があってわしが訪ねるとウォーと唸《うな》り出した。さっそく檻から出してやると、今まで吠《ほ》えていた犬は、わしを思い出したのか尻尾を振って、からだをすりつけるようにした。可愛いものだ。それにつけても腹立まぎれにツルハシで殴ったのはわしが悪かった。昔朝香宮家の仕事をしていた時、四五匹いた宮家のスピッツが、エサをやろうとされた宮様の手を噛んだ。犬守の男が怒って、犬を殴ろうとすると、宮様は殴ってはいけないととめられたが、わしにその心の余裕のなかったのが、思い出して悔まれる。

　こんどは猿の話になる。猿は尻ぐせは悪いが、なかなかの愛嬌者である。人の顔もよく見る。

　これも戦時中のことだが、セパードと猿をいつもの所に繋《つな》いで置いたのに、猿の奴散歩に出てしまった。前にも、この猿逃げ出して近所の飯びつをひっくり返すやら、そそうをするやらで近所に迷惑をかけたことがあるが、こんどはとうとう道頓堀をへて、心斎橋《しんさいばし》に行ってしまったらしい。心斎橋では見物人を騒がせ、二三カ所で店先の物をこわし、最後に小大丸《こだいまる》呉服店に入ったところ、店の陳列の何かに鎖が巻きついてしまって動けなくなってしまったらしい。小大丸では猿の首輪の電話番号を見て、電話してくれたので、迎えに行ったようなこともあった。

猫だけでなく、家内はどんな生き物でも可愛がる。わしの動物愛は多分にこの家内の影響を受けていることは確かだ。しかし時々家内のこの可愛がり方を見て、医者だ何んだのといって大騒動になると、つい腹を立てることがあって、人間の子じゃあるまいしと、家庭騒動をやってしまうこともある。

子供の頃

今日、テレビや映画を見ている子供には、想像もつかんというより、馬鹿々々し過ぎてお話にならんだろうが、わしらの子供の頃は、縁日とか、お祭りというと見世物小屋が張られて、それを見に行ったものだ。中味は、山椒魚《さんしょううお》が二匹タライに入っていたり、死んだ大トカゲが転がされている程度で、今から考えると全くお粗末なものであったが、その頃は、結構これで面白かった。貧乏の中で育ったおかげで、そんなお粗末な見世物を見ても、すぐ子供心に金になることを考えた。そんなわしがある時田んぼ道で「もぐら」を捕えた。そしてこいつは、見世物に出せると思い、一生懸命に家に持ち帰り、バケツでふたをして置いた。外から帰って来た母に、手柄顔にそのことをいって、さてあけてみると、問題の「もぐら」はとうにもぬけのからで、子供心にえらい損をしたように思った。貧乏っていじらしいものだ。

矢張り同じ子供の頃のことだ。夕方近くに宮さんの森を歩いていると、どぎつい声をした生物が足下の溝に落ちた。好奇心から何んだろうと、溝に片手を突込んだ時、なにか余り切れ味のよくない刃物で切られたような感じを受けた。あわてて摑んだ得体の知れん物を離そうとしても、離れそうにないので、そのまま家に逃げて帰って、よく見ると、それが「みみずく」だった。みみずくも命がけにちがいない、両足の爪がわしの手の肉をはさんで、口ばしはつつくのをやめなかった。近所の人が来てくれて、みみずくの足を解いてくれたので、ようやくこの御難をまぬがれた。その夜、わしはこの「みみずく」を枕元に置いて眠《ね》たが、夜通し中、大きな目をぐるぐる廻しているのが、恐くなり、翌日神社の森に逃がしてやった。

宮さんの鳩を捕ったり、池の鯉を追い廻した子供の頃のいたずらは、誰でもやって来たことで話すほどのことでもないが、今の子供とちがって遊び場所もなければ、野球なんてこともやらなかった時分であっては、動物愛護の精神にはもとるが、当時の子供としては致し方もない。世の中が進み、自由とか平和とか愛とかやかましいが、昔の人間にくらべて、今の人間が掛け声ほど立派になったとは、どうも考えられない。人情とか義理のことになると、昔の人のほうが数等立派だったように思えてならん。なぜこんな違いが出てくるのかわしにはわからん。

青年の頃

余談はさて置いて、子供の頃を終わり、青年時代のことを思い出してみる。

非道《ひど》い奴という者は今に限ったことでなく、昔だっていろいろ居た。今あるようなことは昔だってあったし、昔あったことは今だってあると思う。それが人間の世界だろう。そんなことを考えていると生きているのが嫌になるが嫌になろうがなるまいが、そんなことに関係なく、いずれこのわしも阿倍野《あべの》*56行だろうから、それまでは力いっぱい仕事に身命をかけたいものだ。省みて恥さらしになることだけはやるまいと覚悟している。それと人をやっつけることはわしは嫌いだ。

宇治で下宿していた若い頃だ。家主というのが一寸変わり者で、近所の嫌われ者だった。百姓兼家作持で人一倍欲深ときていた。そんな奴の家を借りたのも何かの縁あってのことで、近所の連中が嫌がったり恐がるほど家主に遠慮することは、何もなかった。

その頃、わしはどういうつもりか犬を飼い出した。別に金を出して買ったのでなく、くれる人があったので飼い出したのだと思うが二十才前のことで、犬を飼い出した動機は思い出せない。ところが、犬を世話し始めると二三日すると姿をくらましてしまって、行方がわからなくなった。それで又新しいのを貰って来るが、又同じことで、そんなことが三回も続いた。ちょうど三度目のことだ。こんども又犬が帰って来ないので心配していると、近所の子供の話に、わしの犬が泡を吹いて死にかけているというので、馳《か》けつけて見ると、畑の傍らで、毛の抜けたきたならしい恰好で死んでいた。どうやら毒でものんだらしい。

そこで、ふと思い出したのが家主のことだ。家主はわしが犬を飼うのを喜んでいなかった。わけは畑を荒して困るということであった。といって、犬殺しの下手人が家主だという証拠はない。証拠が出てもどうすることも出来んが、あの家主ならやりかねんと思った。この家主は鶏を殺すのに、醬油《しょうゆ》をのまして置いてから、半分からだを土に埋め、その上でたき火をして丸焼きにすると聞いていたからである。近所の連中も、わしの犬を殺したのは家主にちがいないといったが、証拠を探し出して事を荒立てることも出来んので、犬を飼うことを中止した。後にこの家主は妻君が亡くなったり、ある年の暮れに餅つきの時、あやまってキネが頭に当たり、頭の皮がはがれてしまうような事故にあったが、誰も余り同情しなかった。外にはとり立てて悪い人ではなかったが、欲が深く、何か因業の深い人柄が誰にも好かれなかったのだ。欲が深いということは人間として嫌なものだ。しかしある程度、欲も深くなければ、世の中は渡れんし、人の世とは困ったところだ。

鼠

鼠を飼ったといえるかどうかしらんが、矢張り若かった頃、鼠をならしたことがある。

山の中の別荘建築にいった時だ。若い連中三人で山小屋生活が始まった。人里離れているので鼠など居ない筈なのに、生活を始めるとその鼠が早くも出だした。鼠の生活力って大したものと感心した。わしはまだその頃は体ばかり大きいが、石部金吉のほうで遊ぶということを知らなかった。仕事で貰う金は貯金がふえるのが楽しみで、別にこれという欲もない、休みの日は、たいてい留守番役に廻り、他の二人は近くの町に出て一日帰って来なかった。しかし山の中で一人ぽっちにされてしまうと淋しいもので、道具をきれいにしたり、絵を書いたりしても、時間の過ぎるのを忘れてしまうまでには程遠い。

ついそんな時、わしは一人ぽっちの淋しさから、鼠でも手なづけてやれと思い、ある時から、エサを少しずつ鼠のために撒《ま》いた。鼠が安心して、わしの側近くまでよって来るまでには二ヵ月ぐらいかかっただろう、最後にわしの手の中の飯を喰うまでになるには三ヵ月かかった。そんな風にして、鼠はわしの淋しさを慰めてくれたが、気長にやれば鼠のようなものでも手なづけることが出来ると教えられた。現在若い者も何人か世話していて時々思うことは、このぐらい気長くやれば若い連中の悪いくせも直せると思うが、どうやら人間は別のようだ。お互いに邪心もあれば欲も手伝って、動物なみに手なづけるというわけにはいかんようだ。それだけに又、人間はえらいということも出来る。根性もあれば智恵もあるからだ。

いたち

一家の主になってからの動物は、たいてい飼う目的があった。犬は番犬のため、鶏は玉子が欲しいとか、そのほかのものは彫刻の参考という風な動機があった。「いたち」を裏の納屋で苦労して捕えたのも、彫刻のモデルにしたかったからである。「いたち」を彫って見ようと思い立ったのは、栖鳳《せいほう》*57の絵を見てからだ。細くてスマートな頭から尾にかけての感じ、キョロキョロした目、そのくせとんきょうな形がとても好きになって、やっと宿望を達して裏の納屋に追い込んで「いたち」を捕えたものの、その時「いのちぺい」をこかれたのには閉口した。そんなにまでして捕えたのはよかったが、彫刻にかかる前に、人から「いたち」という奴は、喰べ物が不足してくると共喰いをすると聞かされてから、急に熱がさめ「いたち」の彫刻をやめにして、

「いたち」も放してやった。うまく彫刻になっても、こいつ腹がへれば、同じ仲間同志で殺し合ったり、喰い合うのかと思うと、余りいい気持にはなれんからである。

菊の御紋章

昔といっても、わしにとっての昔だからそんなに古くない昔、青山御所の茶室を藤原棟梁のもとでやったことがあり、独立してからは、朝香宮家の茶室を施工したのは、今から考えるとなつかしい思い出である。

職人風情が宮さんにお会いすることができたのは、わしの故でなく仕事のおかげだ。仕事というものは有難いものだ。宮さんに初めてお会いしたとき、ネクタイが結べなくて、ノーネクタイで参上して、執事をあわてさせたのも、今から考えるとなつかしい。これは前に話したと思うが、しかし宮さんは執事があわてることなんか、一向お構いなしなのは嬉しかった。鞍馬石《くらまいし》の失敗もその時だが、これも前にお伝えした筈である。

戦争に勝った勝ったの景気のよい頃で、朝香宮邸の茶室の施工中、東京大阪間をわしは月に何回も行ったり来たりした。その都度いつも宮家から菊花の御紋のついたお菓子を頂いたのを大阪に持ち帰って皆に誇りにしたものだが、ある時も東京駅で列車の席についた。万才万才と駅は見送りの人や兵隊で賑《にぎ》わっていた。太平洋戦争にならん頃だ。

やがて歓呼の声に送られて東京駅を発ち、品川《しながわ》、横浜《よこはま》駅も過ぎ、駅々では、「勝って来るぞと勇ましく」となかなか盛んなのに、ふと気がつくと、前の席に並んでいた兵隊のひとりが、妙にシュンとした気配で窓の外ばかり見ている。若くはない、まア中年の召集兵だ。そこでわしも気になって仕方がないので「どうかしたのか」と声をかけた。「いや、どうもない」というので、「兵隊が嫌なのか」と聞くと、そうでもないので、「故郷に母親か嫁さんでも残して来たのか」と、かさねて訊《き》くと、そうだということである。母親や愛妻を残して行くのもつらいだろうが、誰もほっときはせんだろう、それに自分ひとりがそういうわけでなく、皆が皆、多少事情はちがっても同じことだから、気を取り直して元気でやってくるんだなア、わしだっていつ召集されるかわからんと、かねて覚悟しているくらいだ、と、妙なお説教になってしまった。それで、貰い物だけどこれでも喰べなさいと、宮家で頂いた菓子を二人の兵隊に一つ一つとらせた。

冗談口といっても気心知った内輪同志では、わしだって時にわいわいやるが、こんな見ず知らずの兵隊のご気嫌をとるようなお世辞は、ねっから下手だ。下手なことを無理することもないので、話も途切れたまま、ぼんやりしていると、いつの間に立ったのか前に坐《すわ》っていた兵隊がいなくなっていて、間もなくその兵隊が上官らしいといっても曹長だが、連れて来て「この人です」といってわしの傍に立った。悪いことをした覚えもないのに、かえってこっちが吃驚りしたぐらいだ。するとその曹長が、おもむろに「あなたはどういうお方ですか、この菊のご紋のお菓子どうされたものですか」と、いとも丁重な質問である。そこでわしは笑いながらも、いくらかてれくさい思いで、宮家の仕事をしている関係で、その菓子を頂いたものだと説明してわかってもらった。

今の若い連中には、こんなこと聞かしたって何んのことやわからんだろうが、当時菊花の紋と云《い》えば、泣く子も黙る威力のあった時だから、兵隊がこのお菓子うっかり相談もかけずに喰ってしまっては大変と、上官に相談したのも無理はない。たいして知恵のありそうでない、一見職人風の男が、どうして御紋入の菓子を持っているのか、それを惜しげもなくくれるのは少し臭いと考えたわけでもあるまいから、すべて菊の御紋のせいである。

こうなると、根が少々おっちょこちょいのわしだ。いい気になってしまって、あなたたちはどこまで行くのか、ときくと、大阪で一泊するということだ、しかも道頓堀の近くに宿舎をとるということなので、それならば、わしの家にも近いから、夜など遊びに来てくれと、所まで知らせてやった上、兵隊が何人いるか知らんが、これで駅弁でも買って、皆にやってくれと、汽車の切符を失わぬ限り大阪の家に着くには金はいらんので、持合せの有金二百円をその曹長に託してしまった。これを人は気前がよいといってくれるが、わしは時々こんなことをする。別に深いわけはないが、多分自分が子供の時苦労させられたのが、身に沁みていて、ふとそんな気になるのかも知れん。しかしこれは身から出たサビだから、別に後悔もしないし、惜しいとも思わんが、時には明らかに失敗することがある。

この間も、事務所へ物乞《ものご》いの婆さんがやって来た。ふと可哀相になって何んぼかをやったことがあるが、おやじさんは気前がいいからと、店の者に笑われた次第だ。ところがそれから何日かした後、千日前《せんにちまえ》のパチンコ屋に入っていると、隣でやっている婆さんに、どこか見覚えがある。思い出そうとするんだけど、ちっとも思い出せん、パチンコも、最近はうまく入らん、今日とて同じなので、いい加減にして帰りかけてふと、あの婆々せんだって来た乞食の婆さんの筈だと、ようやく気がついた。人はわからんものだ。気前の話になったので、こんな恥さらしも聞いてもらったが、兵隊についていやな思い出があったわけではないから、大阪駅では気嫌よく別れた。その夜約束通り曹長と軍曹が訪ねてくれた。大工風情では、もてなしといっても何程のことも出来んが、その時身の上話になって知ったことは一人は東京の警視庁の巡査部長で軍曹、一人は田舎の百姓で曹長であった。その兵隊は、しまいに真面目くさって親せきづき合いをしてくれといい出した。悪いことではないし、袖振り合うも多生の縁というから、そんな約束で別れた。その兵隊からは勤務地から度々はがきを送って来たが、ある日、兵隊の母親なる人が、字が下手で手紙は書けんから、気持を知ってもらいたいためにといって、柿一箱と写真を送って来てくれた。いうまでもなく、これは兵隊が故郷にわしのことを知らせたからで、これは敗戦で大阪が焼けてしまうまで毎年続いた。

この人たちのことを今でも思い出すが、戦災にあった時、それらの人々の宛名名簿も同時に焼けてしまい、消息を失ったままになっているのは残念だ。

戦時中の兵隊のことでは、この二人だけではない、何人か忘れられない顔もある。仕事が仕事なので、若い元気のいいのが多く出入りしたので、わしの家から出征させた者だけでも四十人は下らない。たいてい無事に帰って来てくれたが、なかにはどうなったのか、消息がわからないのも敗戦のおかげの一つだろう。勝てないまでも、もっとうまい負け方をして置いてくれればよかったのにと、思えば戦争ってロクなことはなかった。

このわしのうちから出征した四十人余の兵隊も、全部がわしの家で働いていた者ばかりではない。なかには見も知らぬ他人だけど、様子が変なので言葉をかけたことから、身寄りのない応召兵だとわかり、それなら親がわりになってやるから、家から出ろといって出征させた者も二人ほどあった。戦争も末期になってくると、いろんなことがあった。しかし何んといっても若い連中が次々と姿を消して行くのは淋しいことであった。それに反比例して、犬ばかりふえていった頃もあった。食料難で犬まで養っていられないというところから場所も広いし、平田なら軍需工場の端くれの仕事もやっていて米に困るまいから、といって殺すかわりに知り合いが犬を預けて行くからである。しかし、戦災で焼けてしまって、何もかも吹っ飛んでしまった。

親心

わしが生きている間は、数寄屋建築はついて廻るだろうから先ず大丈夫だが、死んだ後を考えると、若い者たちのことも心配しとかんならんので、最近は鉄筋建築もやっている。少しおそかったかと思うが仕事も順調だ、先ず安心というわけ。

旅行に発つときは、いつも皆して送ってくれる。わしはどうも若い時から猪武者《いのししむしゃ》で、突拍子もないことを仕出かすことがあるから、途中自動車にぶつかって傷などしても困るので送って貰い、送ってくれるのだと考えていた。汽車が動き出して、暫くの別れのため手を振って別れるのは嬉しいことだし、しみじみした感のあるものだが、ある時もそんな気持でいた。するとその旅行に同伴のAが、親父さんあいつら何を考えてるかわかりまへんで、死んでしまえ、帰ってくるなと思いながら手を振ったのかも知れまへんと茶々を入れやがった。それもそうだと大笑いしたものだ。死んだ後のことまで知るかいと思っているが、そうもいかん、矢張り皆が喧嘩せずうまくやってくれるにこしたことはない。そう考えると自分の好きだけではいかん、大いに若い時代の意見も聞かんならん。せんだって、古くからつき合いのある材木屋が、夜遊びに来たのでそんな話などした。その日は、最近知っている画家の紹介で、モデルを家に呼んでデッサンをやっていたので、材木屋は棟梁は彫刻はやる、モデルは描く、好きなことをやってほんとうに幸福な人だといやがるので、材木屋は金は儲かって結構だが、何も残らんでつまらんなといってやった。

この材木屋が今晩やって来た用件は、不動《ふどう》さんを信仰している病身の子供のために、不動さんの彫刻を彫ってやってくれんかということであった。病身の子供を持つということはさぞ辛いことだろうが、これも考えようで子供にふびんがかかるから、一方商売に熱心になれるので、商売が繁昌するのは子供のおかげと思わんならんといったことである。

子供の病気のことから思い出したことがある。昔、中山悦治《なかやまえつじ》[*58]さんの別荘を熱海に建てるとき（現在の大観荘）土方を大阪から連れて行っては大変なので、東京の土方を頼んだがその時紹介などしてくれた大阪の土方の親方のことだ。土方といえば昔から荒っぽい稼業の一つに言われて来た。事実そうで、この男もそういう世界で鍛えた男だから、とかくの噂があった。無道なことも平気でやった男だ。例えば、給料日に金を取りに行くと、短い金が欲しいのか長い金かといって短刀を抜いて驚かすという風で、さすがに気の荒い土方の親分だったが、この男が病弱の子供を持って苦労していた。姉娘がひどいテンカンで妹の結婚も出来んということであった。ある日、この男やって来ての話に、家内のことを一部始終しゃべった後、棟梁わしは一層のこと娘を殺してしまおうかと思うといったので、言下にわしは親として何をいうかと怒ったことがある。子供の病気は何も子供の罪ではない、親の責任だし、親の罪だといってやった。その男が戦時になってから田舎に疎開した。そんな話をして、一年後のことであったが、此度は夫婦でひょっこりわしを訪ねて来て、涙を流しながらの話に、問題のテンカンの娘が、疎開先の近くの川で泳ぎの最中テンカン起こして溺死《できし》したということである。昔、病気の娘を殺したいと考えた男ではあるが、親としてこれが本当だと思った。口の悪いわしは、何をぬかす娘を殺そうと思ったじゃないかと、いいかけたが後はよういわなんだ。

戦時中、この男が仕事をくれというので、ある仕事を渡した。ところが無事に仕事が進んでいると思っていたのに、突然、施主から話があるというので行ってみると、土木工事が予算のわりにひど過ぎるという小言だ。建築はわしの責任だが土木は別の責任だ。しかし紹介した者のてまえもあるのでさっそくしらべてみると、実際に工事を進めている朝鮮人の手に移る間に三人も入っていて、それぞれ一割とか五分とか口銭をはねている。そこでわしは関係者を集めて、今後は直接朝鮮人の責任でやらすから、口銭を取るだけの連中は手を引けということにした。

土方の親方との交際はそれが最後で、それからは訪ねても来んが、材木屋と話しながら親の心は一つだと思った。メザシの彫刻だったら今十個ばかり彫っているが、不動さんとなると一寸大変だ。気も重いので引き受けかねるので、不動さんなら菅楯彦《すがたてひこ》*59さんの描いた不動さんがあるから、それをかけてやったらといって出してやったが、どうやら材木屋さんわしの彫刻でないとあかんらしいが、どうもそいつはむずかしい相談のようだ。いっそうのこと上半身が自由なら、子供にぼつぼつ彫らしたらどうだといった次第である。

聞くと病気は小児マヒだそうだ。現在、ある所の不動さんにこもって信仰生活をしているが、年末までに家に連れ戻すのが材木屋さんの計画である。それで不動さんの御利益があったかと聞くと、滝まで何んとか一人で行けるようになったことだろうということである。子供の信仰も信仰だが、第一親が心を入れかえんとあかんといったら、煙草屋の権利でも取って将来のことも考えたらんならんと、材木屋はしみじみとした様子である。

わしも乳呑子二人残されて家内に死なれた後、この子さえなければと思ったこともあるし、子供を連れて死のうと池の端をうろついた昔もある。本当は人ごとどころか、悪口もいえんのである。いつかも子供を捨てたという女の告白を聞かされたとき、子供を捨ててと声を大きくしたら、生きるか死ぬかという時でしたと、涙ぐまれた。これにはまた言葉がなかった。最近では子供を巻きぞえの親子心中など新聞に出ると、子供を連れて死を急ぐ親の子供に対する考えを非難する声もあるが、そうかも知れん、しかしむずかしいことだ。死のうと思うほどの苦労しか知らなければ、この世の中に子供を残して行くということも親には辛いことだ。福祉なんとかいうから、五重塔を建てたり、金ピカの城を再建するより、心中しようと考える親まで助けんでもいいから、子供を残しても安心して死んで行けるだけにはしたいものだ。

手足まといになった下の子が死んだとき、坊さんも頼めんほど苦労していた。久し振りに子供をつれて新世界に行った帰り、その子供が仏壇屋の門に来ると、ひょこひょこ入って行って一つの仏壇を指さしたが、その日、新世界で口に入れたものが原因で疫痢にかかって死んだわけだ。この子さえなければと、抱いている子を石にたたきつけようかという気になったこともあるぐらいだから、実際はほっとしたわけだが、その時子供が指さした仏壇が長いこと気にかかり、別に因縁話を信じるわけではないが死んだ子があの仏壇に入りたがったような気がして、その後、小金が出来たとき、その仏壇を買って子供の霊を祭った。人間の心は強いことをいっていても、一面こんなに弱いものという証しを、自分でやったような結果になった。

わしが材木屋の子供のために不動さんを彫るのもいいが、そんなことはつまらんことだ。それよりも不動さんにこもって滝の修行がやれるまでになったのなら、それだけの一心で、不動さんの絵を描くなり、又彫刻をやれば、本人の心もこもって、居ながらの心の修養になるから、そのほうがよくはないかとすすめた。きっと、そのほうが本人のためにもよいとわしは考える。

材木屋さんはわしより年長で、永いつき合いだが、子供が病気とは聞いていたが、こんなにまで子供の病気について話し合ったのは、実は今日が初めてである。子供を迎えるために家の改築の相談も受けたが、このほうはわしの仕事だから、不自由な本人のことも考えて、少しでも病人のためになるものをと考えている。

眼病

昔から、大工の職人には伊勢の出の者が多い。今日でもこの伝統は尾をひいているようにも思う。わしの古い職人仲間の腕の出来た奴は、たいてい伊勢方面の者であった。今もその頃の古い仲間が、仕事を手伝ってくれている。現場の仕事でなく、年年だから材料関係をやって貰っているが、その男が病気で帰郷している間に、この間の伊勢湾台風だ。幸い人命には関係なかったようだが、風雨の難は逃れられず出社出来ない。跡始末がたいへんなんだろうと思う。他にも五人ばかり同じような事情で職人が休んでいる。忙しい時にと思うが、災難にあった本人の身になれば、そんなことは口に言えんことだ。

仕事の上ではあの方面に得意先はなかったので、何んの支障も起こっていないが、城崎《きのさき》の施工中のものが、少々被害を受けた。城崎は風よりも川の氾濫《はんらん》の被害であった。さっそく見舞いをかねて出かけて見たが、幸い心配したようなこともなく安心したが、この旅行中にどうした関係からか流行《はや》り目にやられた。しかしこのくらいのことは、すぐ治るとたかをくって、帰ってからは昼は製図を引き、夜は彫刻をやったり、その彫刻の色付けなどしていた。時には知人で、そら、医者にかからなあかんと、忠告してくれる者があっても、何に病気って悪くなるところまで悪くなれば、後はすぐ治るもんだと、負おしみを言って麻雀《マージャン》などしたのが、罰はてきめん、とうとう真赤にはれて痛み出したので、それまでは怠け怠け、時々しか診てもらっていなかった医者にかけつけると、病気は急性の結膜炎で心配するほどのことはないが、安静にして目を使ってはいかんといわれて、爾来《じらい》安静を強要され、身体はたっしゃなのに布団の上で病人生活だ。どこが悪くても病気って嫌なものだ。

　幸い口だけは、医者も安静を命じても沈黙は強いないので、相変わらず悪口をいって人にきらわれているが、見舞いに来たのか遊びに来たのか、まアめったに見舞いになど来る奴でないから遊びに来たにちがいないKが、医者を前にして、棟梁、ついでにその口に注射してもらっとくんだなといやがるし、ここのところ散々である。今は医者の紹介の看護婦も来てくれたので、いくらか療養しやすくなった。

　目が見えんということは本当に淋しいことだ。見えんのやない、使えば結構使えるのに見てはいかんといわれるのも辛いことだ。こんな経験は初めてである。Kは人生を下りたつもりで三日でも四日でも冥想《めいそう》にふけって心の修業するんだなアと、人ごとだから勝手なことをいやがるが、禅宗の坊主でもあるまいし、職人が視力を失って冥想にふけるなんて、三日や四日で出来るもんか。Kはいつも麻雀に負けてばかりいるから、こんな時にと思って勝手なことをいやがる。それにしても冥想という奴だが、視力を失えば冥想には以ってこいと思うのに、目をつぶっての考えという奴はロクな考えは浮ばん。切れ切れでバラバラで一向まとまりもないくせに堂々めぐりばかりしている。夢を現《うつつ》に追い廻しているようなものだ。目にも見えず、手にも掴み得ない「心」のようなものなら冥想もよいだろうが、どうもわしにはそれは出来ん。物をはっきり見て、それを手で捕えるということしか、わしには考えるということはないようだ。

何もしないで呆然《ぼうぜん》としていることが、どんなに辛いことか、病気の都度後悔するが、此度は余計こたえるように思う。音楽や歌はからっきし理解せんので、視力を抜きにしたテレビなんて、ちっとも面白くない。ラジオも趣味がかたよっているせいか、わしの嫌いな物ばかりで一向役立たない。結局憎まれ口をいって嫌われるのがオチである。悪口も憎まれ口も相手あってのことで、一人ではどうにもならん。だから夜も更けて一人ぽっちになるのが一番辛い。元気な時は彫刻をやったりスケッチを整理したり、何んでもやることがあるのに、それが出来んで布団の上に端座しているときほど心淋しいことはない。つい遠い昔のことや過ぎて来た日を思い出している。これも年のせいか。太閤《たいこう》さんは「夢のまた夢*60」なんて歌を書き残したそうだが、此の世ってそうかも知れん。

夢といえば、わしはよく夢を見るほうらしい。たいてい仕事の夢であるが、夢で時々教えられることもある。目が覚めてから、見た夢を再現して見ようとするが多くの場合駄目だ。夢という奴はどこか肝心な点が抜けているようだ。それから苦労した職人時代の夢も見る。たいてい弁当を下げて仕事に出かける夢だ。こんな夢はいちばん楽しい。それから又死んだ長男の夢を見る時もある。家内もこの息子の夢を見るそうだが、足がなかったなんて妙なことをいう、わしの夢に出る子供は頭から足の先まで揃っている。戦斗《せんとう》帽子をかぶって「ただ今」と元気よく帰って来た夢だ。目を患っていると、思い出すこと、考えることが、まるで夢のようだ。そこでついでに古い話を思い出してみることにする。

子供の頃、わしの家は堺の旅籠町寺町筋の一隅にあった。古い寺ばかり並んでいる通りで、子供心になおのこと淋しく感じられたのだろうが、夕方になって、通りの掃除をよくやらされた。まだ小学校にも上らん頃だ。

本当に当時の人は、そんなことを信じていたかどうか知らんが、幽霊が出るのお化けが出るのとよくいったものである。父親は極道者、母親は信心家で浮沈の多い家だったので、子供のわしもまっとうでなかったかも知れん。冬など小さなつむじ風が吹いて、道を掃いていると紙片がその風に乗って、あちらの壁、こちらの門にくっつくのが妙に気になって、掃くのを放り出してそれを追い廻してご丁寧にいちいち取って歩いた。夕闇に白い紙が生き物のように壁にくっつくのが気になるのだ。そんな時である。竹掃木《たけぼうき》で道を掃いていると、どこからか飛んで来た小石が壁にあたったり、わしの頭にあたる。誰かのいたずらかと思って、周囲を見廻しても誰もいない。一度や二度のことではない。道を掃くときっと石が飛んで来る。あるいは狸のいたずらかも知れんと子供心に思い、夕方になって道の掃除を言いつけられるのが嫌で仕方がなかったが、とうとうある日、その原因を発見した。つまり竹掃木の扱いが下手なので、自分で石をはねて頭にぶつけていたのである。しまいには新しい掃木ほどその率が多いこともわかった。

又ある時、父親が病気した。その時父の知人が来て、狸下ろしとかいう祈禱《きとう》をやってくれた。見ていると南無妙法蓮華経《なむみょうほうれんげきょう》とかなんとか唱えながら、祈禱師が両手を合わせてやり出すと、やがて顔も紅潮し、合わせている手が物の怪《け》につかれたように微妙に動き出した。一座の人々も同じような呪文《じゅもん》を唱えながら祈禱師に導かれて神妙そのものである。子供心にわしにはどうも腑《ふ》に落ちん点があるので、すぐ便所に行くと祈禱師のやっているように両手を合わせて、口に呪文を唱えながら力んでみた。やがて両手に力がはいって、自然と掌が上下に動き出した。一生懸命になればなるほどこの動きは烈しく続いた。自分の力で自分でそんな状態になれるということを知ったまでであるが、いまだに迷信の話になると思い出すことの一つである。

矢張りこれも父の病気の時である。蛙の黒焼が薬に良いというので、母が土鍋《どなべ》に蛙を入れて黒焼をこしらえるのを手伝った。ところが鍋のフタを取ってみると黒こげの蛙が手を合わせたような恰好で出て来た。たださえ信心家の母は、蛙のような虫けらでも死ぬ時は手を合わせているということに感動して、厚く葬ってやった。

他愛もない話だけど、矢張り子供の頃、堺の町家で壁に不動さんの姿が出現したというので、町中評判になった。有難屋が沢山集まって、見物の野次馬まで出そろうほどの騒ぎになったが、間もなくその秘密がわかった。というのは壁の塗りかえの時、左官屋が怠けて、下壁にはってある富山の薬袋の絵を、そのままに上から塗り込んで誤魔化していたのが、日とともにはげてこの結果をまねいた次第であった。馬鹿のような話だけど、迷信の起こりってこんなものかも知れん。月ロケットの時代が来ても世の不思議は沢山あるが、迷信と不思議は区別せんならんだろう。

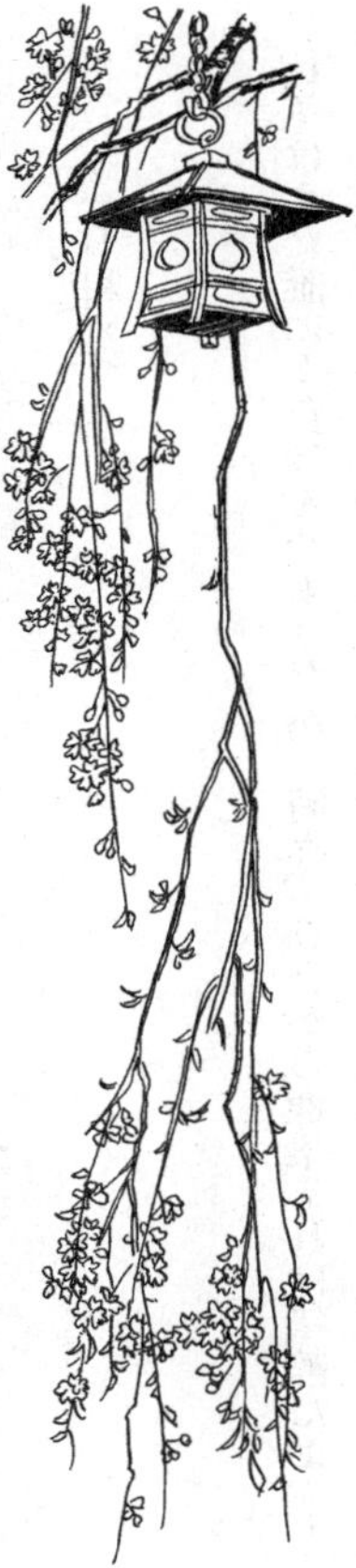

社長より棟梁

壮気はまだ誰にも負けんつもりだが、時々、ひとから棟梁それは年齢だよ、といわれることが多くなった。争われんものだというと、それ見ろと手を打って喜ぶ奴もいるかも知れんが、まだまだひとには負けんつもりだ。その方法の一つとして、わしは人間は何んでも経験を多くするに越したことはないと思っている。死土産にもそのほうがよい。

わしは二人の妻と死別し、二人の子供を死なせている。今でこそ何んでも経験しろなんてつまらんことといってみるが、経験したくってそんなことになったのではない。ただそうなってしまっただけのことで、こんな経験は誰にもすすめはせん。もちろんすすめられる性質のことでもない。経験というより運命とでもいう奴だろう。気が弱かったらわしはこの運命に押しつぶされたろう。しかしわしは、学問もなにもないたたき大工の職人だから、熟慮したり反省したりするような心の余裕はない。自殺寸前まで歩き出してふと立ち止り、生き永らえてしまった。これも負ん気と腕の自信の賜かも知れん。わしは無学で、人並の上品な考えが出来んことを知っているので、どんな苦しいときも人の忠告という奴は余り耳に入れなんだ。自分の心のすむ方法で、その悲しみを乗り越えた。家内を失った二度ともそうだったが、これまでの世帯を一切ごはさんにして出発した。その方法は、道具屋でない屑屋を呼んで来て、家内の持物箪笥《たんす》ぐるみ「めっそ」*61で売り払った。道具屋や古着屋だと、少しでも高く売りたいという欲心にかられそうな気がするので、屑屋を選んだわけだが、屑屋は箪笥の中味を見せんので困ってしまって、仲間を呼んで相談してやがったが、お前たちには損はさせへん、しかし無茶苦茶な値段をつけやがったら売らん、どうせ金は寺に供養するものだ、お前らもそこそこ儲けてくれればええ、てな次第だ。

こんなことで満足できるかどうか、ひとには笑いごとに過ぎんだろうが、わしにはどうもこういうけじめが必要らしい。満足できればいいんだ。損か得かといえば、たいてい損だけど、満足できるほど得はないと思っている。だからこの考えはいっぱんにはわかって貰えまい。

わしは某大阪の料亭の主人と昵懇《じっこん》にしてもらっている。立派な店数ヵ所も持ち、子供たちも成人されて何いうことのない主人が、静かに楽しむ自分の居間もないような生活で、東奔西走ほんとうに見ていると寸暇もない活躍ぶりである。時々たたき大工のわしでさえ自分だけの居間を持っているのに、御主人ほどの人が、自分の部屋もないような暮し方はつまらんだろうと冷かしたりするが、わしにはわからん満足があるのだろう。さすがに金を儲ける人は違ったものだと感心している。ひと様々だからどうでもよいが、所詮このちがいは、わしがたたき大工の職人に満足しているからのようだ。戦後、店を会社にして、小さな建築会社の社長ということだが、わしは矢張り棟梁といわれているほうが居心地がよい。

戦争末期、戦災に逢って焼跡に立ったとき、第一番に考えたことは、店の連中をどうしたものかということだった。わしが事業家だったら、先頭に立って闇商売に専念したろうが、それが出来なかった。頭の利く男がいて、わしが呆然としている間にそいつが走り廻って貰うべき金を集めて来たので、そいつと火災保険の金三口、五十万円二口と七十万円を前にして頭をひねった。保険金の一つはわしが掛金をしたというものの、中山《なかやま》製鋼所の仕事に対してかけていたものだから、当然これは中山製鋼のものと考えていたのに、皆は、それは中山に渡す必要はないといって強く主張するが、結局わしは自分の考え通りにやることにして、皆の身の振り方も決めてやった。それぞれ応分の金を渡し、三人だけ信頼出来る奴を残して他は全部それぞれ好きな道を選ばせた。別れた連中のうちには惜しい奴もいたが、わしの目をかすめていて自腹を肥していたので思い切った処置に出た。残った三人のために製材工場をやらせて、わしは疎開先の三日市に引き込んでそれから二年余、彫刻をやったり古本屋を開いたりして、日を過ごしてしまった次第である。中山さんには保険金の七十万円を届けると、平田、保険かけて置いてくれたのかと、たいへん喜ばれた。中山さんには儲けさせてやるから釘を二千樽《たる》ほど買えといわれながら二十樽しか買わなんで、平田は馬鹿だといわれたが、此度も本人の知らぬ保険金まで届けて、余程平田は馬鹿だと中山さんが思ったかどうか知らんが、喜んでもらったことも確かだから、わしはこれで満足なのである。その中山さんも死なれて既に五年になる。

だいたい金持という者は一くせも二くせもあるようだ。ことにわしが親切にしてもらった金持は、皆明治から大正にかけて一代で成功した人が多かったので、心をわってみると皆相当な曲者《くせもの》揃いだ。戦国時代の勇士にたとえれば、一国一城の主《あるじ》というわけか、せんだってもTさんが訪ねて下さった。帰りに自動車を呼ぶからというと、自動車を呼ぶかわりに自動車賃を貰っとことといわれたのには、なるほどと思った。所詮わしには金は残らんわいと覚悟した次第である。Tさんの名前をいえば、成る程とわかってもらえるが昔からTさんはそんな人だった。わしの出した見積りに対して、ニセの建築会社の見積書を見せて値切る人だから、このくらいのことは何んでもないが、今となってはTさんのこの徹底したケチもさして気にさわらんのは年齢の故かも知れん。大阪の土性骨《どしょうぼね》*62とかなんとかいって、商人のこのケチ根性をはやし立てている小説などもあるそうだが、わしなど商人の土性骨なんて、散々苦い目にあっているだけに、さして感心もせん。職人の世界でも金を持つと商人になって行く奴が多いが、そういう意味では職人は余り金を持たんほうがいいようだ。最近芸術家といわれる小説家とか画家が自動車を持ったり、王者に近い生活をしていると聞くので、遊びにくる若い男にそのわけを聞くと、あれは芸術をやっているのやない、娯楽作品を作っている商売人でしょうといったから、成るほどとそのわけがわかった。

昔は職業によって服装もちがい、気質もちがっていた。職人など馬鹿だから、永い間その気質を大切にしたほうだろうが、最近では古い職人が欠けて行くのにつれて、そんなことといっている奴は、いよいよ阿《あ》呆《ほう》に見えるようだ。わしなど昔の気質がどちらかというと好きだけど、若い連中はいうまでもなく、施主のほうでも風流と余裕がなくなって面白くないことが多いが、これも時勢というものだろう。わしのような馬鹿でも馬鹿なりに珍しがってくれるが、それに比べれば大阪商人の土性骨の権化みたいなTさんは、まさに重美級[*63]みたいなものだ。

船津邸

失敗談三つ

失敗は成功のもと、というが、なるほどそうだろう。人間は失敗によって、種々のことを教わりもするし、新しい境地をひらくことがある。失敗を恐れては何ごとも手につかない。矢張り身体をはってやることだ。

しかし、わしのそそっかしさが起こす失敗は恥かしいことばかりだ。考え方に巾がないので普通の人より、余計問題を起こすことが多いのかも知れん。Aにいわすと、常識に欠けるからだというが、わしはそうは思わん、常識ぐらいあるが、だんだんその常識が世間のそれとぴったりいってくれなくなるだけだ。やせ我慢かも知れんが、そんなつもりでいる。

十六歳で母を失ってからは、父や義母とうまくいかず、家を飛び出してからは、荒くれ男の中で、腕一本で渡ってきたので行儀作法などは、まるっきり駄目なのは仕方がないが人の道をはずさなければ、そんなことはどうでもよいというのが、わしの経験からの処世法である。頭もよく口もたっしゃな軍師から見れば、わしなどまるで子供みたいなもんだろう。しかしわしは、どんなに表面を飾っても、最後は誠意だと思っている。仕事の上でも誠意をこめてやって置けば、時には一時の感情の行きちがいで喧嘩別れになっても、いつかわかって貰って、いまだに交際させてもらっている得意も多い。こうなるとお得意さんは有難いものだ。

失敗を恐れてはいかんといったが、しかし同じような失敗を二度も三度も繰り返すのは感心せん。仕事の上の失敗は一度限りでよいとわしは思っている。だから仕事の失敗はそんなにやっていないが、ごくつまらんことでよく失敗をやる。若い頃は負けん気もあってさして気にかけなかったが、五十過ぎてからはそうはいかん。ゴルフでもやって、もっと交際をひろくしてはどうか、商売にも健康にもよいからと、すすめてくれる人もあるが、柄にもないことをやって、人に笑われてもはじまらんので、これ以上交際はひろげたくない。そんなことをやらんでも、仕事の上でも趣味の上でもやりたいことは、いっぱいある。死ぬまでに経験できることは何んでもやって置こうと思うが、人間にはそれぞれの性格や運命があるように、自ら限度がある。これをはずしては無駄だ。

笑われて恥かしかった失敗といえば、矢張り若い時のことのほうが記憶に残っている。これまでにも、ちょいちょい話して来たので、話しもれになっているものから、二三思い出すことにする。藤原棟梁には若い時、随分世話になったが、棟梁のお供をして、施主を訪ねることも多かった。そんな時、わしは必ず棟梁の左側を歩き、日向では影を踏まないようにして後からついて行った。電車や汽車に乗る時は、棟梁を先に乗せて置いてから、わしが乗り、大急ぎで席をとることであった。そんなにしなければならんと、特にいわれたわけではないが、わしは、そうすることにしていた。棟梁と施主の対談中、わしは行儀よく坐らされていて、膝《ひざ》を崩すことは出来ん。問われると、簡単に問われただけのことを答え、余計なことは一切言わんことにしていたが、何が辛いといって、こんな時、果てしもなく行儀よくしていなければならんのが、一番に辛かった。そんな時に限って、また食事が出る。この食事がまたわしには閉口物であった。女中に坐り込まれて、給仕をしてもらうのは有難いが、茶碗の音はたてられず、漬物をがりがりということもならず、やっとのことでこの難行から解放されるわけだ。ある時食事が終わったばかりなのに、話の都合で棟梁が立ち上った。あわててわしもその棟梁について立とうとする、シビレのため立てなかったばかりか、お膳《ぜん》をひっくり返してしまった。子供ならまだしも、大の男では弁解もできん。全く穴にでも入りたい思いであった。もっと融通の利く人間であれば、こんな馬鹿馬鹿しい失敗は起こらなかったろうが、わしにはどうもこんなつまらん失敗が多い。

そそっかしいということでは、こんなこともある。独立してから大変世話になった人に中川宗匠がある。宗匠も年をとられたので、息子さんに、あんたもお父さんの跡をつぐのなら茶室の設計ぐらい出来んことには恥だからといって、その勉強をすすめるが、この息子さん一向その気になってくれん。世話になることが多かっただけに、中川宗匠のためにもこの息子さんの不勉強を残念に思っていた。そんな矢先に、ある日中川家から連絡があった。わしは中川宗匠が死なれたと早飲み込みで、馳けつけた。ところが、死なれたのは宗匠でなく奥さんだった。安心したというか、中川家にとってよかったと思う気が勝って前後のわきまえもなく「宗匠でなくて良かった」といってしまった。声の大きいのは地声で調節のしようもなく言ってしまったのだから、それが隣室に集まっていられた奥さんの身内の人々の耳に聞こえぬ筈がない。「しまった」と気がついた時は、後の祭でそのためわしは、悪役を演じてしまった。奥さんの身内にしてみれば、随分礼儀知らずの嫌な奴に見えたにちがいない。言葉というものはつつしまんならんものである。こんなことがあるので、わしは人の集まる形式ばった席は嫌いなのである。わけても食事のともなう席は大禁物である。この頃は年のおかげで、無理に勧めねばならぬことが少なくなったし、たいていの場合、妻の代行で事すむので助かる。

失敗ではないが、平田は世間を知らんと思われたことで、こんなこともあった。それは大和家《やまとや》の奥さんが亡くなられた時のことだ。奥さんは特にわしを可愛がってくれたので、思い出も多い。大和家の主人とは意見の相違でよく喧嘩になった。そんな時、この奥さんが居てくれたから、喧嘩してもまた仲直りが出来たようなものだ。よく出来た人であった。その奥さんが亡くなられたので、わしは平生の恩義に報いるつもりで、相談もあったので祭壇の大屋根を自分の手でこしらえた。その翌日わしが行くと、既に沢山のモーニング姿の紳士が来ていた。今でこそ自分も洋服を着用して、その恩恵を受けているが、わしは長い間洋服嫌いというより、職人はそうあるべきものと思い、家では着物、仕事にはハッピを愛用して来たので、洋服紳士はどうも苦手の一つだった。それが今日はどうだ。洋服もこともあろうにモーニング紳士揃いだ。職人育ちの情けなさ、見なれぬ人々に失礼があってはいかんと思い、この人たちにいちいち丁寧に頭を下げて挨拶をしていた。そこへ大和家の主人がこられて、平田どうしてるんだ、あの人たちは葬儀屋の人たちだから、頭を下げるに及ばん、といわれて、初めてそれとわかったわけである。何んだという気持やら、てれくさいやら、世間知らずといわれた理由はこんなことからである。

ハッピもわしは、江戸《えど》前のキリッとしたのが好きであった。昭和の初め頃までは、それでも正月の年始廻りには、店の者を連れて、ハッピ姿で得意先を廻ったものだが、大阪にもバスが走り、地下鉄が出来て、だんだん男女とも洋服姿がふえるにつれて、若い職人でもハッピを着せられるのを嫌がり出した。そうなるとわしだけが頑張ってみても仕方がない。それにある年の年始廻りの時、ハッピ姿で職人を連れて、こちらはあらたまったつもりで挨拶に行ったところ、そこの娘さんたちが、まるで獅子舞《ししまい》が飛び込んで来たような騒ぎ方で、珍しがるので、あほらしくなってしまって、その年を最後にハッピは廃止、それと共に年始廻りもやめてしまった。ハッピ代わりにモーニングというので、モーニングも持っているが、あれだけはかなわん。

旧・自邸

建築は風呂敷に包まれぬ

建築は風呂敷には包まれんから、出来上りが、自分にもまた施主にも気にいらんといって、引っさげて持って帰るわけにいかん。そこでわしの流儀としては、どんな建築でも、おろそかな気持では引受けられん。自然、平田は凝り性だなどといわれるのだろう。

藤原棟梁の下にいた頃、京都、神戸時代と普通にいう修業時代は長かったが、最初からわしには師匠はないという信念だった。もちろん弟子もない。大工も一代だと思っている。だから若い連中にもいっているのだが、要は根と努力だ、運はそれについてくる。

これまでにも度々書いたが、父が無法な人だったので、十六歳で家を飛び出して以来、随分と苦労はした。世の中には神仏はない、たのみとなるのは自分の精神力だけと思って来た。この考えはこれからだって変わるまい。

また建築の場合、方角のことで鬼門をよくいうが、こんなこともわしは信用していない。しかし、建築は自分がやるにしても、そこに居住するのは施主なり別の人だから、実際に住む人の気持も考え、方位、通風、光線そして落着きもあって、住む人の心をたのしくするように考える。設計のとき、これらのことを種々な立場で、ギリギリのところまで考えながらやっていると、つい時のたつのを忘れてしまっていることが多い。

せんだって、わしは、ふとした機会にMさんにあった。Mさんは近代建築の設計では、大阪というより日本でも有数の人だ。そのMさんから「平田さん、昔のほうがいいですね」といわれた。わしは馬鹿の大声は出せるが、人を納得さすような理窟はいえんので「へェ、そうですか」と、いっておいた。

近頃やるわしの建築は、別に、奇を好んで新しがっているわけではない。環境も変わって来たし、材料も新しい物が、どんどん出てくるので、それに合わせて工夫するだけのことである。こんな工夫は、昔からやって来たことだ。

出合帳場

若い頃、やった工夫の一つにこんな思い出がある。それは二十八歳になった夏で、打出《うちで》の寺田《てらだ》邸の仕事の折だ。この仕事は出合帳場*64で本宅はばば長、玄関と応接室、茶の間がわしの責任であった。

ばば長といえば、当時、大阪での有名な大工の一人で腕もたったし、全身刺青をし、気概のある大工であったが、腹を立てると、所かまわず棟の上であろうが、その辺の下駄の上にでも、用を足してウップンを晴らすという風で、人からも恐れられていた。噂は聞いていたが、そのばば長と初めて顔があったのが、この出合帳場である。既にその時のばば長は年齢も五十を過ぎていたので、まるで息子ぐらいの平田では問題ではないが、わしは、案外このばば長に可愛がってもらった。

出合帳場というのは、別々に仕事をすすめていって、最後につないでしまうので、なかなかうまくいかないものだ。わしの受持は茶の間でこれがまた、竹を使うことが多く面倒なことが多かった。ばば長は機会ある度に、わしの帳場を見に来て、こちらが苦労をしていると「困ったなア」といって冷笑して行った。

ある時もそんなことがあった。本当に困っていたので、この時のばば長の冷笑は腹にこたえたが、怒ってはおしまいだと考え直して我慢した。このときわしはふとした思いつきから、今では殆ど見られなくなったが、八次郎兵衛《やじろべえ》という豆細工の人形の理窟を応用し成功した。屋根の勾配の関係で、天井を少しでも高くしたいと思い、考えついたことだが、やって見て案外むずかしかった。しかし最後に成功した。何事によらず完成さすということは嬉しいことだ。

嬉しさの余勢もあったのだろう、今度はわしの番で、ばば長の帳場をあちらこちらと見て廻って、二ヵ所ばかり間違っているのを発見すると、前のお礼に「困りましたなア」とひやかして来た。

この仕事は六月に始まって十月に終わった。この間、ばば長が何かと便宜をはかってくれたことは、若かった時だけに有難かった。暑い夏の二ヵ月間、三度の食事も仕事場で奴豆腐に飯をぶっかけてすまし、食事をする時間も惜しかったほど働いた。

仕事が終わった時、寺田邸からお祝いにはっぴを贈ってきた。見ると寺田家の名前入りだ。こんなものを着て人の広告に使われてたまるかいという気持で、それを突きかえしたが、その時の寺田家の番頭が、現在或《あ》る会社の社長になっていて、度々来てくれる。

枚方万里荘

子供を亡くした後、日本橋から枚方に移ったのは仕事の関係からだった。

枚方にある「万里荘《ばんりそう》」田中邸とわしとの関係は、もう三十年になるが、最初、建築の相談を受けて田中邸に出向いたのは、藤原棟梁のお供をしてのことであった。

万里荘という名は、田中さんが満州《まんしゅう》で成功したひとなので、この名にあやかられたと聞いているが、当初は土地の建築屋が入っていたが、田中さんはそれが気に入らず、

万里荘

藤原棟梁にその相談が廻ってきたわけである。途中から仕事にわり込むということは、どちらにしろ余りいい気持のものでない。

こんなことになると、藤原棟梁は気の弱いひとで気はすすまなかったようだ。事実、田中邸に出かけて話してみると、前からの職人たちの間に不穏な空気がみなぎっていた。中には聞こえよがしに嫌味をいう奴がある。

仕事は、秩父宮《ちちぶのみや》が高槻《たかつき》の連隊に来られるので、その御滞在期間中の宿所に山《やま》ノ上《うえ》の座敷を新築することであった。

主人に案内されて藤原棟梁と二人、地形を見に山に上って行くと、冬のこととて、前からの大工たちが火をたいて雑談していた。聞くと、こんど大阪よりくる大工をのばしてしまおう、というようなことが話にまじってわしの耳にも入った。藤原棟梁にもそれが聞こえない筈はなかった。完成までの日数がないので、とりあえず藁葺《わらぶ》きの三十坪の座敷という計画であった。

施主の希望も聞いて、だいたい話がまとまったが、藤原棟梁が「平田どうだ、うるさそうだけどお前やって見るか」という話になった。

「よろしい、引き受けましょう」先の大工たちの雑談もあり、何くそという気持だった。もちろん、前からの職人は一応ぜんぶお払い箱になったので、こんどは、わしがそいつらを一日十銭値上げをして使うことにした。施主の出してくれる手間賃に、わしの自腹を切って十銭高くしたわけである。皆も喜んでくれ気持よく働いてくれたので、屋根は後でふくことにして約束の日に完成した。

これが縁で、万里荘の仕事はいろいろやらして貰って来たが、主人は土台に金をかけることを喜ばれないので、柱に棒筒を通したり、フケス*65を使う工夫をして置いたのが、昭和九年の室戸《むろと》台風でその効果がみとめられ、たいへん喜んでもらった。

万里荘のある地形は「死に山」というやつで、崩れ易く仕事もしにくかった。また隣接して村の墓地があるなど、うるさいことが多かった。山上にかけて、五十四段の階段を作ったのも珍しい仕事の一つであった。

朝香宮が来られたときもこんなことがあった。それは自動車いっぱい七十円の櫟《くぬぎ》を買って、これで亭屋《ちんや》*66を建てろということであった。日数も五日しかない。とても出来んといって半分喧嘩別れの形になり、道具をまとめて枚方駅まで引きあげてくると、後から奥さんが追っかけて来て、なんとかやってくれと頼まれるので、とうとうそれにまけて引き受けてしまった。

おかげで三人の職人相手にその日から徹夜を続け、ようやく完成したが、今の職人だったら徹夜の賃金を要求するところだが、主人もそれにふれないし、わしもとうとう一言もいわなかった。それが職人の意地だと思っていたわけだが、主人のわれわれを労《ねぎ》ろう言葉は「やろうと思えば出来るでないか」という一言だけだった。

児島嘉助さん吉兆さん

児島嘉助《こじまかすけ》さん＊67といえば、年輩者で、古美術や骨董などの好きなひとなら、すぐ思い出してくれると思うが、豪腹《ごうばら》なひとで、よほどはまきが好きと見え、いつ見てもはまきをくわえて客に対している姿を覚えている。

この児島さんの仕事を、まだ枚方に居た頃やらせてもらった。高麗橋《こうらいばし》三丁目の本宅の建築である。十一月末完成の予定で、十ヵ月の期間があった。間口七間、奥行二十間、百六、七十坪の工事である。前の大工をことわっての頼みなので、わしも名誉に思い、責任を感じた。ところが、ちょうど建築法規の変わったばかりで、市中では火災予防のため、一部を鉄筋でやらんならんことになっていた。わしは児島さんの意を受けて、木造でやり出したわけだが、近所にも工事があって、そこの大工が児島さんにことわられた奴だったので、そいつの密告から、残念ながら途中からまたやり直さんならんことになってしまった。日本建築をコンクリートでやる。これはわしにとっても、最初の経験であったのでよい勉強にはなった。また主人夫妻は人並以上に家相のやかましい人で、地鎮祭を夜中にしたり、建前は日の出の朝五時十分という風であった。施工は思うように進まないのに、こんな風に勝手にきめてしまわれるのには困った。

棟梁といっても、わしは三十を過ぎたばかりのときで、児島さんの目から見れば若僧に過ぎんので、随分無理な注文をつけておいては、「どうだ、出来るか」というのを口ぐせのように聞かされた。そんな風に問いつめられると、出来るかといわれれば出来るし、出来んといえば出来んようなもので、人間の自信なんて曖昧《あいまい》なものだから、途中でそんなにたずねられても答えようがない。頼まれて引受けた以上やり遂げる、わしの答えられることはそれだけだ。仕事には困難はつきものだから、困難は覚悟の上だが、主人の御幣《ごへい》かつぎにはこまった。それと番頭の根性悪だ。何度わしは腹を立てかけたか知れんが最後まで妥協はしなかった。一例をいうと職人が十分おくれて来ても分を引くというやり方である。番頭だけでなく、調べにきた府庁の役人も根性の悪いやつだった。ところがこの連中、間もなく起きたある汚職事件にひっかかって、その時の検査員全部が警察にひかれた。それを知った時、わしは根性悪に頭を下げなくてよかったと思った。だがそのこととは別に、これも人の縁だと思い一度見舞ったことから、この人たちともつき合うようになった。

工事は予定通り十一月に完成した。何事によらず完成さすということは気持のいいものだ。児島さんはそのお礼にといって、三千円を包んでくれたが、わしはことわった。それよりもわしは、児島さんの持っていられる絵戸が気にいっていたのでそれをいうと、やろうという話だった。しかし道具屋さんから道具をただ貰うのは嫌なので、原価にしてもらって、その四枚の絵戸を手に入れた。現在も持っている。

その年の暮も終わって、正月の六日だった。職人たちもまだ酒にひたっている頃だ。午後十一時頃、児島さんから火事だという電話がかかってきた。びっくりしたわしは、アイクチ一丁ふところにして職人十人を連れて、枚方からタクシーを飛ばした。アイクチをしのばせたのは、万一わしの過失が原因ならば、腹を切って詫びんならんと思ったからだ。高麗橋の三越《みつこし》が見え、タクシーがそこを曲りかけた時、わしの胸はどきどきした。しかしよく注意して見ると、近くに火の気は見えないし、それほど人も騒いでいないのでほっとした。原因は、正月元日から地下のボイラーを燃していたのが、煙突の故障で煙がつまり、柱とセメント地の空間をはって煙が屋根にまわったため、火事と間違えたわけだ。こんなこともあるのだから建築屋は、注意せんならんと反省させられた。それにしても、あわて者のわしが、びっくりしてアイクチを腹に突き立てずにすんだのはまだしもである。

児島さんとはこれが縁で、なくなられるまで交際させてもらったが、先にいった児島さんの御幣かつぎは、あるいは奥さんのほうが張本人だったのかも知れん。その奥さんがその後病気された時、東京、京都から三人の易者が招かれた。ところが三人の易者が、家に障りがあるとか、大昔、ここに井戸があったとかなんとかいって、それぞれにいうことがちがう。大工だから家相のことにもくわしいだろうと、その相談にわしが呼ばれた。話を聞いてわしは神様だったらたたりなどされる筈はないし、易者のいう道理はわしには信用できん、そこで奥さんに、どの易者を一番信用するか、それから決めてはどうかと助言した。人間は病気したり不幸にあうと、つい迷いがちだが、そんな人間の弱点を利用するような商売は嫌いだ。

北陸の芦原温泉の大火の前こんなことがあった。わしは芦原の「つるや旅館」の工事を前からたのまれていたので、大火になる前現場に行って聞かされたんだが、少し前東京から偉い易者が来て「つるや」の古い昔からの庭を見て、こんな庭を持っていては、一家の者全部が病気で死ぬ、といって一万円とられたというわけで、そんなことならすぐ直せるやないかといった。ところがそんな話をしてわしが芦原をたった二日目あの大火だ。そのとき思った。偉い易者先生だったら、古い庭がどうのこうのといって、弱い人間をおどすより、大火を予告しておいてくれたほうが、どれだけ人助けになったか知れん。

その後、児島さんの仕事は、京都の嵯峨《さが》の別荘に客をされるとき、風呂と亭と便所を建ててくれといわれたのでそれをやった。坪当たり七十円だったかと記憶している。ところが完成後、児島さんの意見では、便所が小さすぎるといわれた。普通より三割大きくしておいたのだが、児島さんの意見では、これだと袴をはいたままでは入れん、というのが理由だ。そこで、さっそくわしは、自分でも袴をはいて入ってもみたし、桂離宮へも見に行って来た。なるほど桂離宮のは大きかったので、安い仕事で損はわかっていたが、元のをこわして、こんどは六尺に四尺五寸の便所を建てた。

児島さんも奥さんも、もう故人になられてしまったが、高麗橋の本宅と京都の嵯峨の別荘はともに「吉兆《きっちょう》」*68さんの手に移った。そんなわけで家の縁で、こんどは「吉兆」さんと親しくさせてもらっている。初め「吉兆」さんは、本宅の二階にある「残月」の床の間は取り払う考えだったが、頼んで残してもらった。奥行一間、間口一間半、それに八尺の書院のついた床の間は、料理屋には無用の長物だけに、無理を聞いてもらった「吉兆」さんには、すまないと思っている。

施主と喧嘩

芸妓屋兼料理屋で、南の有名人といえば、もうそれだけでわかると思うが、ある人の紹介で、初めてその人と会ったのは二十五年前のことである。もちろん仕事のことであったが、大阪の南ではなくてはならぬ人だし、人格者だとも聞いていた。ここでは仮にSさんといっておくが、そのSさんの招きでわしは仕事の相談をうけた。調べてみるとわしに相談が廻ってくるまでに、大林、清水、津田、大七と当時大阪での有名な建築家が次々に変わっている。建築家の変わる原因は、Sさんが設計者の意見を無視して強引に自説を主張して譲らぬからだとわかった。そんなことでは、わしもいずれは喧嘩別れになることは明らかなので、辞退することにした。ところが、どうしてもやってくれとたっての依頼なので考え直し、こちらは誠意を以って仕事をするかわり、一方的な理由ではことわることは出来ぬ条件で引受け、その仕事はとにかく完成した。

その次は南の演舞場の建設だった。この演舞場は、最初津田が設計していたが、Sさんにはそれが気にいらず、またわしに廻ってきた。そこでわしは約三、四ヵ月がかりで演舞場を設計、漸くそれが完成しそうになった時芸者のストライキが起こり、芸者達が信貴山《しぎさん》に立てこもるような事件がぼっぱつしたので、折角の設計もご破算になってしまった。Sさんは、このためわしにすまんと思ったのか、設計代だといって四千円を持って来てくれたが、自分は設計家ではないから設計図に対して謝礼を貰うわけにはいかんとそれを断った。

そんなことが二人の意気を投合させたのか、Sさんは次から次へ仕事を出してくれた。その上南の空地を作業場に使っていいというので、わしはその土地を借りた。しかし、Sさんのいうようにただというのでは自分の気がすまんので、その時から敷地代として月々三百円の貯金をすることにし、Sさんの仕事を少しでもよくするため、代金のおぎないにするつもりであった。

Ｓさんから借りた南の作業場を根拠にしての最初の仕事は、七百七十坪の内部改造でエレベーター付の十八万円の契約だった。この仕事は七ヵ月で完了したが、当時は不景気の最中で、職人のよいのが随分集まり、多い時は百人ぐらいもいたが、結局この仕事は損で、月々三百円の貯金では補いはつかなかった。Ｓさんとわしが初めて衝突してしまったのもこの仕事の時である。

昔から、わしの設計は平面図、建図及び内部透視図など、寸法から木割して材木名まで入れて施主に見せ、変更の場合は何度も書き直し納得ずくで仕事にかかるから、仕事のはかどるのは早かった。

此度の仕事もその流儀で進んで、約七分通り出来た頃だ。二十日ばかりして、おくれて行って見ると、一室だけ図面と違っている。早速わしは責任者を呼んでたずねると、主人がこうしてくれといわれたからだという。わしも出来た仕事が下品でなければ、そんなに腹も立てなかったろうが、とにかく出来が悪い。そこで責任者に、責任者として一応親方に相談すべきなのになぜせなかった、お前の手でつぶしてしまえ、といったが、しかし、主人につかまされている責任者にはとうていそれは出来ない。

そこでわしがつぶしてしまった。つぶすといっても肝心なところをそれぞれ切ってしまえばいいので、こんなことは簡単だった。ところがこんどはつぶしているわしの後に立った主人が怒り出して、金を出してやらせているのになぜ主人のいう通りにせない、というから図面の出来るまで苦心して主人の希望も入れ設計してある、それがこんなことで下品なものを残せば平田が笑われるからだ、というと、とうとう主人が殴りかかって来た。その間に奥さんが入って、主人を止めながら、わしに早く逃げろというが、わしも人を使っている人間だ。子供のように逃げ出すわけにはいかん、殴りたければ黙って殴られてやるが、使っている職人たちが黙っているかどうかそれは知らん、といって動かなかった。Sさんの奥さんは感心な人で、よく出来た人だったが、この人の努力で漸くこの場も治まり、Sさんとわしとの仲直りも出来て、仕事を完成さすことができた。

その後、支那事変が始まってからは建築の仕事はむずかしくなり、新築は殆ど許可されないので、自然改築の仕事が多くなったが、改築で建物が更新されると、人目につくのか投書などがあって、警察に呼び出されることも多くなった。

戦局が進むにつれ建築の統制は増々きびしくなった。その頃、またSさんの頼みで借家の改造をやることがきまった。これも安い仕事であったが、得意である以上断ることも出来ず、損を見越してやった。ところがこの借家は通柱が二尺以上も腐り、とうてい地震にたえられる代物ではなかった。規則では腐った柱も取り替えることが出来んので、新しい柱に墨を塗って古く見せかけたことが、戦時建築統制にふれ、府庁へ呼び出され、係りの店の者が散々調べられた末、今日は豚箱に入れると電話を受けたので、このわしが出かけた。わしも種々調べられたが店員と同じなので、最後にわしは、通柱をかえたのは規則違反と思うが、かりにあなたの足を二本切ってしまえばどうなるか、建築も同じで足が悪ければ根つぎ[*69]なり柱を取り替えんならん、根つぎでは駄目だから新しい柱に替えた、というと、なぜ新しい柱に墨を塗って古く見せかけたかとの詰問なので、規則違反をしているから、わざわざ古く見せた心持を察して欲しい、それでもなおいかんということとなれば、豚箱にも入ろうと地下室に入りかけると「まア待て」ということになり、今後一切違反はしないということで、此度の場合は黙認してもらった。

三度目の喧嘩

戦争中の思い出は、わしのような大工にもいろいろのことがあった。それらのことはまた別の機会にするが、負けるために、わいわい騒いでいたようなもので、あんなことは二度とくり返したくない。

三月十五日の空襲で、大阪の大半がやられたのは御承知の通りだが、終戦となって間もなくSさんから呼び出しがあったので、すぐ出かけた。用件というのは焼跡の建物のことであった。Sさんの計画は、一階にレストラン、二階にダンス・ホール、三階に六畳にベッド付の部屋というわけだ。そこでわしは何に使うのか聞きただすと、進駐軍用のものとわかったので、そんなものは引受けられんというと、怒ったSさんは「大工はお前だけやないから、頼まん」ということになって物別れに終わった。わしにしては南のSさんといえば顔の売れた人だ。それだけの人が進駐軍相手にそんな考えを持ったことが残念でならなかったのだ。

喧嘩になった以上、いずれは借りている土地を返せといわれると思い、先手を打って土地を返すと、さっさと現在住むこちらに移った。しかしその後、わしは一時田舎に帰り、あらゆる物を金に替え、古本屋などをやった。彫刻はその頃闇商売を忘れるために始めたのが、今日まで続いている。この田舎住いのわしを訪ねて、ある日Sさんが来た。用向きは、お土産に五千円出して、「お前に頼んで、喧嘩になった家がいまだに出来ず困っている。一つ手伝ってくれ……」という申出だった。もちろん五千円のお土産は受取らなかったが、たっての依頼なので、設計だけ引き受けることにした。

古本屋などをやり大工は殆ど休業状態だったが、それでも得意先の依頼もあり、家には職人もいることなので、二三の現場を持っていたが、その後どういうわけか現場の責任者の腰がきまらず、そのうちに一人二人へって行く。可笑しいと思い調べてみると、その連中がSさんの仕事に、一割高で呼ばれていることがわかった。Sさんも Sさんなら職人も職人で、人情はすたったと情なく思った。

Sさんとしては平田が相変わらず頑固なら、職人さえ取ればという考えだったのだろうが、設計も大切、木割も大切、建築の仕事はそんなに簡単なものではない。内の職人を横取りしてみても完成にはほぼ遠い。引抜かれた職人も設計のある仕事は出来ても、設計まで自分でして行かねばならぬ仕事は出来ぬ。そんなわけでSさんはまたわしの力を借りに来た。しかしさすがにわしにはいわれぬと見え、そのことを店員に頼んで来たので、そんなに困っているのなら、少し手を貸してやれということで、七人ほど職人を貸すことにした。ところがそんなことになって間もなく店員が病気で故郷に帰ってしまい、金銭上のことでわしが出て行かねばならんことになった。職人の手間は七、八百円であったが、これに対する税金をSさんが払ってくれない。それが八千円ほどたまってしまった。とうとうわしはまた腹を立ててしまって「八千円の税金は平田が責任をとるから、二度と平田を使わないでくれ」といって別れた。

わしが彫刻を始めたことは先にもいったが、Sさんにわしの彫刻のどこが気に入ったのか、材料に一万円そえて、うちの店員がSさんから頼まれて来た。仕事も忙しかったし、第一彫る気持がないので、彫刻は出来なかったが、Sさんから二三度催促を受けた。その後店の者がSさんのところに行ったとき、彫刻の話が出たらしく、わしの彫刻が二度市展に入選したのを知っていた店員は「そんな安いことでは、おやじさん彫らんだろう」といって来たということをわしに伝えた。

　Sさんとそんな関係になってからある日、Sさんの弟さんが訪ねて来てくれて、兄貴に謝って仕事をしてくれたらどうか、ということだったが、平田は人に謝まるような悪いことはしていないつもりだが、折角の厚意だから第三者の他人が立合ってくれれば行きもする、というと、そんならこのわしが（弟さん）、他人になって聞くというのでSさんを訪ねた。

　Sさんは、わしの顔を見ると「永らく御無沙汰した、わしが悪かった」と、襖越しに立っているわしにいわれたので、そうなると一も二もなく、こんどはわしが「使われる身分で、わがままだった」と詫びた。

　Sさんが病気になったと聞いたのはその後のことであったが、一度見舞わねばならぬと思いながら、機会を失ってしまった。

　心のうちでは思いながら、素直にその通り実行できない平田は、ほんとうに馬鹿だと思うが、そのわしがまた偶然の機会にSさんに会ってしまった。というのは自転車で現場に行く途中だった。向うから二人の女に支えられたSさんの姿が見えた。見るとSさんの目がわしをにらみつけているようである。後で考えればこれは黒目がちのSさんの目のせいであったらしいが、その時馬鹿なわしはSさんににらまれていると思うと、ついわしの悪い病気が出てしまって、にらみには負けぬぞという気になり、Sさんの目を見ているうちに自転車は、Sさんのそばへそばへと行くのであわててハンドルを横に振って道をそれたが、半町ほど来てから、何故自転車を降りて病気をたずねなかったかと後悔した。

その後、何度このことで詫びに行こうと思ったか知れないが、いまだにそれをなし得ないでいる。われながら自分の心を情なく思う。

中川宗匠

中川宗匠が、最近なくなられた。惜しい人だ。永年世話になった人だけに、ひとしお淋しい。

藤原棟梁のもとにいた若い頃は、もっぱら木津宗匠の仕事をやってきたが、独立してからは、中川宗匠関係の仕事が多かった。

官休庵[*70]の流れを汲む、茶人中川宗匠のことは、ほかに伝えるひともあろうが、わしの聞いているところでは、宗匠の出は、大阪の古い表具屋さんで、茶を木津宗匠に習い、同じく茶を木津宗匠に教わっていた藤原棟梁とは相弟子の関係であった。年齢も同年だったように覚えている。だが、一方は茶の先生を志すひとだし、藤原棟梁は、大工で仕事を貰う立場だ。そんな立場のちがいもあってか、この二人は友達でありながら、しっくりいかなかったように思う。

そんなわけで、中川宗匠は自分のいうことを聞く大工が欲しかったのだろう。藤原棟梁のもとで世話になっている頃から、仕事をやるから早く独立しろと度々誘われた。しかしわしには考えがあった。というのは、藤原棟梁には女の子しかなく、その養子が決まるまでという気があったので、容易には動かなかった。

初めて、わしが中川宗匠の仕事をしたのは藤原棟梁に代わって、当時伏見町に中川宗匠が入手された家の、土蔵を改造して茶室にすることであった。二人の買手で分割された関係から、土蔵は二分され、それを両家で使っていたので、下手に改造して、隣家に迷惑かけてはいかんということもあるし、土蔵だから壁は厚い、屋根は重い、柱は太いというようなことで、だいぶん頭をひねらされた仕事だ。当時わしは三日市から通っていて、二十五歳になったばかりだ。相手の弟子といっても棟梁の弟子と二人ぽっちで、朝仕事場に着くのは七時、七時半には仕事にかかり、昼は食事で、約半時間それに使うだけで、誰に気がねもなく、一生懸命にやって、漸く茶の間だけは完成したが、月見の日に茶会が開かれるというのに、茶室にはつき物の「待合」*71が出来ていなかった。それなのに後三日の余裕しかない。藤原棟梁はとても出来んというし、中川宗匠は茶会にぜひ間に合わせろという。こんな風に意見が対立してしまって、どちらもゆずらないので、ついわしが口を入れて、棟梁にやってみましょうといったので、仕事にかかることになった。茶室につき物の「待合」は、ご存じの通り、そうむずかしい仕事ではないが「棰木」や「小舞」[72]など、竹を使う仕事が多い。ところが、この竹という奴が曲者で、下手に釘を打つと割れてしまうので、普通キリで穴をあけてやるものだが、そんなことをしていては、とても間に合わん。そこでわしの考えたのは、その晩、家に帰ると、ペンチを使って、釘の先を全部切っておいた。これが竹が皮のほうから打つと割れるが、身のほうからだと、割れないということを経験していたのとかたい樫の木など、先のとがったままの釘だと、打っているうちにまがってしまうが、先を切った釘だとまがらないで、真直ぐ打ち込めるこつを知っていたので、それを応用したわけだ。この工夫はうまく成功した。おかげで、いちばん手間のかかると思われたことが、簡単にすんで、三日というところが二日半で出来て、ほめられもし、大いに面目をほどこしたわけだ。

　その時の仕事で思い出されることがもう一つある。それはまだ工事半ばの頃だ。仕事が終わって、三日市に帰るため、難波《なんば》から南海に乗って萩《はぎ》ノ茶屋《ちゃや》辺りに来た頃、ふと火事のことが気になり出した。大阪の家は土地が狭く、土地いっぱいに建てて、庭はほんの僅かで、仕事をするのにも、裏の細露路でせんならん。それなのに今日は「洗い屋」[73]が来て、その狭いところで湯を沸かしていたが、その火の始末のことを考えているし、心配がつのり伏見町に馳けもどった。果して、暗くなったその細い露路に火が残っていて、風でも吹くと火事になるとこだった。そのために中川宗匠からもたいへん感謝された。暗合といえば暗合で、こんなことがあると、普通神様が教えてくれたなどと考えがちだが、わしはそうは考えない。絶えず心にとめていると、人間なにかのときに、このくらいの働きは出来るものだと思う。まアそれくらいが動物と人間のちがいではないか。わしの今までの生涯で、これに似たことは度々あった。その都度思うのだが、気になると、わしはじいっとしていられない性質で、すぐ行動を起こすから、一つの危機に間に合うので、その時怠けていたら、間に合わぬことが多かったのではないだろうか。

藤原棟梁のもとで、わしは十七年間仕事をさせてもらった。その間にいろいろの仕事をやったが、枚方の万里荘もその一つだ。

昭和の初め頃、藤原の家も養子が決まり、わしも独立を考えてよいときがきた。その頃、蒙古《もうこ》の王様が日本に来て、芦屋の中山邸に泊まられた。その時、万里荘の田中さんもこられた。拙いことに、当時、わしは万里荘と中山邸をかけ持ちで仕事をしていた。その上田中さんには、ないしょで右近《うこん》邸の仕事までやっていた。そんな関係で、万里荘の仕事が少しおくれていたからでもあるが「平田はこの頃どうしている」というようなことから、右近邸の仕事をしていることが、中山さんの口からわかってしまった。右近邸は中山さんの近所でもあるので、田中さんが訪ねてきて自分の家の仕事はどうしてくれるか、とせかれた。そのことを、おくれて来た棟梁に話すと、棟梁は棟梁で、俺にいわず責任者の平田に直接いうとはもってのほかだ、今後はお前がやれ、と何か誤解のある様子だ。しかし、そうなるとわしも負けていられん。一つや二つの得意は欲しくない。何年という間、忠実に働いてきた平田の心がわからなければ、今日から暇を貰うと、道具をかたづけかかった。ところが、棟梁はわしより役者が一枚上だった。道具をかたづけかけているわしを相手にせず、一足先に帰ってしまった。これはわしが帳場を捨てて帰る人間でないことを、よく知っていられたからである。

そんなことがあって、一年後、藤原家では長女に養子をもらわれたので、これをきっかけに、わしは中川宗匠の得意と金百円を頂いて独立した。その百円は、棟梁の依頼状とともに、そっくり中川宗匠のところに持って行った。そして独立最初の仕事というのが、万里荘の田中さんの兄さんの家であった。

わしとしては、独立したばかりで金もなく職人を遊ばせて養う力はないので、一日も早く仕事にかかりたいのだが、意地の悪いもので、この仕事が宗匠や主人の意見が多く、なかなか設計がまとまらん。とうとうわしは、三日三晩徹夜で設計をやって、漸く本決まりになった。

ところが、さて仕事にかかる段になって、こんどは手間賃を三円にするといわれて、施主の田中さんとぶつかってしまった。藤原の者として仕事をしていた時は三円三十銭で、独立した平田は三円でよいという理窟は、わしにはわからなかった。先方のつもりでは、三円三十銭のうち三十銭は棟梁の取り分になっていたのだから、平田の場合はそれを差し引けばよいぐらいの考えだったのだろうが、金を残す人はちがったものだと感心する前に、こちらもカンカンになってしまった。結局それで物別れとなり、女房も間もなく子供を連れて、枚方に来るというのに、困ったことになったと考えながら駅前までくると、ちょうど電車から降りてこられた奥さんに会い、どうしたのかと聞かれた。わけを話すと、それはひどい、私から話してあげましょう、ということになって引き返した。そんなわけでやっと三円三十銭で手を打った。奥さんは気の毒がって五円をくれたが、この五円は、その時のわしにとってはほんとうに有難い五円だった。この金でわしは職人を喜ばせ、翌日から元気に仕事にかかった。

独立最初の思い出としては、余り幸福な出発とはいえんが、人生とはこんなものだ。中川宗匠にはそれ以来、何かと仕事のことで世話になったが、それからずっと後、わしも漸く、一人前の棟梁顔ができるようになった頃の話だが、中川宗匠の家の仕事をやっていた。職人をうちから一人通わせていたが、ちょうど中川家に盗難事件が起きて宗匠が珍重されていた茶器十個が紛失した。しかもその嫌疑がうちの職人にかかった。まさかと思うが、どうしても茶器の行方がわからないどころか、皆目見当もつかん。わしも嫌なことなので、なんとかして真犯人を探し出して、職人の身の潔白をたてんならんと思い、私立探偵に依頼した。僅かな金だが、度々変わっている女中の親元までも調べて、二年間続けてもらったが、それでもわからん。わかったのは、知らなくてもよい中川家の裏面のことばかりで、宗匠には先妻の子が二人あって、上が男で下が娘さんだということなどを知った。長男は道楽者で、殆ど家によりつかんが、職人の話では、紛失事件のあった頃、妹さんが訪ねてきた様子があった。ある時、仕事のことで宗匠を訪ね、話しているうちに、ふと頭に浮んだのは娘さんのことだった。そこで宗匠に娘さんの消息を聞いてみると、田舎の呉服屋に嫁いでいるという話なので、わしはその娘さんと茶器を結びつけて、若し間違っていたら勘弁してもらわんならんが、茶器はその娘さんに関係あるように思われるから、これから行ってみようといった。

だが、そのときは一緒に行かず、翌日、宗匠一人で行った結果は、宗匠にとっては気の毒だが、わしの勘があたっていた。しかし、その時は既におそく、問題の十個の茶器は、宗匠が訪ねられた日の前日、全部こわされてしまった後で、箱だけがそのまま残っていた由である。

売って金に代えたというのでなく、こわしてしまった女心には、何かわしはふびんなものを感じた。先妻の子であるという一種の卑下や不幸が、父の貴重な財産である名器類を、腹違いの兄弟の手に渡すのを嫉妬《しっと》しての犯行だった。

中川宗匠は立派な茶人で、心のしっかりしたひとであった。その上数理にもたけていた。ただわしにとって迷惑だったのは、宗匠からもらう仕事は安いのが多く、損になっていることもあった。だがなんといっても大工としてのわしの生涯にとっては忘れられぬ一人だ。

その中川宗匠がガンでもう駄目かも知れんといわれた。十五年前のことである。当時宗匠の得意に児島嘉助さん、静さん、それに中山悦治さんがいて、この人たちが病気を心配して、今のままではとうてい助かるまいから入院さそうという話し合いが出来、平田お前だったら、中川宗匠もいうことを聞くだろうから、話してくれということで、その役目を引き受けた。

宗匠も漸くその気になり、阪大病院のベットもきまったので、さて入院ということで、その日、わしはタクシーをやとって中川邸に行くと、宗匠は入院は嫌だといい出した。病院のベットもきまっている、皆が心配しているからといっても、気のすまん病人を無理矢理に引っぱり出すわけにいかん。宗匠の気の変わった原因は、誰か病気見舞いに来たひとりが、ガンの手術の結果を余りよくいわなかったことによるらしい。

中川宗匠説得のわしの役目は、これで失敗に終わったわけだが、タクシーをやって迎えに行った日、モーニングを着た立派な紳士が先客に来ていたが、後で家人に聞くと、阿倍野の近くで開業しているある漢方医者とわかった。以来、宗匠はこの人の薬を服用されたようだが、不思議に一度は手術まで考えた宗匠のガンもだんだんよくなって、よくなったというよりしのぎよくなって、とうとう十五年の年月を永らえられた。無理に説いて入院手術をしておれば、どうだったろうか、そんなことはわからんし、考えるのも無駄かも知れんが、手術すれば三年持たんとある人がいったように、三年も持たなかったかもわからん。人の寿命は人間ではどうにもならんものだ。

考えてみれば、中川宗匠とわしとの縁も永かった。その永い年月の間には、わしも腹を立てたこともあるし、宗匠もそうだったろうと思うが、その中川宗匠も今はない。これで古い知人をまた一人失ったわけだ。

中山悦治さん

中山悦治さんが亡くなられて、もう七年になる。早いものだ。ご存じのように、中山さんは中山製鋼所の創立者で、一時は大阪に於《お》ける立志伝中の一人といわれたぐらいだ。

十一月末、わしは工事現場を見るため、福井芦原温泉の「つるや」を訪ね、その足で熱海に廻って「大観荘」によった。「大観荘」は昭和十五年に、中山悦治さんの別荘としてわしが設計から施工までやったものだ。戦後旅館として利用されることになり、その改造を続けさせてもらっているが、考えてみれば中山悦治さんとわしとの縁は、昭和八年「茶室」の新築以来のことである。既に故人になられて七年になるのに、いまだに中山さんの仕事をさせてもらっている。これも故人のおかげだ。死してなお中山さんは平田を働かせてくれる。有難いしだいだ。別荘や茶室の建築以外にも、戦時中の工場建築の一部もやらせてもらった関係で、殆ど毎日のように、中山さんとあっていた時代がある。わしもそうだが、中山さんも仕事第一の人で、無駄口などで暇をつぶすようなことはなかった。たいてい自動車の中で話が終わってしまい、会社につけば印を押すなり、あとは事務のことだけで、万事形がついた。若い社員に、わしを前に置いといて「お前たちも、平田を見習え」といって、ほめてもらったのか、ひやかされたのかわからんようなこともしばしばあったが、とにかく商売とか事業の経営者としては、実行力に富んだ傑物だったと思う。それほどの人だったから、わしのような職人など赤子同然だったろうが、苦労をしたという点で、馬が合ったのか、お互いに言いたいだけのことをいって、二十年近くお世話になったことをわしはよかったと思っている。

先月熱海に行った時も、そんなわけで二十年前のことなど思い起こしたわけだが、その中の一つにこんなことがある。

それは昭和十九年頃であった。口にこそ出さなかったが、世間の様子を見ていて、この戦争は敗けだと、理窟抜きにそう感じていた時である。中山さんはある時、わしに「平田、少し財産を残しとかんとあかんぞ。何んだったら、もうけさせてやるから「釘」二千樽ほど買っとかんか」といわれた。なるほど釘の値の上ることは、恐らく間違いない。ほんとうだったら買っとくべきところだが、もうけさせてやろうといわれれば、わしの悪いくせで、では頼みますともいえず、当用買に二千樽でなしに二十樽だけわけてもらった。運よくこの二十樽は戦災にもあわず、そのまま残ったが、戦後釘がなくて困っている奴を見ると、隠し持っているのが嫌で、全部ばらまいてしまった。そんなわけで、もうけどころか、反対に持っていたため損をしたことになる。仕事ではもうけさせてもらいたいが、商売でもうけるという奴は、どうもわしの性にあわん。だから仮に二千樽の釘を持っていても、結果は大差なかったろうと思う。あるいは損害はより大きかったかも知れん。だから儲け損ったという気は少しもない。そんなわしを中山さんは「平田は馬鹿な奴だ」といわれたが、中山さんのような商売の天才から見れば恐らくそうだったろうと思う。

この中山さんが、晩年、目を悪くして入院された。病気の原因を心配された中山さんの友人たちが、こんどこそは養生第一にして身をつつしむよう忠言しよう、ということになり、平田だったら勝手なことを言っても聞くだろうというわけで、その役目がわしに廻って来た。前に中川宗匠がガンで入院手術というとき、中山さんに頼まれて、宗匠説得役を買ったわしが、こんどはまた、当の中山さんの忠言役とは、人生はよくしたものだ。どうもわしは、亭主に意見をしてくれとか、道楽息子を叱ってくれとか、頼まれることが多い。別にわしは道徳堅固というほうではないが、職人風な義理人情が好きで、声が大きく、恐い顔をしているので、なんだかそんなことに利目があるように思われるかららしい。中川宗匠の時のことは、前にも書いたように説得には成功したけど、ついに入院とならず、手術もせず十年生きのびられたが、こんどの中山さん忠言の役は、逆にわしが、さすがに中山さんだと感心しただけで、勝負として見ればこちらの負けだった。というのは、その時、わしは心配されている人たちの考えをのべたところ中山さんは「平田、それをいってくれるな」といって、手を出された。「わしは、ごらんの通り、若い頃、指を傷してまで、さんざん苦労をして、今日をなした男だ。それに、ごらんの百姓面だ。そんな男としては、金に物を言わすほか手がない。人がなんと言おうが、これがわしの唯一の楽しみであるからこそ、働きも出来るのだから、それはもういうな……」というわけだ。「ご主人の考えが、そこにあるのなら、わしはもう何も言いません」とかえってわしが教えられた恰好でさっぱりした。世に女道楽だの酒呑みだのといって、軽卒には人を非難できんものだと思った。人間には何か一本貫いた根性があってこそ、仕事もし、世のためになれるのだと思う。中山さんが事業家として、すぐれておられたのも、一面こういう強い性格があったればこそで、ただの月給取にはまねられんことだ。

中山さんの思い出

茶の間大工として身を立てて、既に四十年になる。わしのようながさつな男が、茶室専門といっては不服な人もあろうかと思うが、そうなってしまったのだから今更しかたがない。大工は親譲りで嫌いではない。早く大人になって立派な職人になり、苦労の多かった母に孝行したいというのが、子供心にただ一つの望みであったのに、その母はわしの十六の時に亡くなった。それからは道楽者の父に反抗して家出、放浪、旅修行と波乱に富んだ青年時代を過ごした。その間一度だけ職業軍人になろうと思ったが、これは入営中馬から落ちて足を傷め、僅か一年で除隊になったので諦めねばならなかった。爾来、自分が大工であるということを疑ったことはない。

粗放でおよそ「茶」なんてことに縁遠い人間であるが、そんなわしが茶室を専門にするようになったのは藤原棟梁を知ったからである。藤原棟梁のことは前にも話した。木津宗匠の仕事をし「茶」の上でも木津宗匠の弟子であった。独立後わしが世話になった中川宗匠とは相弟子の間柄である。藤原棟梁とこの中川宗匠のおかげで、何時の間にか茶室専門ということになってしまった。こと建築に関しては工夫もし、勉強もして来たが、茶の作法というようなことは未《いま》だに一向無関心である。しかし「茶」こそ習わなかったが大工として茶室を専門にしたということはよかったと思っている。もともと商売としては余り儲けにならんが、目に見えない心への影響は確かにあった。もとも と絵とか彫刻は好きであったが、それに一つの方向を与えてくれたのも、茶室を専門にしたおかげであると思う。建築に関することと以外は考えなかったようでも、いつか目をひらいて貰っていたわけだ。建築でも道具類でもよいものを見る機会が多かったことと茶の間大工というんで、施主に上流の人が多かったからであろう。独立して中川宗匠の仕事をするようになってから、特に親切にして貰った人に右近さん、児島さん、田中さん、中山さんという人たちがいる。このうち児島さん、中山さんは既に亡くなられたが、児島さんの為に建てた京都、大阪の家は、現在吉兆さんの所有になったが、代が変わってからも吉兆さんの厚意で、未だにわしに相談して下さるが、これは有難いことと思っている。仕事のおかげである。上手下手は別として、仕事はほんとうに心を打ち込んでやらんならんものだ。

中山悦治さんの場合も同様で、中山さんは亡くなられて既に七年近くなるが、いまだに縁が続いているのは仕事のためだ。その中山さんと、わしが初めて会ったのは、藤原棟梁の下で責任を持たされていた時からである。芦屋の本宅の茶の間をやっていて殆ど仕事が終わりかけた頃、主人がひょっこり現場に現われて、ぞんざいな呼び方で「大工はいるか大工は」といわれたが、誰も返事をせなかった。カンにさわったのか主人は「返事をせんのか」と、普通より声が高くなった。施主は施主でも筋が通らんことにはお世辞一ついえんのはわしの欠点で、その時も「大工といえば、ここに居るのは皆大工です」というと「責任者だ」というので「責任者なら私です」というと「お前か」という次第だ。何か小言でも喰うのかと思っていると、中山さんは仕事を暫く見て廻っただけであった。そこでわしが「どうです」というと「うん、よく出来た」と、だいぶん満足の態だ。そして引き揚げぎわに「どうだ、もう一つ仕事さしてやろうか」といわれたので、すかさずわしは「いりまへんわ」といってから「仕事はもう終わりですから、では、これで仕事の受渡し終わります」といったら、主人はじろっとわしをにらんだだけだった。

中山の仕事も終わり、他の仕事にかかってもう三ヵ月もたった頃だ。藤原棟梁が浮かぬ顔をしているので「棟梁、何んかあるんですか」ときくと、中山が金をくれんのだという話なので、そんな馬鹿なことはない、それでは私出かけて来ましょう、ということで、船町《ふなまち》の中山製鋼所に行った。

守衛が誰だというので「藤原のところの平田という者だが、主人に会いたい」とい

う と守衛の奴「主人といったってわからん、ここには主人は沢山居る」といやがる。大工だと思ってなめていやがるのだろう。そこで「芦屋の本宅の仕事をした大工だ」というと「そんなら社長だ。社長にどんな用があるんだ」というから「その社長に会わねば話はいえん」といった。守衛の奴、不服そうに連絡していたが、結局「入れ」ということで、社長室に通された。椅子にわしが腰をかけると「何の用だ」というので、「何の用かって、仕事を終わって三月にもなるのに、今日棟梁から聞かされてやって来たのですが、代金いただきたいと思います」というと「ふん、そんなことか」というわけで、すぐ小切手を書いてくれた。

中山さんという人も、格別人好きのされるという型ではないし、わしときたら、ただずけずけいうだけの礼儀知らずのただの職人で可愛気のない男だ。そんな人間同志が施主と大工の相違はあっても、勝手なことを云い合って中山さんの亡くなられる迄《まで》、親切にしてもらったのだから変なものだ。しかし、その頃はまだ中山さんには平田なんて眼中になかったようだ。

その後何年か過ぎたある時、中川宗匠が一緒に行ってくれというので、行く先も知らずについて行ったのが、芦屋の中山邸である。中川宗匠に「これは、わしの建てたとこだ」というと、かまわんから、何もいわずについて来いというわけで座敷に通された。やがて奥さんと御主人が出て来られて、中川宗匠と主人夫妻の間で四方山話《よもやまばなし》の後、六甲《ろっこう》の山荘建築のことに話が移った。仕事のことになって、初めてわしが口をきく段になったが、第一シャクにさわるのは中川宗匠も中山さんも、わしが仕事をするものと決めてかかっていることだ。だから「どのくらいかかるか」といわれたので「どのくらいかかるかどうか設計もしないで答えは出来んし、この仕事はよう引き受けまへん」と、いうと「どうしてだ」という詰問だ。そこでわしは自分は独立したばかりの貧乏大工だ。建築して三ヵ月も金を払ってくれんような人の仕事はやっていけないという答弁をした。そこで初めて中山さんは、このわしが、あの時の大工の責任者で、金を取りに来た男だということを思い出されたらしい。お前だったのかというわけで「お前はだいぶん変わっている」と冷かされたのかほめられたのか、わからんようなことになった。結局、先金を出してやるからといって、幾らいるかということになった。中川宗匠もしきりにすすめてくれたが、わしは設計が出来てからということにして受取らなかった。第一設計が出来て見ても、それが気にいるかどうかも分らんのに、金だけ先にもらうわけにいかんからだ。

このようないきさつもあって、わしはこの仕事には相当注意してやったが、大きな失敗をやった。仕事の中途で台風があって六甲のケーブルが駄目になり、朝鮮人を雇って職人の食料を運んだりして完成したのに、大失敗をやったというのは恥かしいことだ。山荘完成後一年ほどしてからだ。平田一度見に来てくれとの中山さんの伝言があって、出かけてみると杉板を使った箇所が全部、杉のアクが出て黒く変色していた。しまったと初めて気がついたわけだ。六甲のような霧の多い山中に、例え板としては上物であっても、杉のようなアクの強い板は向かないのだ。気負い過ぎて何んでも施主のためによい建築をとやったことが逆効果となって現われたわけである。よい経験であった。

そんな失敗をやってながら中山さんには大変ひいきにして貰った。熱海、別府の別荘をはじめ、戦争中は工場建築までやらせてもらった。工場の仕事は六社ばかり建築屋が入っていたが、わしだけは入札抜きの指名だったので中山の親せきの者と思っていた者もあった。そんな関係で今日故人になられてからも縁が続いている。そのくせわしは、中山さんの告別式には家内をやって参加しなかった。後で奥さんに呼ばれて何故来てくれなかったかという話になった時、葬式を立派にしたからってつまらん、なんて憎まれ口をついてしまったが、実はわしはあんな場所に出かけることが嫌いなのである。最近では紋付に白足袋ってわけにいかんのでモーニングなど着ることを考えるとなお気が重いのである。不参加の理由はそんなことであったが、その時遺品わけに頂いた着物は大切に使っている。

柳　庵

猪飼九兵衛さんと茶室

猪飼《いかい》九兵衛《くへい》さんの茶室を、中川宗匠の設計でやらされたのは若い頃のことで、当時わしはまだ藤原棟梁のもとにいた。猪飼さんといえば家庭薬「胃散」で儲けた人だから、まだ知っている人も多いことと思う。場所は夙川《しゅくがわ》である。出合帳場でわしの担当は茶室、待合、寄せ付に倉であった。

中川宗匠の番頭に阪口という人がいて、この人がこせ[74]で、どうもわしと馬が合わなんだ。しかし仕事も出来、何ごとによらず熱心な人だから、ある点では尊敬した。当《あて》[75]丸太一式の建物で棰木は総《すべ》て竹を使用。女竹《めだけ》[76]も重い良質なのを選んで持って行ったが、阪口さん何か文句をつけたそうな顔で、初めから好かなんだ。若い大工になめさせせない必要から、一本ハッタリをかまして置くという、よくある奴だったのだろうが、とはいっても、いつも油断なく見守られている本人にとっては愉快じゃない。それがとうとうある日引っかかってしまった。

仕事も建前の後に棰木を流している時である。掛持の仕事もあり、わしとてぐずぐずして居れん。そんな時、阪口さんは、軒流し[77]四尺の竹棰木を見て、こんなものでは持たん、といい出した。施主も場に居合わせた。別にこのことあるのを見越したわけでないが、手柄顔に広言する阪口さんに向って、持つか持たんか、そんならブラ下って見ろといった。小僧生意気なと阪口さん考えたかどうか知らんが、無邪気に阪口さんは竹棰木にブラ下った。だが四尺の竹棰木はビクともしなかった。種を明かすと、竹の中に鉄の平金を通して置いたからで、いってみれば馬鹿みたいな話だ。しかし茶室にまさかここまで心を使っているとは永年中川宗匠の番頭をして、所々で茶室を手がけて来た阪口さんではあるが、それには心付かなかったので、小僧のわしにしてやられた結果になった。約束のうるさい茶室建築でも、別に鉄の平金の使用まかりならん、という規則があるわけでないから、このくらいの工夫をするのは大工として当りまえだと思っている。鉄の平金のほかに虫よけにナフタリンを竹の中に入れたのも、この仕事のときである。

施主の前で、阪口さんがいとも無邪気に竹棰木にブラ下ってくれたので、わしは大変面目をほどこし、猪飼さんにも信用される結果になった。

こんな余興もあって、予定通り自分の仕事は終わったが、一方の本宅のほうの仕事が進まん。それがすまんことには、こちらの最後の待合の仕事も出来んわけだ。といって人のやる仕事をぼんやり待っているわけにいかんので、待合の軒先をのばし、「尺の差し越し」をして置いて、掛け持ちの仕事のほうに行った。この尺の差し越しというのは、出合帳場のように責任者が別人のとき、間違いの起こらんように実際に必要とする寸法より長めに、余分を残して、何も知らん大工に注意するため印をつけて置くことである。

これだけの注意をして置いたに拘らず、本宅も完成したので、最後の仕上げのため樋をかけようとしたら、水の流れがちがうので調べると、本宅をやった大工がわしの尺の差し越しを無視して、軒先を切り落としてしまっていることが分った。

そこで相手の責任者を呼んで、もとのように直せといったが、出来んというし、こちらは直せと暫く押問答になった。最後にわしはようやらんのなら教えてやるからそのようにやれ、といって、相手の大工に指図して仕事を無事に納めた。

他の仕事でもそうだろうが、大工仕事も素人さんには説明しにくいような細々したことが多い。

尺の差し越しなど、大工だけの約束で素人さんには用のないことだ。

その次の仕事は、猪飼さんが専務をされていた昔の大鉄《だいてつ》百貨店の茶室である。たいへん急がれるので、木も乾かないから、そんなにいそがれては駄目だ、とても引き受けられんといっても、構わんからやってくれという話なので、とうとうこの仕事も引き受けてしまった。開店までに間に合わさんならんし、気は進まなかったのだが、先ず大過なく完了した。ところが、全く意外なことにさて勘定となって値切られてしまった。理由は僅かばかりスキ間が出来たからである。これはわしの判断では、木の乾燥を待たずに仕事をすすめた上に、暖房設備の関係であると分っていたので、そのことは最初にことわったことだと主張しても、猪飼さんは承知してくれん。

癪に障るが、猪飼さんもこうなると、なかなかガンコなことは知っているので、一筋縄ではいかんと思ったので、腹の虫を押えて一旦《いったん》家に帰った。

しかし、わしは猪飼さんに言い負かされて諦めることは出来んので、店開きの当日、今度は仕事をさせて貰った大工の資格ではなく、お客さんの一人のつもりで堂々と出かけた。

開店初日らしい明るい雰囲気の中で、適当な値ごろの品物を物色すると、普通の客とは少し様子でもちがったのか、いささか、けげんそうな顔をする売子に命じて、包装した品物を社長室に運んでもらって置いてから、わしも社長室に入って行って、今日やって来た挨拶が終わると、平田が茶室建築でねぎられているだけのものを、これだけの品物で貰って行くから、承知して欲しいといって、それだけの物を持って帰った。やっとこれで、わしとして溜飲《りゅういん》を下ろしたわけだ。

こんなことをいうと、平田って案外馬鹿だといわれるだろうが、そんな馬鹿だから今日まで、大したいい目も見ていないが、先ず無事でやってこられたのだと思っている。

中山悦治さんをはじめ、何人かの金持の方々が、平田少し金儲を考えろといって、知恵をつけて下さったこともあるが、どうも性に合わんことは駄目だ。職人は職人のような生き方がいちばん太平楽だと考えている。

戦後だったが、ある人から二百万円をお前に貸してやるから、何か別の仕事をやってみないかといわれたが、御主人はどうして、わしに二百万円やろうといってくれんのか、それなら考えもするが、貸してやろうじゃ話にならん、といって笑ったことがある。

猪飼さんの仕事は、大鉄の仕事が最後になってしまったが、それから三、四年たってから、どうもかかって来る税金が、わしにはフに落ちんところがあるので、よく調べさせてみると、そのことも猪飼さんの関係だった。

猪飼さんはこんなことになるとは思わず、もっと簡単な気持だったのだろうが、帳簿上にわしの仕事でないものまで平田名で記帳させていられたと見え、それが時節が来て、わしに降りかかって来たわけである。

税務署も納得してくれたので、わしのほうは事なくすんだが、それが猪飼さんにどんな風に影響したか聞いていないので知らん。

猪飼さんに値切られた話をしたついでに思い出したから、これも書いていいだろう。

それは「高津久《こうづきゅう》」といった、当時は名の通った砂糖問屋さんだ。この問屋の御主人から借家三軒つきの別宅をたのまれた。場所は阿倍野の近くで、わしの見積った額が二万五千円である。今から考えると嘘のような値段だけど、当時はそれだけ金の値打があったわけだ。ところが、高津久さんは、わしの出した二万五千円が高いといって、五千円値切ってきた。二万円でやれというのだ。へいそうですかで安い仕事でごま化せばいいようなものの、わしにはそいつが出来ん。自分でも不満足な仕事を残すのは本意でない、といっても意地ずくで、かかって損をしていては仕事が続かん。だからわしも頑固にがんばった。最後に他の大工にやらしてくれとまでいったが、高津久さんはそれもせずに、ただわしにその値段でやれといわれるので、とうとう成功して立派な出来だとわかれば、五千円は見て欲しい、よし承知したということで手を打った。出足はそんな風に、少しまずかったが、仕事は無事に終わったので、高津久さんにも新築の家をつぶさに見てもらい、こちらも詳しく説明した。最後に施主は四間軒北山丸太を見て、よく出来たと喜んでくれた。

こんなに喜んでくれるのだから、約束は大丈夫と先ず安心していたのに、その後、高津久さんは約束には一向にふれず、先ず大丈夫と安心しているわしの目の前に、祝儀だといって、盆にのせた紙包が出された。元来、今でもそうだが、祝儀という奴は一切貰わんのが、わしの主義だから、こいつは少し腹に据えかねた。しかし念のために紙包の裏を返して見ると、二千円と書かれている。そこでわしは、迷っている必要がなくなったので、祝儀は頂かんから、約束の五千円を出してくれといって、自然居直るようになり、高津久さんとしては渋々だったが、約束だけは貰った。

職人の智恵

教育は昔にくらべて盛んなようだが、教育はすすんできても、学校で大工を養成してくれているところは、どこにもないようだ。せいぜい学校で教えてくれるのは、製図技術、建築の歴史や構造上の理窟ぐらいだろう。それに建築法規ぐらいだ。こんなことでは事務員にはなれても大工は出来ん。

だから、今日でも大工だけは、現場で弟子入りして見よう見まねで上手になって行くしか方法がない。それも昔のわしらの若い頃とちがって労基法で護《まも》られているので、何んだか熱の入れ方が、半減しているように思えて誠にたよりない。

この間も、学校出の若いのに、試しに坪数計算をさしたら、ほんの僅か余分が出ている。どうしたんだと聞くと、余裕を見て置きましたという返事だ。お前は親方に儲けさそうと思ったのか、施主だって盲目やないぞ、こんなこっちゃあかん正確にやれといってやったが、これなんか商人の知恵で職人の知恵ではない。

昔といっても、わしらの若かった頃の昔だが、その頃大工になる奴は、殆ど小学校を終えて弟子入りするのが普通であった。それから徴兵検査まで、ひと通りの修行をしてやっと七分ぐらいの大工か、子守から雑役をやり、別に手をとって教えてくれるわけではなく、間違ったときだけ叱りつけられて、だんだんに仕事のコツを知るようになる。そうしてやっとこさで兵隊になる年齢になる。昔は兵隊が終わらなければ人間としても一人前に呼んでくれなんだ頃だから、先ず職人としても半人前というところか。そして入営までの十ヵ月、いわゆるお礼奉公をやるのが普通であった。その頃の経験から、わしは家の若い者には、小さい間違いは怒り、大きな間違いは怒らぬ方針をとっている。そうなると小さい間違いという奴は、やたらにあるもので、朝から晩まで怒らんならんことばかりなので、怒るのもまた辛い哉《かな》である。今日では事務所ばかりでなく家の内の者まで、怒られるのが普通になってしまって、家の名物にされているようだ。親父さんが怒らなくなったら危いというのは、怒らなくなったら、わしが死ぬとでも思っているのだろう。本当はわしは怒っているのではなく、口が悪くつづけるだろう。今更口を直し礼儀をわきまえる暇はないからだ。せんだって、ある礼儀を知らんだけのことである。だから、わしは皆が考えているように死ぬまで怒り男と昔の骨董屋の話をした時、奉公するのに米を取った話が出たが、大工でも米をとって弟子入りさせた棟梁もある。

わしは親が大工だったので弟子入りはしなかったが、十五歳の時、今でいえばアルバイトとかいうものに当たるが、仕事に出て六十銭の日当を貰ってきた。杭《くい》打ちの仕事で一本打っていくらという仕事である。それを一日がかりで六十本から八十本打って六十銭だ。それが嬉しくって、親父に手間を貰ったと、誇らしげにいうと、案に相違して、親父は「手間賃」なんていうのは、一人前の職人のいうことだ、と逆に頭をどやされた。親でさえそうであるから、昔の奉公は並たいていのことではなかったと思う。十六歳で家を飛び出してからは、弟子入り奉公というのでなく、腕もないのに大きな顔して、神戸、京都を放浪しての旅の修行だから、人に知られぬ別の苦労をしたが、人におくれを取らぬということを唯一の目標にしてやって来た。

大工の職人だから鉋や鋸を持つのは当り前だが、当時から今日まで一日も欠かさないでやっているのは製図である。昔は筆で書いたものだが、今では当世風に鉛筆である。最近の建築になると、種々新しい工夫も加わるので一つの建築に五十枚ぐらい書く。しかしわしは設計屋ではないので、設計代というものは取ったことないが、この間知人に製図を引いているわしの傍で「平田の設計」はいくらぐらいだと訊《たず》ねられて吃驚りした。金で設計を勘定するくせがついたら、わしの設計は駄目になるだろう、そんな気がする。

山邑太左衛門さん

京都から大阪に帰って来て、初めて藤原棟梁のところに入った事情は、前にもいったように思うが、何度手合いに行っても、よろしいと承知してくれん。わけはわしの風態が余り派手で、生意気に思われたからである。はっぴ姿の股引、当時職人の制服には相違ないが、わけてもわしは江戸好みだったのが目に余ったらしい。今日では洋服のよれよれか兵隊服になってしまったが、「はっぴ」ぐらいは大いに活用してもいいと思うが、家の若い奴らも、どうも嫌がってしょうがない。

そんなわけで何度手合いに行っても、うんといってくれんので困っていると、左官庄兵衛棟梁が、そんならわしが話してやろうといってくれて、しばらく来て見ろということになった。

藤原という人は、木津宗匠について茶を習った人で、茶室が専門であった。わしが主として世話になった中川宗匠とは、茶の上では相弟子の間柄である。そんな縁からわしもとうとう茶室専門にされてしまったが、利休という人の精神から思うと、茶室なんて日本画でいえば南画*78のようなものかと思う。そのくせにわしは南画は余り好きでないし、茶など習う気もしないんだから可笑しなものだ。家さえ建てていればいいような人間かも知れん。

そのわしが、茶の間大工としては駆け出しの頃、山邑太左衛門さんの茶室をやらされた。ところがこの山邑さん、茶室の好みとして余り調子の整った感じのものより、少し崩れたのが好きとかで、柱でも傷のあるほうがよかったらしい。それならそれと、歌ではないが最初からいってくれたらよいのに、いってしまったのでは自然さがなくなると思われたのか、これでいいと思うのに、一寸高いようだから低くしろとか、低くすると、低過ぎるから高くしてくれとか、そんなこと続きだ。しかし埋木は大工の恥だから、四分一の柱一本とりかえ、やっと仕事が完了した。ところが藤原棟梁が仕事の仕上げを見にやって来て、話し出すと、床の棚が少し高いようだから下げてくれということになった。

わしはとうとう腹を立ててしまって、カッとなった瞬間、思わず前にあったバケツを蹴飛《けと》ばしてしまった。肝癪玉でも持って居ればバケツなど蹴飛ばしはしなかったのだが、あいにくバケツしかなかったので、それを蹴ってしまった。ところが運悪くそのバケツ奴《め》、山邑の主人と藤原棟梁の間に転げて行って、その辺を水だらけにしてしまったので、ハッとして腹の立ったのも忘れてあやまった。とうとうわしは、また山邑のご主人のいわれるままに棚を低く作り直した。

山邑のご主人が、馬鹿な大工をバケツを蹴飛ばすほど怒らしてまで、あちらこちら直さしたのが、その辺に傷を残したいという、変わったこの人の趣味からだったとは、罪な話である。後になって、わしは山邑さんの気持を知ったわけだが、わしにもいい経験にはなった。その後山邑さんには大変親切にして貰った。

右近邸の茶室

右近権左衛門《ごんざえもん》さん*79の仕事をしたことがある。戦前の人だったら、たいてい名前はご存じと思う、大阪の金持の一人だ。その右近さんが田舎から生家の古家を持って来られ、滝の上の茶室を新築された。滝は大林組がやり、茶室のほうをわしがやった。滝は土方の仕事だし、こちらは大工だ。この二つがうまくいくようで、何かと問題を起こしがちだ。わしはそれを心配していた。ところがある日、うちの職人の墨壷がこわされていた。何者の仕業かというので、調べたら、土方がこわしたことがわかった。それで大工と土方の喧嘩になった。

大工のほうは上で仕事をしていたので、故意にノミを落して意地悪をする。それがまた争いのきっかけになって、いざこざが続いた。血気な連中だから、ほって置いてはどんなことになるかわからんので仕方なしにわしが仲に入って、仲直りさした。おかげでその後は心配するほどのこともなく、無事に仕事も終わって喜んでもらった。豊田さん、右近さんとか、中山悦治さん、それから塩崎さんなどは、同じ頃、わしの壮年期に世話になった方々で、共に思い出の多い人々である。

大工の仕事というのはその場限りというわけにはいかん。少なくともわしはそんな気持にはなれん。後々まで責任が残るので、予算を度外視して気のすむように工夫するので、後で文句を聞くことはない。そんなわしの気性をよく知っていて、殊更に難題を持ちかける人もあるが、わしは施主の難題だったら、何んでもよく聞くことにしている。そして施主の気持になって充分に工夫して見る。これは施主のためよりも建築が可愛いからだ。仕事をして損をすることがあるというと、皆は不思議がるが、そんなことはさして不思議ではない、施主は建築のことは何もわからん、だからごま化したっていい、というのは間違いで、施主は何んでもご存じだ、だからいい加減な仕事をするな、こうわしは若い連中にいっているが、しかし、最近は店のその若い連中から、親父さんの書いた製図は損だといわれることが多くなった。それだけ時代が違って来たのかも知れん。ぼつぼつ交替せんならん時期なのだろう。だが、多分わしは死ぬまでこんな調子の人間だろう。その時までいそがしくして、ガミガミいって人に嫌われて終わりそうだ。

余談になり過ぎたが、さきほどの右近邸の茶室のことだが、無事に終わった筈のところ、それから六年ほどたって、右近さんから連絡があり柱が宙に浮いてしまったが、どういうわけだろうという次第だ。柱が宙に浮くとは如何にも不思議とすぐ行って調べて見ると、何んのことはない、柱の土台石の役を果していた滝の石が六年の年月の間に下って、その為柱が浮いてしまった次第だ。しかし建築そのものの重点は滝の石などに置いていなかったので、何んの影響もなかった。

藤本邸

美人画蒐集

木谷千種夫妻

わしのしゃべり方は、どこかに角があるのか、どだいうまく行かん。氏育ちともにたたき大工で、行儀というものを知らんから、あたりまえのことだが、現場で木の匂いにまみれながら、汗だくで働き、ひとくせある職人相手にどなり散らしてきたくせで、家の中だからといって、優しい声でというわけにいかん。それで、とかくどぎつく聞こえるらしい。そんな人間だから気の張る交際はかなわん。できるだけ避けることにしている。商売でやむをえん場合、気心を知ってくれている人でなければたいてい遠慮する。最近ではずるいが家に来てもらうことが多い。家では、こんな人間だといって置けば、たいていの無礼を許してもらえるような安心があるからだ。

だいぶん前のことだが、初めて木谷千種さんに会った時もそうだ。

木谷千種といっても、今は知らぬ人が多かろうが、大阪の女流画家で堀江《ほりえ》の出のひとである。主人は木谷蓬吟《ほうぎん》、「文楽」や「西鶴《さいかく》」などを研究して知られた人である。当時、木谷千種さんは大阪の女流画家のなかでも、人柄も明るく、売出しの全盛時代である。この人の評判になった絵で、画題は忘れたが「眉《まゆ》」とかなんとかいうのが、わしは好きで、ぼつぼつ美人画を集めていた時だったし、千種の絵も一つ欲しいと思い、ちょうど、天王寺の美術館で大阪の女流画家たちの展覧会がひらかれていたので、そこに千種を訪ねた。ところがたたき大工のわしを、どう間違えたのか、千種さんは、私は男の弟子はとりませんと頭から言やがった。わしは物を頼むのだから力いっぱいの愛想をつくしたつもりでも、育ちが育ちで相手はそう受け取らず、妙な男だと思ったからしい。そこでわしは、弟子になりたくて来たんじゃない、絵が欲しいからだといって、漸く来意を通じ、二尺物を二千円ということで、二枚四千円の金を預け、自分の下手な希望を述べて帰った。ところがこの絵がそれから二年過ぎても出来てこないので催促に行ってみると、その時も何も出来ていなかった。絵描きさんて、こんなにえらいもんかと、内心わしは不満であった。ところが、この催促が利いたのか、それから間もなく絵が出来たといって、千種さんが持って来てくれた。「藤娘」とか「鷺娘《さぎ》」の絵で、わしにはその図柄が気にいらん。そこへちょうど職人のひとりが入って来て、千種先生の絵ですなア、といって、ほめたので、その場でわしはお前にやるといって二つとも、その職人にやってしまった。千種さんは顔色は変えなかったが、面前でやったわしの心ない所業で、よほど腹を立てたらしい。

わしのやった態度はもちろんよくないが、わしも腹を立てていたことは事実だ。だいたいわしの絵の頼み方は、世のいっぱんの愛好者とちがう、わしにだけ通用するわけがあった。そのわけというのは、絵を財産の一つと考えて、後日の値上りをたのしむというのでなく、絵を見て楽しむのはこちらだから、そのわしの好きな絵を書いて欲しいというのがこちらの流儀だ。これは絵描さんにとっては迷惑な話かも知れんが、わしは昔から、そしていまだにそういう態度を一貫している。これは自分で描けばいいということになるが、残念ながら描けんので、人に頼むことになる。といって、わしが画家の技術や芸術とかを認めないのではない、専門家であれば、人のそういう好みに応じられる筈だと思っているだけだ。建築などは芸術だなんて意張れんが、それをやって、なお、建築をする者の考えや、好みを出していると思う。

このことがあって、千種さんは、暫くわしを訪ねてくれなかったが、間もなく旧交をあたためてからは、此度は十日にあげずやって来た。

その頃のある日、突然、展覧会をやっているからと、自動車を迎えによこした。いそがしい時だったが、折角自動車までよこしてくれているのに行かぬわけにいかぬので出かけた。さして気に入った絵もなかったが、先生の千種の絵では高価につくので、お弟子さんの絵を四枚、買うことにして帰った。この展覧会のあと間もなくであった、わしが防空演習で足をいためた。その時千種さんは、入選作品の「鏡」という舞子を描いた絵を床の間にかけ、息子さんに持ってこさせた桜の木を生花にして慰めてくれた。

わしに対してだけでなく、どこでも千種さんはそうだったようだが、だいたい人並はずれたおしゃべりで、やかましい人だ。大阪のいとはん[*80]育ちで、罪のないおしゃべりが続くので、眠くて仕方のないわしの枕もとで、ひとの迷惑など考えずに、ひとりしゃべりまくって、夜おそく帰って行くのも、千種さんらしい憎めない人柄であった。

やがて戦争もはげしくなり、わしも疎開するし、千種さんも戦災にあって田舎に行った。その頃、疎開先の三日市に訪ねてくれ、よもやまの話の間に、色紙を米に替えるので食料には不自由しないというから、いくらと替えるのかというと、色紙一枚、米三升だとの答えなので、公定に直すと幾らか、なんて話をして笑った。

戦後、未だわしが古本屋を始めん頃も、またわしを訪ねてくれた。この時の用件は、デモクラシーの会とかが出来るから入れということらしかったが、よく聞いてもわしには分らんことなので入らなかった。その次に来てくれたのは進駐軍のアメリカの将校と一緒であった。アメリカさんなどわしには用はない筈だが、千種さんにはなにか考えがあったらしい。変わった大工といったのでは、値打がないから、面白い彫刻屋がいるぐらいで連れて来たものだろう。このことは前に書いたことだが、戦争のほとぼりもさめぬ頃で闇は横行するし、人情は地におちて、見るもの聞くもの腹のたつことばかりで、わしはその鬱憤《うっぷん》晴しに彫刻に熱中していた。その頃のわしの彫刻に「今に見ろ」という気持で「立ち上る唐獅子」を浮き彫りにしたものがあったが、アメリカさん、どういうわけか、それが大変気にいって、どうしても売ってくれといい出した。わしは彫刻を売ったことがないので、こいつは困ったが、相手の熱心さに、とうとうそれをただでやってしまった。

戦後、千種さんは、わしを訪ねて来る都度家財を焼かれたからでもあろうが、本だとか紙や絵具など、いつかわしも絵を描いて見ようと思って買って置いたものを持って帰った。物のない頃で本職が困っているのに、素人が死蔵する手はないと思い、気前よく渡したが、返してくれると思った本も、とうとう返らんじまいで、中には惜しいものも数あった。千種さんが亡くなった時、多少世話をしたので、それらの本を目にしたが、まさか、これはわしの物だといって持って帰るわけにもいかんので、そのままになってしまった。

千種さんが亡くなる一年ほど前、夫君の蓬吟さんが病気で医者も手放したとかで、その時わしに相談にきた。医者の手放したことを、たたき大工のわしにどうできるわけでない、出来るとすれば葬儀屋のまねぐらいだ。霊柩車《れいきゅうしゃ》なんて、どうにもならん頃なので万一の場合は、天井輿*81を皆で、かつごうということにして、その準備までしたが、運よく蓬吟さんは大事にならず、小康を取り戻した。

ところが、一年たってから蓬吟さんから手紙が来て、こんどは千種さんが癌で倒れてしまった。蓬吟さんの手紙でかけつけて見ると蓬吟さんは、可哀相だがとても駄目らしいといった。わしの知った人で、奥さんの癌を手でさすり通して、指圧療法のようなことをして治した人があるが、この人に相談して見ようか、という話にもなって、帰ってこの人に相談して預けるか預けないかというところまで話が進んだが、わしも蓬吟さんも決心がつかず迷っているうちに、千種さんは遂に不帰の人になってしまった。蓬吟さんがわずらって一年後のことである。幸い千種さんの時は、だいぶん世の中も復興していて、天井輿を用意する必要はなかった。

北野恒富さん

日頃、わしは大工の職人や土方など、気の荒いあらくれ男を使っているので、多少でも気性をやわらげるのに役立つと思い、美人画を少し集めていた。深水《しんすい》*82、清方《きよかた》*83、松園《しょうえん》*84などは持っていたが、北野恒富《きたのつねとみ》*85がなかった。そんなわけで恒富も一枚欲しいと思っていたとき、恒富と親交の深いAさんと知り合った機会に、金を渡して「阿波《あわ》踊り」の絵を頼んだ。絵が出来上ってきたのは、半年ほどしてからであった。喜んだわしは、さっそく出入りの表具屋に頼むつもりであったが、Aの意見では、普通の表具屋ではこの高塗りのゴ粉[*86]の絵は駄目だ、京都でも一流の「ふしはら」あたりでないと、ようやらんだろうというので、ついでにその「ふしはら」とかにやってもらうことにして彼に依頼した。ところがそれからまた、六ヵ月も過ぎるのに、表装ができてこんので、Aが来たとき事情を聞くと、顔の部分のゴ粉が落ちたので、今、恒富先生に手を入れてもろうているという話だった。

ところがそれも一向できてこんので、わしはとうとう腹を立てて、恒富さんに電話した。こちらはカンシャクを起こしているので、恒富さんもびっくりされたろうが、わしの仕事の建築は、絵とちがって芸術などという高級なものではないが、施主の気に入らねば気に入るように、苦心して、一生懸命相手の気持になって仕事するのに、画家という者は勝手なものだ、気が乗らぬからといって、いつまでほっとくつもりかというのが、こちらの言い分である。

恒富さんも何かいっていたようだが、わしは殆んど聞いていなかった。結局わしは金もいらん、絵もいらん、そのかわりこの電話口で絵を破ってくれ、もし絵を破るのが惜しければ、新聞紙でもいい、その音を聞けば気がすむんだ、といった。恒富さんにとっては、降って湧いたような迷惑な電話だったろうが、わしはそれだけいってしまうと、気がすんだので、絵を破る音も聞かず、電話を切ってしまった。電話が縁で恒富さんは、さっそくわびに来てくれたので、お互いに話してみると、Aを間にはさんで、いろいろと手違いのあったことがわかり、二人とも笑ってしまった。そんないきさつから恒富さんは後日「鷺娘」の絵を描いて届けてくれた。それを持って来てくれたのもAだった。

「おはんさん」のこと

「おはんさん」[*87]という美人を知っている。最近の小説に、「おはん」というのがあるそうだが、おはんさんのことを書いたのか、と人に聞いてみたが、そうでもないようだ。

わしの知っている「おはんさん」は「なだ万《まん》」のおはんさんだ。よく知っているというほどではないが、「なだ万」の仕事をしたり「大和家」の仕事をしたことから、おはんさんが「大和家」の出で、後に東京の「なだ万」の女将《おかみ》として、この方面で名のあったことは、かねがね聞いていた。

二十年も昔になる。最初東京の「なだ万」の家を見てくれというので訪ねた時、おはんさんに会った。病み上りとかで、いかにも弱々しそうだったが、さすがに綺麗《うつくし》いひとだと思った。それが、「おはんさん」であろうと、どうあろうと、一向関係もないことなので、それっきり忘れていた。それから二十年経て、戦災にあった「なだ万」の新築を頼まれ、設計も終わって、契約のことで店の者を連れて上京せんならんことになった。

大阪を夜行で発って、東京に着いたのは朝七時だ。その足で「なだ万」を訪ねると、一室に通された。こっちは、さっそく仕事の話にかかるつもりで待っていたが、「なだ万」ではわれわれを室《へや》に通したまま、誰一人顔を出さない。どうしたんかと、けげんに思いながらなお待っているが、いっこう同じだ。それに隣室からは話し声なども聞こえ、なんだかわしは馬鹿にされているような気がして、急に「帰ろう」と座を立って表に出かけた。若い連中もあわててわしについて来た。事を荒ら立てたくないが、腹が立つと、つい辛棒できんのが、わしの欠点だ。この気配に「なだ万」もびっくりしたのだろう、血相を変えた女将が、出てきて、「まア、棟梁、どうなさったんです」と、いうわけだ。こっちは少々腹を立てていたので、そのままいってしまうと「まアそれは大変、すまんことですが、私どもでは、夜行で着かれたと聞いて、暫く休んでいただいた上でと思って、ゆっくりしていました」という次第で「棟梁が、そんなに気短かとは知りませんでした」と、罪のないのに謝られたのでは、かえってこちらの恰好がつかん。苦笑しながら再び座に着いて朝食など出された折に、二十年前のことを思い出しながらたずねてみた、「前に伺ったとき病気だということだったが、おはんさんという綺麗《きれい》なひとが、いられましたが、あの人はどうされました」と、きいた。ところが、女将は相好を崩して「その、おはんですがな」と、いうわけだ。「え、あなたが、おはんさん」、お世辞にいったことが、とんでもないことになった。人間は自分の年を取ったことに気付かずに、若い時の記憶ばかりを追うくせがあるのか、美人も年を取るということをとんと忘れての失敗だ。初めてお互いに年を取りましたと笑い合った次第である。

それにしてもこのおはんさんは、指を折って計算してみると、だいぶんの年の筈だ。しかしそれにしては若過ぎるので、女って化物だとつくづく思った。

その時の雑談中、おはんさんは、自分も家がなくアパート住いで不便をしているから、わしに家を建てて欲しい、という希望だった。それに答えて、わしは商売だから建ててあげることはなんでもないが、今建てたのでは「なだ万」の材料を盗用したように思われるから、済んでしまってからの話にしようといったが、話だけで、美人おはんさんの家を建てる光栄を持つまでに至らなかった。

美人のおはんさんを知っているといってもおはんさんについて、わしの知ってるのはこれだけだが、昨年の暮れのことだ。仕事をしていると、内田*88がいつものように、ひょっこり入って来た。常と違うことは、連れが二人、それがひとくせある面構えで、わしのようなたたき大工を訪ねてくれる客とはちがっていた。どっかで見た顔だと思ったのも、その筈で、これが、今東光さんとその弟さんの小説家の日出海《ひでみ》さんであった。近所の「変古珍《へんふるちん》」という古道具屋に、舟簞笥を見に来たついでに訪ねてくれたとのことだ。

テレビや人の噂ではとうにお馴染《なじ》みの今兄弟だったので、話はすぐあれやこれやと、二時間ばかり話してしまった。その時、今日出海さんから、はからずもおはんさんが最初の世帯を東京に持った頃の話を聞かせてもらった。その主人というのが、今日出海さんの友人だったそうである。内田もそのひとだったら知っているといったが、世間は広いようで狭いものだ。まさか、その時、おはんさんは、こんな場所で自分が話題になっているとは知らんだろう。しかし相手が、今東光、日出海両氏であれば怒ることもあるまい。

女にとって、美人であるということは、何よりの宝だが、おはんさんという名も、なかなか含蓄のあるよい名前だ。面白い話でもないが、思い出したついでに書いて置く。

山川秀峯さん

昔から絵は好きで、欲しいと思えば、あり金をはたいても手に入れたいほうだが、買うことはあっても、売ることがないので、そう次々と高価なものは買えない。それならば、買っただけの物は全部残っているかというと、そうはいかない。商売柄家を建てさせてもらった時、この床の間にはこの絵がいいなア、などと思っては、そこに掛けてみ、気前よくやってしまったり、自分は暫く貸したつもりがとうとう返ってこなかったりして、だいぶん欠けている。

現在、健在で活躍している人まで入れると何人かの画家と昵懇にしてもらっている。北野恒富、伊藤彦造、木谷千種というような人のことは前に紹介した。絵の好きなものにとって、その画家と交際を持つということは嬉しいことだ。絵に限らず好きということはそんなものかも知れん。

わしは幸運にも、好きだと思った画家には、たいてい会うことができた。もっともなかには、持前の短気から喧嘩別れしてしまったひともあるが、この年になっては、相手はどう思っているにしろ、人生のある時に、楽しい交際が、できたということは、それだけでもよいことであったと思っている。ところが、ここに一人だけ、何回か会う機会を与えられながら、あうことなく故人になった人がある。ご存じの方も多いと思うが、山川秀峯《やまかわしゅうほう》*89という画家である。秀峯さんは東京の画家で、日展《にってん》に属していた。美人画をよくし、清方、深水のお弟子さんだと聞いている。ある年の日展に「沼」という絵を出されたのを、雑誌か何かが写真で紹介しているのを見た。図柄は沼で、白装束の美女が髪をすいている、見るからに清らかで静かな絵であった。自分が死ぬ時の枕屏風《びょうぶ》によいと思うと、遮二無二それと同じ構図の絵が欲しくなった。そこで下手な字だが、そういうわしの希望を書いて、内金に四千円かなんぼかの金を送って、執筆を依頼した。この手紙に対し、秀峯さんも喜んで承諾の返事をくれた。

それ以来わしは、いつ出来るかと、それを楽しみにしたが、北野恒富や木谷千種などでも経験ずみなので、そう簡単には出来んことは覚悟していた。秀峯さんも、とうとう絵が出来るのに二年かかった。その間、秀峯さんは大阪に来たといって、三度日本橋の家を訪ねてくれたが、運の悪いことに、その三度とも、わしは旅行や、何かの用件で家に居なかったので、折角、秀峯さんの来訪を受けながら、あわんじまいだった。そんなこともあって、依頼してから約二年目に絵ができ、京都の「ふしはら」という表具屋に送ったというしらせを受けた。

待望の物だったので、心をときめかしながら、わしは早速自動車で京都に走り、表具屋を訪ね、問題の絵を見た。ところが、絵を見てがっかりした、というのは、心ひそかにわしが期待していたものとは、全然別ものだったからだ。構図は肥満した女が髪をさばいていて、その背景に沢山の蝶《ちょう》が描かれていた。わしの観賞眼がいたらないのかも知れんが、これでは百年やない、二年の恋もいっぺんに覚めた感じで、もう我慢がならなくなり、わしが頼んだのはこんなものとちがう、といってしまった。すると表具屋は「そうですか、でも、いい絵だと思います。お気にいらんだったら、私が頂いてもいいですが」といやがるので、勝手にしてくれといって、そこを飛び出してしまった。

表具屋からも、その様子は画家のほうに伝えたと思うが、わしも自分の考えをいってやると、秀峯さんは、自分としては、力いっぱいの仕事をしたつもりだし、そう悪い出来とは思わん、といってきたが、生きてさえいてくれれば、秀峯さんも、わしのわがままを少しは実現してくれたであろうが、とうとう、それが実現しないうちに秀峯さんは死んでしまわれた。せっかくの機会を持ちながら会えなかったということも、わしの希望が実現されなかったということも、しょせんそういう運命だったのだろう。

東京 なだ万
全丸ケズリ
白竹平割

子供の死

禎輔のこと

大工一代も、だんだんおしまいになりそうだから、死んだ長男のことを思い出すことにする。金持の家の長男なら、総領の甚六《じんろく》*90といわれても、幸福に暮らせたろうが、わしのように苦労のとことんまで経験した一介の職人の子では、そうはいかん。まるでわしの苦労の影のような一生であったことを思うと、よけいふびんがかかる。中学時代が戦争の最中で、戦斗帽をかぶらされ毎日のように勤労動員に狩り出されていたのが目につく。戦争が終わって、やっと専門学校に進み、これから、少しは人間らしい生活が出来るかと思ったところで、病気にかかって死んだ。いまだに時たま、この死んだ禎輔の夢を見るが、戦斗帽をかぶって、「ただ今」と元気よく帰宅した時の夢だ。腹ちがいの次男が今年も大学の入試で苦労しているが、同じ苦労でも、時代によってえらい違いである。人間の一生は長生をして努力するほかないが、その反面、人間万事運まかせというほかないような気がする。死んでしまってはそれまでだ。わしも早く死んでいたら、苦労は少なかったろうが、今のように、大きな声を出して勝手気ままなことも出来ぬわけだ。どちらがよいか悪いかわからんが、この世に生を受けた以上、健康で長生きすることだろう。

この子の母親は禎輔四歳の時、二歳の妹と二人残して死んだ。その頃のことは前にも話したことがある。若死にしたからいうのではないが、生まれる時から、この子は運の悪い奴だったように思う。その運の悪さは前にも話したことがあるので、くわしくはいわんが、産婆のやり損いで、奇形とはいかんが大頭に生まれついたことだ。店屋で売っている帽子では用をなさんのには困った。

二人の子供を残して、最初の女房に死なれた時、文字通り途方に暮れた。仕事に出ようと思うと、二つになる妹のほうが後を追って電車道を渡ろうとするので、あわてて引っ返すなど、全く困った。子供の手を引いて、死のうと思って家を出たことも、一度や二度ではない。背中に負っている妹はわしと一緒に死ねても、手をひいている禎輔はどうだろうかと考えると、自信がなくなって自殺を思いとどまったりした。そこで暫く、喘息持の婆さんを、日当七十銭で雇って子供たちの世話をしてもらった。当時、わしの手間賃は、一日三円である。その中から七十銭とられては、正月が来ても餅も足袋も買えなかった。子供に心をとられて、仕事にも行けぬ日など、せめてこの下の子さえ居なければ、とつい鬼のような心になっては男泣きしたこともある。その年の夏、勘定日で若干の金が入ったので、子供たちを新世界に遊ばせて、西瓜など喰べたのが原因になったのか、エキリにかかってその翌日妹を死なせてしまった。

新世界の帰り、死んだ子供が道わきの仏壇屋に入って、一つの仏壇を指さしたのが忘れられず、後日、金を貯めてその仏壇を買ったが、この話も前にしたと思うからこのくらいにしておく。

その後、世話してくれる人があって、どちらも子一人というので結婚することになったが、結婚して驚いたことに、五人も子のある女だったので、禎輔が余り可愛想だから、三百円の金と家財道具をやって帰らし、わしは禎輔を連れて現場に行った。これが飯場生活の始まりだ。仕事は主に別荘地が多く、環境は良かったが、子供はいつも、誰に貰うのか何か抱えて帰ってくるので、ある日手伝いの者に見張りさせていると、それは向いの女中さんであった。その日も菓子など貰って帰って来たので、礼を言うつもりで出て行くと、女中さんはあわてて逃げ出してしまった。こちらがどう思うのも勝手だが、女中さんにしては、二ヵ月も散髪したことのない、色の黒い裸男を見て、これが子供の親とは思えず、恐くて逃げ出したわけである。しかし自分としては、好きでこんな恰好をしているのではなく、その必要があってのことだ。というのは若くて責任を持たされていると、何か特色がないと、人に侮どられるし、喧嘩だ、たかりだという時に役立てるためであった。

親がどんな野蛮な恰好をしていても、子供には子供の世界があるのだろう。飯場で暮しているとも、人の家に仮りに住んでいるとも知らずに、近所の子供と小さな喧嘩などした時、お前とこはこんなに小さいが、自分の家はこんなに大きいんだなんて言っているのには苦笑した。後で、子供にわかるかどうか知らんが、この大きな家はお前の家やない、ただ仕事の都合で来ているだけと教えたものだ。しかし、その後は、余りそんな風なことをいって、喧嘩しているのを見なかったところから察すると、子供心にわかったのかも知れん。

その年の九月、関西の大暴風があった。わしは芦屋近在の三ヵ所中山邸、豊田邸、右近邸の責任者として、かけ持の仕事をしていた。自慢やないが、今の若い連中にはまねは出来んだろう。まねは出来んというより阿呆《あほ》らしくてやらんだろうが、丁度その暴風の時が、豊田邸の建前の終わった翌日であった。次第に風は烈しくなり、小屋に居た子供は、風が吹きつのる都度、右に左に転がって、泣き叫ぶ。向いの山口《やまぐち》邸の松の木が折れる。電柱は倒れる。職人の何人かは自分の家を心配して帰ってしまったので、残された四人で、応急対策を考えねばならんのだが、誰も恐ろしくてやろうとせん。そこで自分の責任でもあるから、裸の背に子供をしばりつけ、針金を持って昨日建前したばかりの棟に上った。そして倒れぬように応急の処置をほどこした。どのくらいの時間かかったか、今ではは っきり覚えていないが、初め火のつくように泣いていた禎輔の声が途絶えがちになり、しまいには聞こえなくなった。死んだわけではなかった。

雨と風に呼吸をつまらせ、声も思うように出なかったのである。この暴風に子供を背にして高い所に上るなど、考えれば無暴に近く、右に左に転んでも家の中のほうが安全だったかも知れんが、自分の手のとどく所に居るほうが、子供には安全なような気がするのも親心だろう。風はその日一日中吹いて、夕方になってややおさまった。しかしその頃になって昨年自分が建てた、枚方万里荘の山の家のことが気になり出したので、自動車を頼んで馳けつけた。途中木が折れ電柱が倒れているのが数え切れぬほどあった。ある所では田舎の藁屋根が風で吹き飛んで、柱だけになっていたし、田や畑に屋根だけが落ちていた。やっと枚方に着いたところ、桜新地《さくらしんち》の四、五軒の家がつぶれていた。これでは万里荘の本宅は大丈夫としても、山の家は駄目かと思ったが、田中邸に着いてみると、何事もなかったのでほっとした。だいたい万里荘の田中さんは、基礎に金をかけることを嫌われるので、わしは田中さんの商売柄廃物のレールを利用して、勝手に基礎を固めて置いたのがよかったようだ。丁度主人は満州に行っておられて神戸に着いた時暴風にあい、とても枚方の家は駄目だと思われたそうだが、神戸に着かれた翌日電話も復旧したので、電話をかけて来られて皆無事なのを知って喜ばれた。わしもその時電話で御主人と話をしたが、さすがに平田だといって感心されて面目をほどこした。

禎輔の成長

禎輔は、わしの苦労時代の子であるから、今から思えば、その時々の自分が思い出されて、小さいながら苦労の固りのような気がしてならん。死んでしまったから何もいわんが、生きていたら「お父さんあの頃は」といわれそうだ。わしの子に似ず、気が弱くおっとりしていた。しかし、子供にとって母親を早く失うということが、どんなに不幸か、それはわしのような男の目にもわかる。子供を連れて現場で暮してみると、種々様々なことがあった。わし自身にとっては人の同情なんかごめんだが、子供のためにはついその心もくじけることがあった。親切な人もあれば、または大工の子と遊んではならんという人もあった。わしのする仕事の傍らで、砂遊びする禎輔の姿が思い出される。

今の家内と結婚したのは、万里荘の田中さんの世話だが、万里荘だけでなく中川宗匠の依頼で、大阪でも二三ヵ所仕事をせんならんことになってきたので、万里荘の主人にそれを話すと、主人は万里荘本宅の仕事と工場の仕事だけで一生暮せる。家も建ててやるからそうしろという話であった。しかし、わしは子供のためにも、また自分の将来のためにも大阪に出ることにした。

その後、家を見つけ今の北区兎我野町に移った。長屋で四畳一間に台所と玄関がついていた。子供も今までの半ば流浪のような旅暮しとちがって、義母に可愛がられて無事に成長。わしも四、五人の者から親方といわれ、昼夜通して図面を書くことも多くなった。禎輔が小学校に上ったのもこの土地である。

仕事も増え、いくらか安定してきたとはいえ、貧乏大工という点では変わらないが有難いもので、勘定前になると施主から金を届けてくれるので、それで職人に払いをした。戦後会社経営なんてことになってからは、きつく催促をしてもなかなか金を払ってくれんし、うかうかしていると取れんこともあるのは、平田は金を持っているとでも勘違いしてのことだろうか、そうだとすれば貧乏だと思われていた頃のほうが、ずっと気楽である。

その当時の勘定日のわしのやり方は、二十円、十円、五円、一円、それから五十銭、十銭の小銭をズラッと畳の上に並べて置いて、来た奴にそこから払ったものだが、門前の小僧というか、いつの間にか禎輔がそれをまねて、学校で友達に、家から持ち出した五十銭銀貨をそんな風にやっているのが、先生に知られて、とうとうわしは学校に呼び出された。これまでにも二三度あったらしく、家内は学校から注意を受けていた由だが、わしに知らせると子供にきつくあたるので、よういわなかったというわけだ。

わしが子供にきついのは、何も子供が憎いからでも義母への遠慮からでもない。将来のためにも、子供を甘やかしてはならんという心配からである。家内にもわしはかなり風当たりの強いほうだが、それはいちばん女がよく知っている。禎輔が人になつかないのは、子供にもっとも影響の強い幼年時の大部分を、あらくれ親との飯場暮しで、過ごしたからと思うが、そのことでは義母との関係もあり、わしの苦労の種であった。余程後のことだが、ある時、強く叱るとその後、仏間に入って、死んだ母親の写真を出して泣いているのを見た。誰が教えたのか知らんが、年からすれば実母の顔など覚えている筈はないのである。そこでわしは、お前の見ているのは祖母の写真だといって、禎輔の眼前で破ってしまった。それがよかったのかどうかわからんが、その後子供は余りひがむようなこともなく成長した。

中学校を終わり専門学校に入った頃から、戦争は烈しくなった。その頃わしは道頓堀の近くに住んでいた。兎我野町時代は二年ほどで、大和屋の仕事をした関係で大和屋からこの土地を借りていたわけだ。軍需工場の仕事もあって、その頃は今よりも人の頭数は多かった。禎輔も学校に通っているとは名ばかりで、殆んど勤労動員で工場に行っていたようだ。子供の時から身体は余り丈夫なほうではないので、特にその点は注意して育てたおかげか、病気など知らぬ気に工場で貰った日当で友達と甘い物を楽しんでいる様子であった。

いよいよ戦争も烈しくなり、空襲が次々と日本各地に始まったので一応富田林《とんだばやし》の先の三日市に家族だけを疎開させた。子供はそこから勤労動員に出かけるのを日課にしていたがある日二階で聞いていると、友達に頼まれたとかで二千円都合して欲しいという無心であった。母親にしては二千円といえば、当時としては大金の内だったので、お父さんに相談しなさいといったところ、父に相談するぐらいなら頼まんと、「継母《ままはは》ってこんなもんか」といって子供は不貞腐《ふてくさ》れた。そこでわしは、すぐ子供を二階に呼び、持っていた差金でぶった。家内も井上夫妻も、びっくりしたのだろう、よってたかってわしを止めにかかったが、わしは自分でも涙がにじんでくるのを覚えた。激怒というのはこんなことか、年をとってからだんだん少なくなったが、時々わしはこんな風に腹を立てることがある。子供は別として、止めにかかった女房や井上夫妻までわしの振り廻す差金にあたって、顔や手を赤くふくれ上らせていたのは気の毒であった。ようやくしてわしの腹の虫が治まってから、何かの時の用意にと、道具を売って三万円の金をしまって置いたのを、子供に一万円、家内に一万五千円やって、今日限りこの家から出て行けと追い出した。二人とも謝まったぐらいで容赦しないわしの気性を知っているせいか、いわれるままに出て行った。二人の去った後、いくらか心の治まったところで思いやられることは、二人が今どんな気持で歩いているだろうかとか、種々な心がかりであった。そうこうしているうち、夕方二時間程過ぎた頃になって、井上に付添われて二人が帰って来たので、ほっとした。激怒したもののほんとうはわし自身もこうなってくれるのを待っていたようなものだ。

話を聞くと、子供は駅に着いた時、母親にあやまったので、家内はこれから誰に頼ることも出来ん、戦争も烈しくなるから、一先ず叔父さんの家で世話になりなさい、自分は女中奉公をしても、お前を学校にやるから辛棒するようにといったところ、子供は女中奉公に出るよりも父に謝ってくれというので、井上に付添われてこうなった次第であった。

「芦《あし》と蟹」の衝立は、三日市の疎開先で彫った浮彫の一つだが、禎輔は多少絵心があったので、色付など手伝わした思い出もある。身体はそう頑丈なほうではなかったが、どういうわけか通学の帰途、不良どもに取りかこまれたとかで、首に傷を受けて血がにじんでいた。自分では黙っているつもりだったらしいが、井上が発見して、事情を聞き、怒り出した。井上はやくざではないが、土地で理髪店をやっていて、顔役を以て任じていたから、なかなかうるさいところがあった。井上をやっては面倒なので、わしが行くといって、首謀者のところに出かけた。家は派出所の前にあった。父《てて》なし子だ。訪ねる前に、わしは派出所によって、これから怒鳴り込むが、巡査は仲に入らないでくれとことわった。その間に巡査の奥さんが気を利かせて先方に伝えたと見え、わしが行ったとき、本人はすでに裏から逃げたらしく、母親が出て来た。わしは女手一つで育てるのえらかろうが、今日はわしが代わって説教してやる、今いなければ明日も来る、明後日も来るからといって、一応引き上げたところ、その晩母子して謝りに来た。

禎輔の発病

戦災にあってからも、戦争が終わらんうちはぐずぐずいいながら、まだ何かやらんならんような気がして強気だったが、敗戦と知ってがっかりした。疎開先で売り喰いばかりしていられんので古本屋をやったり、彫刻に気をまぎらせていたが、そんなことは二年も続かなかった。大阪の焼跡四百坪ばかりに、戦災をまぬがれた製材機をすえて、四、五人の者に仕事をやらせたものの、結局わしが乗り出さねばならんことになり、ある日疎開先の三日市から大阪に移転した。

その前から禎輔は少し風邪気味で、いつまでも熱が下らないのを心配していた。死んだ母親が胸の病気だったので、禎輔の健康には平素から特に注意して来た。それだけに怪しげな咳をされると、わが事のように気になった。それなのに引越しの自動車に乗って行くといって本人がきかず、結局それを許したことがよくなかった。その上、卒業をひかえて卒業論文などで無理を重ねたことも原因で、だんだん本式の病人になってしまった。そんな中に悪い事件が持ち上った。というのは友人に自転車を貸してやったことだ。相談を受けた時、悪いほうの自転車を貸すようにいって置いたのに、新調のよいほうを貸してしまった。相手は最初から金にするつもりだったので、うまく言って、よいほうを持って行ったものらしい。わしに叱られても、まだ友達を疑う気になれなかったのか、自分でも責任を感じ、友達を探しに黙って家を出たままその日も翌日も帰ってこない。心配したわしは、使いを四方八方に走らせたが心当たりのどこにもいず、叱り方が少しきつかったかと後悔していた時三日目の夜「お母さん」という声がして、戸をたたいて禎輔が帰って来た。こんな嬉しいことはなかった。もちろん自転車は返らず、友達もその後現われなかった。嫌な事件であった。それ以来、禎輔はいつからとなく病床の身となった。

医者も二人に診てもらい、出来るだけの看病をしたが一向はかばかしくなかった。この病気がよくなるには時間のかかることは知っていたが最後がこんなに早いとは思わなかった。爾来約半年ばかりの病床生活が続いた。療養について種々いってくれる人もあって、たいていのことはやってみたが、そのうちに、ある新興宗教の祈禱師までいつの間にか来るようになり、子供にかなりの影響をあたえたようであった。ある夜、ふと目をさますと、禎輔が神さんに祈っているのを見た。わしはビクッとした。若い者が神に手を合わしている姿ほど哀れなことはない。神さんに手を合わせたことなんて一度もなかったわしも、この子供の姿を見てはさすがに、禎輔の生命を救ってやれるものなら、自分のいのちを縮めてもよいと思い、その決心で初めて神に祈った。勝手な信心だと笑われるかも知れんが、わしはわしなりに祈った。その一生懸命な気持がさせたわざかも知れんが、ある日、古い阿弥陀仏《あみだぶつ》を拝んでいた瞬間、その阿弥陀さんに御光がさしたのを見た。嬉しかった。子供にゲンが見えた助かると思った。

その頃、医者のすすめでペニシリンを打ち始めていた。当時、ペニシリンは進駐軍用が横流れしているのがあるだけで一本七千円からした。それは六十本は打たねばならんというのが医者の意見だ。そうだとペニシリン代に四十二万円いる。当時のわしには負担が大き過ぎたが、とにかく始めねばならんと思いさしずめ十本を打つべく、蔵書など売ってペニシリンを手に入れ、それを子供に打ってやった。それでいくらかよくなったように思ったのもつかの間、間もなく一人の医者は首をかしげ出した。この医者はこれまでにも診察の時、首をかしげるくせがあった。わしはそれには反対で、病人は医者を頼みにしているのだから、嘘でも力づけてくれねばというのがわしの意見だ、京都からも専門医が時々診に来てくれた。なんとか元気にしてやりたいと思うのだが、わしの目にも禎輔の容態はよいとはいえなかった。

三月二十九日であった。その日の夕方、病人の様子が怪しいというので、急に医者に来てもらった。医者の診たてでは心臓が弱っているということだ。なるほどそういわれて見直すと、禎輔の眼色に力がない。そこでわしは医者に、ほんとうのことをいってくれというと、明日の朝まで持つかどうかといい出した。そして医者は強心剤などうって帰った。その後、わしは米子《よなご》三光園の設計をいそぐので、それをすまし、風呂に入った。春に近いとはいえ、まだ三月のことである。夜はまだ寒さが残っていた。その時、禎輔の様子が変わったというので、いそいで風呂から出、裸のまま病床に行ってみると、病人の呼吸はせわしく苦しそうであった。時間を見ると一時前であった。わしはとっさに決心した。日頃、家内の老父の口ぐせで、肺病は死にぎわにばい菌を出すから、その時の注意が肝心だと聞かされていたので、さっそく女房とその老父を別室にやり、その部屋から出入り出来ぬように釘を打って、自分は裸のまま子供の枕元にいた。相変わらず呼吸は烈しい。禎輔の顔を見守りながら、度々わしは口の汚れを拭《ふ》いてやった。そして試しに、父の声が聞こえるかときくと、かすかに答えたので、そんならよく聞けといって「病気などに負けるな、病気は気のものだ。強く生きる気になれ、苦しかったら父のこの腕にすがって、何も考えずに眠れ」というようなことをいった。すると禎輔はかすかに目をひらいてうなずいた。しかしそれが最期で間もなく脈はおとろえ、目に力がなかった。思わずわしは子供の身体をかき抱いて涙を呑んだ。やや暫くして部屋を出、人を医者に走らせたが、医者が来た時は、既にすべて終わっていた。既に事きれたとあれば、一刻も待たず消毒せんならんと覚悟していたので、最後にもう一度医者にただすと、甦生《そせい》することはないという医者の言葉なので、部屋に目張りをして、医者の力をかりて消毒の用意をし、おしまいに戸締りをして病室を出た。心配げにわしの言葉を待っている家族の者にも、疲れているだろうから、明日のために眠るようにいいつけて、自分も床についてみたが、ついに朝まで目がさえたままであった。

翌朝、わしは誰よりも早く起きて、禎輔の死を事務所に発表、葬式は三時に出すことにしてその手配をさせた。最愛の子の死に対して、こんな乱暴な処置に出たことを心なく思う人もあろうが、子供の死の哀しみは哀しみとしても、また別にわしには、何人かの若い者を預っている責任がある。情に負けて、この若い者たちに、病気を感染さすようなことがあってはならぬと考えたからだ。そういう気持から葬式の出る三時まで表戸もあけさせなかった。知らせる先も、禎輔の友人と親せきの二三人にとどめたが、どう伝わって行くのか続々人が来てくれた。だがわしは、一人も部屋には入れなかった。その取こみの最中、何も知らず例の祈禱師が訪ねて来た。死んだと聞いて吃驚していた。死んでしまった後では愚痴になるが、あんたの言葉を信じてか、本人は薬を取ろうとはしなかった。信仰も結構だが、病人に薬は必要だ、そんな教え方は今後考え直すほうがよいというと、祈禱師はわしに叱られたとでも思ったのか、いつの間にか姿を消していた。その後へまた、首をかしげる先生がやって来たので、病人の前で首をかしげるのはよくない、貴方《あなた》はまだ若いのだから頼もしい医者になってくれといってやった。子供の友達も全部で十二、三人が集まってくれ殆どが学校の友達であった。中には禎輔といっしょに、かつてわしにどなられた奴も居たし、自転車を売り飛ばした奴もいた。しかし子供は子供なりに、親にはいえん相通じ合うものがあって、仲良くしていたんだろうと考えると、そういちがいには憎めなかったので生前禎輔に、よくしてくれたことをいって感謝した。葬式だから坊主をことわるわけにはいかんが、わけのわからん読経《どきょう》より、わしはこの学生たちが集まって来てくれたほうが、どんなに心強かったか知れん。そこでふと思いついて、禎輔の友達だけを一部屋に集め、牛肉一貫メに酒を添えてやって、子供の写真の前で小宴をひらかせた。学生たちは、わしの気持を計りかねたようだったが「元気にやってくれ。わしはあちらの部屋で聞いていてやる」といって、自分の部屋に入って、大の字になった。学生たちは、このわしの突拍子なもてなしに困った風であったが、間もなく腰が落着いたのか、一人二人歌を唄う声も出、賑やかになって来た。最後に校歌の合唱になった時、死んだ子供もその合唱の中にいるかと錯覚した。瞬間わしの喉がつまって、目頭がにじむのを覚えた。いつまでもこの騒ぎが続いて欲しいぐらいであったが、いよいよ時間がせまり、最後の校歌の合唱が続いている中を、子供の車は表門をあけて出て行った。

死とその後

翌朝、家族の者たちと、禎輔の骨上げに行った。

阿倍野に着くと、以前、家で働いていたAたち三人が立っている。事情があって解雇した連中だ。禎輔の死を聞いて、「悔み」を言いたくって、こうして待っていたというのだ。事情は事情として、その厚意に感謝した。

骨上げは型通り終わった。冷たい淋しい感じである。人であれば、その生涯の間に一、二度は誰も経験することだと思うと、わしのような男でも矢張り無常を感じないわけにいかん。たとえ話だろうが、昔仏陀《ぶつだ》に、子を失った母親が、死を解脱する方法の教えを乞うたそうだが、その時仏陀は、死者を出さなかった家を探してくれれば、教えてやろうといわれたそうだ。全くそうにちがいない。わしは貧乏の苦難時代に四人の肉身を失って、今また一人の子供を失った。

阿倍野周辺は戦災をまぬがれてはいたが、それだけにまた、人が集まるに便利で敗戦後の闇市の匂いの濃いところであった。天王寺公園には朝から浮浪者がうろうろしていた。天王寺公園の美術館は戦後暫く、進駐軍に接収されていたとかで、昔の面影もなく、その周辺も荒れてはいたが、その頃は美術館としての働きも復活して、時々何かの展覧会などが開かれかけていたので、美術の好きなわしは、わりによく足を運ぶほうだろう、今日もふとその気になり、家族たちは先に帰らして、ひとりで美術館に入って行った。ただ入ってみたかっただけで、わしはその時、何を見たか、はっきり記憶に残っていない。相変わらずこの美術館は寒々として愛想のないところだった。こんな道草をしたので、骨上げの後、わしは家族の者より二時間ほどおくれて帰宅した。

禎輔を失ったからといって、この不幸に負けてはならんと思い、こと仕事に関しては自分はもちろん、店の者にもきびしくした。

また私生活のほうでも、早く禎輔のことは忘れたいと思って努力した。いつまでもくよくよしていては、心がひかれて死者の成仏がそれだけおくれる、といってくれる人もあった。なかなかうまい言い方だと思った。哀しさは死んだ者のものでなく、生き残った者のものらしい。猫の仔が死んでも淋しいのが普通だ。まして自分の子供である。諦めろというほうが無理だ。口だけはたっしゃで、空元気は出していたが、時々わしは自分でも変だと思う時があった。汽車や電車を待っていて、疾走する汽車に吸い込まれそうになって、はっとわれにかえったこともある。また市内電車だったけど、ある時など、危険信号も気付かず、急停車した電車から車掌さんが降りて来て、道路わきに連れて行ってくれた上、「顔色が悪いようですが、用心しなはれ」といってくれたこともあった。

別に深く思いつめているわけではないが、ひとりの時こんな徴候を示すのは、やはり禎輔の死が影響したことと思う。考えてみれば、早く母親を失い、貧乏時代をいっしょに生きてきただけに、ひとしお思いが残るのも当たりまえである。いってみれば、わしの前半生はこの子のために生きて来たようなものだ。

今でいえば、多少ノイローゼ気味だったのだろうが、とにかく、早くこんな有様から立ち直らねばならんと思い、心持の上に一つのけじめをつける方法にと思って、ちょっと恥かしいような話だけど前に禎輔の病気をなんとかして癒してやりたいと思い、柄にもなく心をこめて拝んだ仏像があった。祈禱の最中、たしかに御光がさしたのを覚え、喜んだのも束の間、こんなことになってしまった。仏さんに腹をたてたのか、自分に腹が立ったのか知らん、Bにその話をしたら、情容赦もなく面白がりやがって、自分に腹が立ったんだろうと判断してくれた。どちらでもよいが、そのことというのは、ある日、その古仏を引き出して「お前は、たかが木で作ったものだ、仏さんの形をしているので、おろかにも拝んだ、それも禎輔を助けてくれると思ったからだ。ほんとうにお前に力があるものなら、このわしに罰をあてて見ろ」といって、やにわに、その仏さんを蹴飛ばしてから、庫《くら》にほうり込んでしまった。馬鹿なまねをしたものだが、それで溜飲だけは下った。日が過《た》つということは有難いもので、禎輔のこともだんだん落着いて考えられるようになったのも凡夫のおかげか。

だから仏像を足蹴《あしげ》にしたなどという馬鹿気たことも、いつか忘れてしまっていたが、ある日右足が急に痛くなった。医者に診せると神経痛だというが、家内は仏さんを蹴飛ばしたからその罰だと主張した。暫くお灸をしたり、薬を塗ったりして養生した。滅多に病気はせんが、やると大げさなほうで、家内はてんてこ舞いをする。それだけ用心深いからだとも思っている。とにかくわしの病気の被害は、どうしても家内にふりかかっていく、口ではぼろくそにいいながらすまんとは思っている。ある時、仏壇をひらいてみるとその家内の奴、わしが足蹴にした、問題の仏像を出して来ていつの間にか祭っていた。

余程家内には、わしが仏さんを蹴飛ばしたことが気になった風だ。足の痛みは仏さんを足蹴にした罰あたりにしとくほうが穏便らしいので、そのままにしておいた。

罰あたりとは思わんが、考えてみれば、この足も永い間、わがままなわしと一緒に苦労をした足だ。原因をたずねれば、十幾年ほど前、戦争中の町内の防空演習に、屋根から飛ぶときの指導をやって、運悪く足を捻挫《ねんざ》したこともこうなった理由だと思う。罰あたりだなんていうよりそのほうがさばさばしている。

迷信というものは、わしは嫌いだ。嫌いだから迷信とか奇跡風なことにぶつかると、とことんまで確かめんと気がすまんほうで、それは子供の時からのくせだ。以前にもこの大工一代で何度か、そんな風な話をしたと思うが、たいてい愚にもつかんことで神妙な顔をしているのが、当時子供心にも可笑しかったくらいだ。大工だから家のことになると、家相とか方角ということが多少の問題になるが、環境や地形などから判断して、理窟にあった答えを出している。通風と採光を中心に考えていけばそんなにやかましく言うべきことではない。最近は一応は家相とか方角を言う人はあっても、話せばたいていわかってくれる。然《しか》し昔はそうでなかった。実にうるさかった。日が悪いといって、仕事はいそがねばならんのに建前を何日も延ばさせられたことがあったし、何だかんだと、迷信が仕事を支配した、この頃では迷信は余りいわなくなったが、予算という、うまい迷信が出て来て、せちがらくなった。予算はない、仕事はよい仕事ってわけだ。建築は材料をふんだんに使う仕事だから、予算を切り詰めると、それだけ材料がお粗末になることは物の道理である。

迷信のことが、つい余談になってしまったが、家内のいうようにわしの足は仏さまの罰あたりだったかも知れんが、間もなくなおって、いまだに無事である。

自宅居間にて（昭和43年頃）

あとがき

「大工一代」は「工匠談義」なる題で、約五ヵ年大阪手帖誌上に連載してきた「聞書」である。「聞書」は、その目的なり動機によって、様々な場合が起ってくるが、「大工一代」の場合、それほど明瞭《めいりょう》な目的も動機もなかった。ただお互いに、性格の上でまた考え方において、相寄るものがあったのか、そんなことが縁を結んだものと思う。棟梁と私が、多少偽悪癖のあったことも、仕事の上でたいへん都合がよかった。連載中、多少世人の関心を呼んだものは、それらの特色が、ごく自然に形をなしたからと思う。いちばん恐れたのは、フィクションに傾くことであった。しかし、その点は危懼《きく》することなく、その難をまぬがれ得たのは、棟梁の聡明《そうめい》さであろう。

従って、この「聞書」に関しては、記憶の曖昧さからくる事実の重複のようなことはあるかも知れんが、嘘ということはないつもりである。若しあったとしても、棟梁の記憶ちがい、または思いちがい程度である。私の責任としていえることは、時々、小説的描法による客観化をやっているが、それは小説的シチュエーションを造成して、読者を殊更にあるムードに誘うためではない。むしろ、棟梁及び私自身の立場を、批判し得る唯一の場として、この方法を試みたに過ぎず、あくまでも、この「聞書」は棟梁の実人生をうつしたつもりである。次に「大工一代」を読んで下さる方々に、多少参考になればと思って、最近の棟梁の印象をお云えすることにする。

数寄屋建築にかけては、平田棟梁は、日本で屈指の存在である。しかし、世間では、余りそれを知らない、棟梁自身も、一向無頓着なのである。およそ人中に出ることを喜ばず、夜は彫刻をやるか、絵を描くかの二つだが、事建築に関しては鬼だ。勝負の鬼だ、芸術の鬼とはよくいうが、そういう鬼だ。棟梁の性格や半生の歩みは「大工一代」が物語っている通りである。施主の立場から、平田棟梁を見たことはないので、憶測にとどまるが、施主は一代二代に亙《わた》っている、永い関係の得意先が多いところから見ても、棟梁の人柄がうかがえる。

遊び友達としての立場で、私の見た棟梁をいえば、人によって、第一印象を恐がる者もあるようだ。理由は声が大きく、飾り気がないからであるが、また、一面くみし易いところがあって、その点稚気満々である。そのつもりで甘えかかると、たいてい失敗してしまう。棟梁はたいへん義理に篤く、苦労しているだけに、人の腹をよむことも早く、やることとも義侠的だ。しかし、裏切ったり怒らすと、それだけに全く逆転する。「弱きをたすけ強きをくじく」という言葉が、月並なようだが棟梁を語るにふさわしい。そうして、おしなべていえることは、いわゆる利功者は余り好かないようだ。棟梁は、自分から人を遠ざけるようなことはしないが、見ていると、利功すぎる者は次々と消えて行っている。消えていった者の立場でいえば、平田はあれでなかなか利功だということになるのかも知れんが、くみし易しとみた相手が、なかなかどうして、そうでなかった上に、己の腹を見すかされたのがシャクで、ご当人から消えて行くのだ、と私は見ている。

せんだって、雑談の間に、これまで棟梁が手がけた建築の数を聞くと、四百ぐらいかなということであった。原形のまま残っているのが、というのが、そのうちの半分で、あと半分は、改造されたり、焼けたりで、原形をとどめないということであった。四百という数字は、二十才から四十年間、大工をやって来たとして、年に十軒ということになる。年間十軒ということは、月一軒とみてよく、下手に建築は芸術だなんて、おつな根性ではつとまる数ではない。彫刻とか絵が好きで、棟梁は彫刻家や画家を尊敬するが、自分のやっていることには、微塵も芸術的感傷を許さない。実用とぜいたくすれすれのところに調和の一線を引く、これが棟梁のセンスだ。棟梁はだいたい趣味としては豪華好みだが、それを強く抑制できるのは、茶室建築の専門家だからであろう。

自分が、平田棟梁のことを書き出せば、もう一冊「大工一代」ができ上るかも知れんので、適当なところで筆をおかねばならんが、なお、この本のため陰の力となり、序文までわずらわした福田恆存氏、及び同じく序文をいただいた今東光氏に謝意を表しておく。次に平田棟梁の彫刻を写真にするについて、竹馬の友である野石裕晴氏の協力を得たことを述べ、お礼にかえる。最後に池田書店の方々に、この機会を与えて下さったことを感謝してこの筆を置く。

昭和三十六年　九月

内田克己

註

1 **尋常**　尋常小学校の略。
2 **印半纏**［しるしばんてん］　紺木綿地に襟や袖・背などに白染め抜きで家号・氏名など印した半纏。江戸後期から雇主や出入り先から支給されて主に職人が着用した。
3 **一間・六尺三寸**　間・尺・寸は長さの単位。一間は六尺、約一・八二メートル。一尺は約三〇・三センチメートル。一寸はその一〇分の一。
4 **四天王寺**…　五重塔は一九六三年再建。
5 **藤原棟梁**　藤原新三郎［ふじわら・しんざぶろう］（一八七六―一九四九）。平田雅哉が師事した数寄屋専門の大工棟梁。明治から大正にかけて大阪で活躍。木津宗匠の門人。
6 **山邑太左衛門**［やまむら・たざえもん］　酒造業の老舗、山邑酒造の八代目（一八七三―一九四四）。
7 **墨付**［すみつけ］　木材の表面に墨壺などを用いて線や印をつけること。
8 **建前**［たてまえ］　予め加工した土台・柱・梁・桁など主要な骨組みを現場で組み立てること。
9 **チョンナ**　手斧《ちょうな》。木材の表面をはつって平坦にするための大工道具。
10 **筋交**［すじかい］　風や地震などの水平力に対する補強材で、四辺形に組まれた軸組の対角線上に入れる。
11 **いらった**　弄《いら》う。扱う。
12 **とんと場**　工事場のたき火場。
13 **木津宗匠**　木津宗泉［きづ・そうせん］。武者小路千家千宗守の門人（一八六二―一九三九）。号は聿斎・卜深庵。宮内省内匠寮にて数寄屋建築を学び、家元の補佐役として茶道流布のかたわら、没年まで多くの茶室、茶庭、邸宅の設計をなした。
14 **労基法**　労働基準法の略。
15 **扇棰木**［おうぎたるき］　放射状になった棰木。
16 **棰木**［たるき］　屋根下地などを支える材で、棟から母屋・桁に架け渡す。
17 **狐格子**［きつねごうし］　格子の種類の一つで、

同じ見付の縦桟と横桟を正方形に組んだもの。
18**地取り** 敷地の測量のこと。
19**カラス口** 鳥のくちばしのような先端に墨を入れて線などを引く製図器具。
20**手合い** 手合わせや契約・手配などの意があるが、ここでは雇用の願い出として使われている。
21**鯉口**［こいぐち］ 口の小さい筒袖で、着物の袖の汚れを防ぐために羽織る。
22**窓の子** 窓格子。
23**中川宗匠** 中川砂村［なかがわ・しゃそん］（一八八〇—一九五七）。木津宗泉の弟子。茶室の設計や道具の鑑識、料理に通じていた。独立当初の平田雅哉を指導した。
24**新世界** 大阪市浪速区、天王寺公園西一帯の歓楽街。
25**飛田** 大阪市西成区の歓楽街。
26**アプレ** アプレゲールの略。戦後派のことで昔からの考え方や習慣などにとらわれない人たちをさす。
27**乳房の榎** 江戸から明治の落語家、三遊亭円朝の怪談噺の一つで二世実川延若の当たり役。
28**抜け通** 枘穴を掘ること。
29**トンビ** 鳶《とんび》合羽の略。上着の上に羽織るコート。
30**那波駅**［なばえき］ 現在の相生駅。兵庫県南西部に位置する。
31**さらしにかわ** 牛の骨を石灰水に浸してから煮て濃縮したもの。接着剤として用いる。
32**チョンナミ** チョンナと同意。
33**神代杉**［じんだいすぎ］ 水中や土中に埋もれて長年月経過した杉。建築材としては天井板などに珍重される。
34**粉仕上** 杢目の板を削る技法の一つ。鉋の刃の調子（出）を極力低くして削り、杢目を際だたせる。粉のような鉋屑が出ることから称される。
35**桁** 建物の側柱の上に載る横架材で棰木を受ける部材。
36**束** 短い垂直材。ここでは小屋束のこと。

37**差し金**　曲尺のこと。金属製L型の物差し。目盛りは尺間単位で、表には実寸（表目）、裏にはその$\sqrt{2}$倍（裏目）、一／π倍（丸目）が刻まれている。

38**勘定**　ここでは手間賃の支払いを指す。当時職人の手間賃は半月計算で、十五日と月末に支払われた。勘定日の翌日は休日となる。

39**ソマ**　杣。ここでは斧よりも刃が広い木工具、与岐《よき》のこと。

40**はつった**　はつる。手斧《ちょうな》や鉈《なた》などで材の表面をそぎ落とす。

41**くちなわ**　蛇の異名。

42**ゴヘラ**　五平《ごひら》。断面が長方形の形。

43**カマチ**　建具の周囲の木枠。また段差のある床の端の止まりを納める化粧横木。

44**コロロ**　木製の上下栓錠。

45**枘**　［ほぞ］　木材などを接合するとき、一方の先端を細くして作った突出部。

46**武田博士**　武田五一　［たけだ・ごいち］　建築家（一八七二―一九三八）。建築様式の和洋折衷化、近代建築のデザインの先駆的指導者。フランク・L・ライトの日本滞在中の活動を支援したことでも知られる。

47**半丁**　丁は距離の単位で一丁は六〇間、三六〇尺で、約一〇九メートル。

48**巴瓦**　［ともえがわら］　屋根の軒先などに用いられる丸瓦で、巴紋を付したものが多いことから称される。

49**木谷千種**　［きたに・ちぐさ］　日本画家（一八九五―一九四七）。旧姓吉岡。北野恒富に師事し、画壇入選を重ねる。

50**鍾馗**　［しょうき］　中国故事に基づく、疫病神を払い、魔を除く神。日本では五月人形や魔除けの人形などとされる。

51**伊藤彦造**　［いとう・ひこぞう］　挿絵画家（一九〇四～?）。日本画を学んだのち挿絵を手がける。緻密なペン画で少年剣士を得意とした。

52**丸公**　戦時下および戦後の物価統制令による公定価格をしめす印(公)。

53**百燭光**　［ひゃくしょっこう］　燭光は光度の旧単

位。

54**竜村**　龍村美術織物のこと。龍村平蔵［たつむらへいぞう］（一八七六－一九六二）が一七歳で始め、西陣織を研究。自ら意匠図案を手がけ、《龍村の帯》の名声を博した。

55**平田郷陽**［ひらた・ごうよう］　衣裳人形作家〈二代〉（一九〇三－一九八一）。小学校卒業後、人形制作に従事する。浮世人形を継承しつつ、写実的で精緻な作風を作り上げる。代表作は衣裳人形「遊楽」。

56**阿倍野行**　当時火葬場があったことから、ここでは死を意味したと思われる。

57**栖鳳**　竹内栖鳳［たけうち・せいほう］。日本画家（一八六四－一九四二）。西洋の写実と日本の写生を巧みに融合し、日本画の近代化の先駆者として活躍。代表作は「斑猫」。

58**中山悦治**［なかやま・えつじ］　中山製鋼所の創始者（一八八三－一九五一）。

59**菅楯彦**［すが・たてひこ］　日本画家（一八七八－一九六三）。歴史画や大阪の風物を描いた作品を数多く手がける。

60**夢のまた夢**　豊臣秀吉の辞世の句「つゆとおちつゆときえにし　わがみかな　難波の事もゆめの又ゆめ」の一部分。

61**めっそ**　目分量。

62**土性骨**［どしょうぼね］　性質を強調していう。

63**重美級**　重要美術品級。昭和八年公布の法律により準国宝級と認定された美術品や考古学的資料のこと。昭和二五年の文化財保護法制定以降この名称は廃止。

64**出合帳場**　同時に二人以上の請負人または同職種の職人が同じ場所で仕事をする工事場。

65**フケス**　建築用鉄材のうち等辺山形鋼のこと。構造補強材として使われる。

66**亭屋**［ちんや］　庭の景色を眺望するための小建物、東屋《あずまや》ともいう。

67**児島嘉助**［こじま・かすけ］　美術商「米山居」の主人（一八七〇－一九四七）。茶道具の目利きとして知られ、その交遊は当時の関西数寄者に幅広い影響を与えた。
68 **吉兆**　湯木貞一（一九〇一―一九九七）により創業された。湯木は日本料理を文化として総合芸術にまで高め、料理界で初めての文化功労者に選ばれた。
69 **根つぎ**　柱や土台の下部が腐った部分を取り除き、別の材料で継ぐこと。
70 **官休庵**　武者小路千家のこと。
71 **待合**　ここでは、茶会のとき亭主の迎付を待つ腰掛待合を指す。
72 **小舞**　屋根や壁下地のために竹などを縦横に組んだものをいう。ここでは化粧軒裏の棰木上に渡した桟のこと。
73 **洗い屋**　工事中の汚れなどを取り除く「洗い」職のこと。
74 **こせ**　こせこせすること。世話焼き。
75 **当**［あて］　木曾五木の一つで、茶室小間席の柱などで用いられる。あすなろとも称される。
76 **女竹**［めだけ］　小舞など建築材として多用される竹の一種。高さ六メートル、径一～三センチメートルほどに成長する。
77 **軒流し**　軒の出、長さのこと。
78 **南画**　中国元代に大成された絵画様式、南宗画の略。日本では江戸中期に栄え、文人画と呼ばれる。
79 **右近権左衛門**［うこん・ごんざえもん］　日本火災海上保険の元会長（一八八九―一九六六）。
80 **いとはん**　お嬢さんをいう関西語。
81 **天井輿**　棺桶を載せる輿のこと。
82 **深水**　伊東深水［いとう・しんすい］。日本画家（一八九八―一九七二）。鏑木清方に師事し、現代の女性風俗を艶やかに表現した浮世絵系美人画家。代表作は「聞香」。
83 **清方**　鏑木清方［かぶらぎ・きよかた］。日本画家（一八七八―一九七二）。挿絵画家から浮世絵画を目指し、明治の郷愁を呼ぶ清新な風俗画を遺す。代表作は「墨田川舟遊」。
84 **松園**　上村松園［うえむら・しょうえん］。日本画家（一八七五―一九四九）。鈴木松年や竹内栖鳳に師事し、格調の高い近代美人画の完成者とされる女流日本画家。代表作は「序の舞」。

85**北野恒富**［きたの・つねとみ］ 日本画家（一八八〇―一九四七）。木版の版下彫刻から挿絵画家を経て画家に転向。浮世絵風の現代美人画を描いた。代表作は「宵宮の雨」。

86**ゴ粉** 胡粉。牡蠣殻や貝殻を粉砕加工、水簸《すいひ》、精製した白色粉末の顔料。

87**おはん** 武原はん［たけはら・はん］ 舞踊家（一九〇三―一九九八）。昭和の地唄舞の花とうたわれ、上方の座敷舞を独自の舞台芸術にまで高めた。小説の「おはん」は岩国を舞台にした宇野千代の作品（一九五七 中央公論社）。

88**内田** 共著者の内田克己。

89**山川秀峯**［やまかわ・しゅうほう］ 日本画家（一八九八―一九四四）。鏑木清方に師事し、新しい感覚の美人画を研究する。

90**総領の甚六** 長子は大事に育てられるために次子に比べておっとりとして愚鈍なこと。

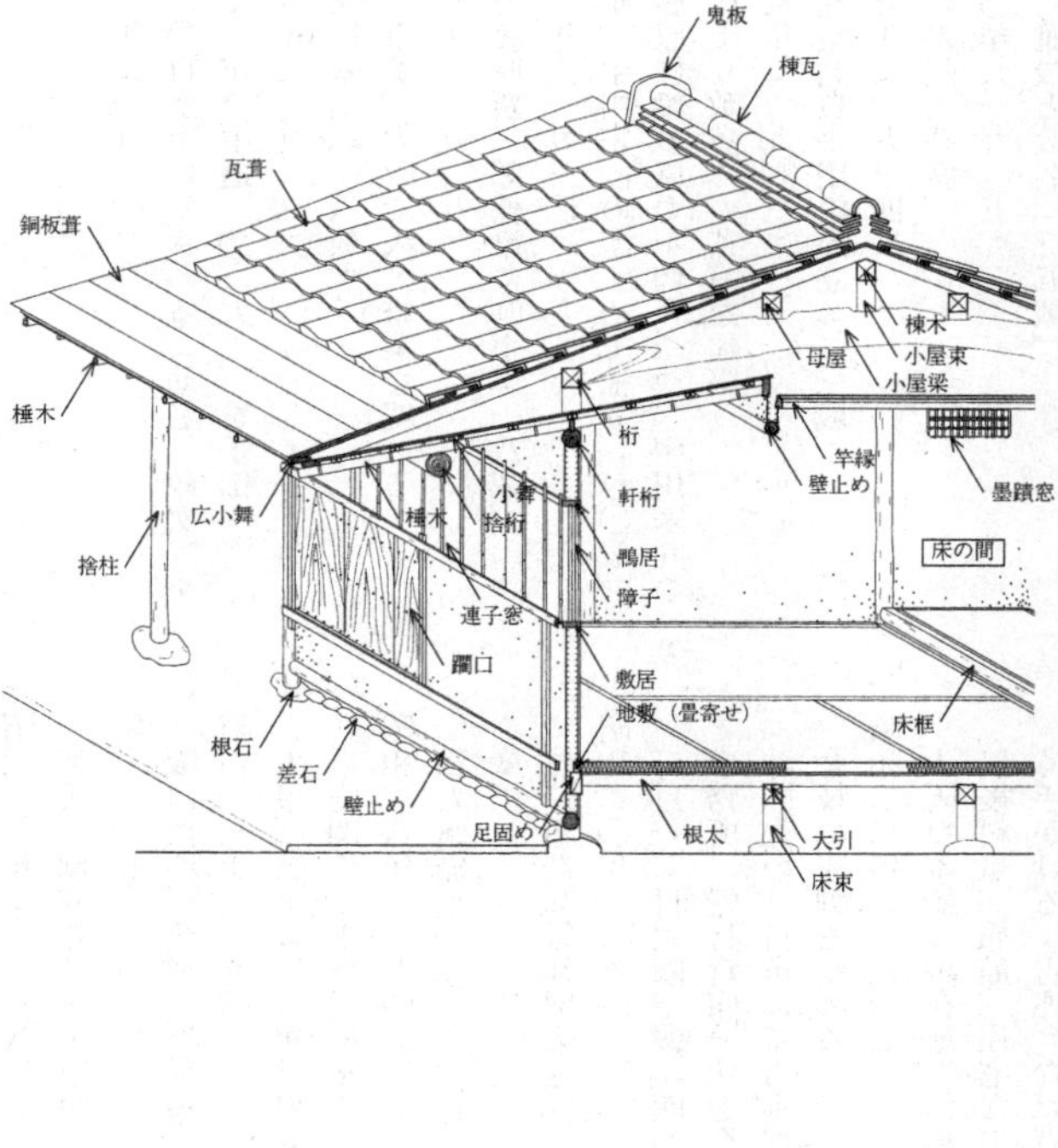

鬼板
棟瓦
瓦葺
銅板葺
棟木
母屋
小屋束
小屋梁
棰木
桁
竿縁
壁止め
墨蹟窓
小舞
広小舞
棰木
捨桁
軒桁
捨柱
鴨居
床の間
障子
連子窓
躙口
敷居
地敷（畳寄せ）
床框
根石
差石
壁止め
足固め
根太
大引
床束

年譜

明治三三年（一九〇〇）
四月二〇日堺市に生まれる（幼名　政次）小学校を三年で中退、父（大工）を手伝う
大正　五年（一九一六）
母の死後家出［一六歳］
神戸、京都、大阪で大工修業を続ける
大正　七年（一九一八）
大阪で藤原新三郎棟梁に師事［一八歳］
昭和　五年（一九三〇）
官休庵、中川宗匠のすすめで独立［三〇歳］
以後藤原棟梁の協力を仰ぎつつ、中川宗匠の指導により数多くの茶室を建築
昭和　八年（一九三三）
土木建築請負平田組設立［三三歳］
昭和　九年（一九三四）
万里荘書院式茶席
昭和一〇年（一九三五）
再婚、雅哉と改名［三五歳］
昭和一三年（一九三八）
朝香宮邸立礼茶席・座敷（東京都目黒区）
昭和一四年（一九三九）
阪口楼料亭改造（大阪市中央区）
昭和一六年（一九四一）
大東亜戦争（第二次世界大戦）勃発
軍需関係の工事が増える
昭和一八年（一九四三）
法人組織化、株式会社平田組とする［四三歳］
村野藤吾邸離れ増築（兵庫県宝塚清荒神）
昭和二〇年（一九四五）
三月一三日大阪空襲［四四歳］
事務所、資材倉庫一切を全焼
疎開先の三日市にて古本屋を開く
余技に彫刻を始める
昭和二二年（一九四七）
大阪日本橋（現在地）へ帰る
以後料亭、旅館、住宅など数寄屋建築を数多く手がける—吉兆、なだ万、錦戸、大観荘、

万亭、つるや、西村屋、招福楼、雲月など
昭和二五年（一九五〇）
平田建設株式会社と改称［五〇歳］
昭和三六年（一九六一）
『大工一代』（池田書店）発刊［六一歳］
昭和三八年（一九六三）
天理教明城大教会
昭和三九年（一九六四）
映画「大工太平記」（東宝）上映［六四歳］
昭和四二年（一九六七）
黄檗山緑樹院茶室
昭和四三年（一九六八）
『数寄屋建築・平田雅哉作品集』（創元社）発刊［六八歳］
昭和四五年（一九七〇）
丹生川上神社茶室
昭和四六年（一九七一）
一級建築士事務所を併設、新社屋の建設
昭和四七年（一九七二）
『数寄屋造り・平田雅哉作品集』（毎日新聞社）発刊［七二歳］
昭和四八年（一九七三）
大徳寺如意庵茶室
昭和五〇年（一九七五）
金峯山東南院
昭和五三年（一九七八）
『床の間図集』発刊［七五歳］
昭和五五年（一九八〇）
天理教兵神大教会
高野山西南院
一二月一九日、八〇歳の生涯を閉じる

本文挿絵　雅哉のスケッチ集
写真　輿水進
高城楢三郎
多比良敏雄
難波龍
資料提供　平田建設株式会社

復刊によせて

「長い間の修練に耐えて自我を通してきた大棟梁の面影があった。その気骨は、金と権威に自らを捨てぬ不屈の魂が躍如として、寄らば切らんのかまえが感ぜられた。私は棟梁の向こう側に座った。瞬間、一言も言わないうちからこの勝負は私が負けたと思った」。

建築家、村野藤吾氏が平田雅哉との出会いを語ったことばです。

棟梁として一本気に生きた雅哉は、何事にも手を抜くことを許しませんでした。自分の思い通りに仕事をするには、自ら設計しなければ良いものができないとの信念から、昼は大工として働き、夜は図面を引く日課の中で、独自の透視図法を編み出し、平田数寄屋と称される作風をつくり上げました。

その生き様は雅哉自身が語った『大工一代』（一九六一年　池田書店刊）にまとめられ、これがたいへん評判を呼び、森繁久彌《もりしげひさや》氏演ずる「大工太平記」として映画化（一九六四年　東宝）されました。映画に先立つ舞台公演では、完成を目前にした建物が台風で倒壊するというラストシーンに対して、演出をした菊田《きくた》一夫《かずお》氏に「風で壊れるような家を建てたことはない」と談じこんだというエピソードが残されています。「建築は風呂敷には包まれん。出来上がりが気に入らんからといって、引っさげて持ち帰るわけにはいかん」というのが口ぐせで、生来の負けん気と、人間は誠を貫くとしかないという一心で、たえずわが身をはげましつづけた努力の人でした。

平田雅哉が逝って二十年が経ち、そして生誕から百年という月日が流れました。雅哉が興した平田建設は息子の平田助造《すけぞう》がその精神とともに引き継ぎ、助造亡き後、現在は孫にあたる不肖筆者が会社経営に携わり、ささやかながら平田数寄屋の継承・発展に努めています。

生誕、没後の節目にあたり、四十年ぶりに『大工一代』が復刊されたことは孫として嬉しい限りですが、それ以上に、「自分には師匠もない、弟子もない」と言い切った純粋で一途な明治男の生き方に、読者の方が年月の隔たりを超えて新鮮な魅力を感じて下さったとしたら、これに過ぎる喜びはありません。

新版では、今日の読者、特に若い読者への配慮から表記が一部改められ、振り仮名や註が加えられました。また図版は全面的に差し替え、装丁も一新されました。

復刊に快諾下さった方々、共著者であった故内田克己氏の子息である内田克孝氏、序文を寄せられた故福田恆存氏ならびに故今東光氏の夫人である福田敦子氏、今きよ氏、旧版の発行元である池田書店に対し、また今回推薦文をお寄せ下さった森繁久彌氏に対し、心からお礼申し上げます。

平成十二年十二月

平田雅映

文庫版解説

手元にある池田書店版『大工一代』は一九六一年（昭和三六年）一一月一五日発行の再版である。初版は同年の一〇月に出ている。すぐ重版になっているから随分の人気だったのだ。この装丁は意外と言ってはなんだが、じつに素朴なデザインである。瓦をのせた白壁の向こうに倉と一本の木が立っている絵が描いてある。背景は白。一見、表題文字や図柄から、隠居した大工さんの回顧録かと思ってしまう。腕と心意気で名を馳せた数寄屋大工の名人・平田雅哉らしさがない。喧嘩早く、筋を通さぬ話は頑として受け付けぬ。施主がわがままを通そうとすれば、造った建物を壊してしまうと言いだし、それが本気なのだから、どうにも勢いの人だ。その彼にとって初めての自分の本がこれだ。

着物にも絵や彫刻にも一家言ある彼がこの装丁を選んだ理由がわからない。装丁が悪いというのではない、担当した三芳悌吉は絵本や挿し絵画家として活躍した人だ。なにか意図があったのか、不思議だった。

平田雅哉は仕事には没頭するが、世間の自分に対する評判などには無関心だったらしい。この本の聞き書きをした内田克己が、『平田雅哉作品集1　数寄屋建築』料亭・旅館篇の中で、『「大工一代」以後』という文を書いている。

『大工一代』は「工匠談義」という題で、五年にわたって『大阪手帖』という雑誌に連載されたものだ。その当時は一向に気にしなかった平田雅哉だが、本が評判になり、映画の話になって、あらためて本を子細に読み、内田克己に言ったそうだ。「お前はわしの書いてほしいこと、死ぬほど苦しんだことを、一行か二行で片づけているやないか」「お前が書いてくれんのなら、わしが書く」と。

内田はやめた方がいいと言ったが、聞かずに、自分で書き上げたそうだ。結果的にそれは発表はされなかったのだが、そういう人物だと紹介してある。

初版の装丁にはそうした背景があったかもしれない。本が出ることなどわしにとっては関係のないことだと平田雅哉は思っていたのだろう。だから装丁には関心がなかったのでは。しかし、意外な展開とまわりの騒ぎように驚いたのだろう。

そうした気持ちを汲んでか、二〇〇一年に建築資料研究社から復刊された新版は俠客然とした平田のいかめしい白黒写真がカバーである。本書七ページの写真がそれ。もっともこの本は平田雅哉が亡くなってから二〇年後の本なので、本人の意向だったかはわからない。

新版では、写真の扱いや旧仮名を現代仮名遣いに変えたほかに、注釈と年表が付いている。

平田雅哉は一九〇〇年（明治三三年）の生まれ、一九八〇年（昭和五五年）に亡くなるまで現役で建物を造っていた人だが、新版の復刻は初版刊行から四〇年後だ。

平田雅哉が棟梁として活躍していた時代とはずいぶん変わってしまった。彼は四〇〇棟近い建物を手がけている。それも私ら庶民が住む小さな家ではなく、富豪や成功者たちの本宅や別荘、隠居所、茶室、旅館、料亭が中心である。

当時の人たちは、もてなしのために財を惜しまない数寄者たちがいることを知っていた。今のように情報が氾濫していたわけではないが、名前を言えば、あの人かとわかった。

住む家は粗末でも、日本の建造物がどんな構造で、壁の中がどうなっているか。床の間や書院、茶室の構造なども知っていた。だから初版では、そうした名前や建物の構造の話が説明なしで出ている。

マンションや建売住宅に住み、畳の部屋など少なくなってしまった時代の人たちには、さすがにそのままではこの本が出た当時の人物や用語がわからないのではと、注釈が付けられたのだと思う。

しかし、今の時代、これだけでは平田雅哉の魅力は伝えきれないかもしれない。平田雅哉という数寄屋大工がなした仕事の大きさを知らないと、この本のおもしろさが実感できないと思うのだ。当時の金持ちたちは競って彼に仕事を頼んだ。手元にある平田雅哉作品集から、個人住宅はわかりずらいと思うのではぶいて、名前を聞いたら、あそこも彼が造ったのかと思うようなところを拾っておく。

料亭「なか川」、料亭「若松」、旅館「金森」、料亭「錦戸」、料亭「相生」、旅館「大観荘」、料亭「現長」、旅館「つるや」、料亭「洗心亭」、旅館「福田」、料亭「吉兆」、料亭「雲月」、天理教明城大教会、大徳寺如意庵茶室　源正寺、川上神社茶室。まだまだたくさんある。みな平田雅哉の仕事である。

興味のある方は彼の作品集『数寄屋造り』（毎日新聞社）、『数寄屋建築』（創元社）、『床の間図集』（創元社）などをごらんになるといい。各出版社から豪華版の写真集や図面集が版を重ねて出ている。数寄屋造りがどんな構造で屋根や壁、床の間、天井がどんなふうになっているのか、学ぶ人が参考にした作品群である。

こうした平田雅哉の業績がわかると、『大工一代』のおもしろさが増すのでは。少なくとも当時の読者はこれらのことを知って読んでいたのだ。

それにしても、名工が生まれづらい時代になった。

名工が育つには、本人の資質や性格はもちろんだが、まず、いい師匠につくことが必要だ。そして長い時間をかけて腕を磨ける環境にあること。職人たちの腕も勘も修業のなかで育つ。書物や文字からは学べない。早道近道はないのである。そして現場があってこそ人は育つ。その場を与えてくれるのが施主だ。

施主は思う。自分好みの建物を建てたい。それも自分のためだけではなく、客をもてなし、喜ばれる空間をつくりたい。茶室も数寄屋造りもそうした建物である。場所を決め、材を選び、創意工夫された意匠の建物を造らせる。目立つよりも控えめ。しかし細心の心配りで。そのためには知識を持ち、目を養い、それを実現する財がなければならない。そういう人たちを「普請道楽《ふしんどうらく》」と言った。

その数寄者がいなくなってしまった。時代がそういうことを許さなくなったというのもある。人々に余裕がなくなってしまったというのもある。

目利きの施主がいて、そのやりとりのなかで職人たちは育っていく。建物の使い手は職人たちの師匠でもある。そうしたさまざまな要素を含んだ時代が終わってしまったのだ。

平田雅哉が生きた時代は一九〇〇年から一九八〇年。明治三三年から昭和五五年。この本に登場し、棟梁とやり合った施主たちは個性の強い人たちだった。それに応え、腕を競った職人たちがいた時代だった。彼らは切磋琢磨して時代を生きた。仕事に命を懸け、美しい生き方を貫いた。

それ故にか、この時代には名工が多い。ほかに二人紹介したい。彼らは職人という生き方を全うした。幸い書物を残してくれている。この本と一緒に読まれたら、ある時代の誇れる日本人に出会えるはずだ。

一人は竹田米吉。一八九九年（明治三二年）東京神田多町生まれ。父親は大工の小棟梁。一三歳で大工の年季奉公に出る。仕事をしながら工手学校を卒業、早稲田大学の建築学科で学び、近代建築学を身につけ、竹田建設工業を設立、一九七六年（昭和五一年）没。平田雅哉と同じ時代を、同じような境遇で生きた人だ。この人が自分の大工の人生を『職人』（工作社）という本にして残した。名著だ。山本夏彦が惚れ込んで自分で出版した本だった。後に中公文庫で出ている。

もう一人は西岡常一《にしおかつねかず》。一九〇八年（明治四一年）法隆寺の宮大工棟梁の家に生まれた。平田の八歳下。祖父の代からの棟梁家。婿養子の父親も弟も法隆寺の大工であった。そのなかで腕を磨き、法隆寺の昭和大改修に立ち合い、法輪寺三重塔、薬師寺金堂、西塔など数々の建物を再建した。一九九五年（平成七年）四月没。私が聞き書きした西岡常一の『木に学べ』（小学館文庫）、『木のいのち木のこころ』（新潮文庫）は同じ時代を生きた宮大工の話である。数寄屋づくりは軽さを、堂塔は重さを中心にした建て方であるが、元は同じ根元から生まれてきた。

三人とも本の中ではほとんど技については話していない。言葉は技を表すのには向いていない。技も勘も体に付くもの。体で覚え、体に記憶させる技を言葉で表現するのは無理なのだ。本の中で彼らが語るのは大工という生き方と棟梁としての心構えだ。西岡常一は本の中で法隆寺大工の口伝を披露しているが、それらはどれも棟梁としての覚悟を教えたものだ。

「百工あれば百念あり。一つに統ぶるが匠長が器量也」

「百論一つに止まるを正とや云う也」

「一つに止めるの器量なきは慎み懼れ匠長の座を去れ」

平田雅哉も常にたくさんの職人の上に立ち、全ての責任を負い、人生をかけ仕事を全うした。職人たちが誇りを持って生きていた最後の時代だった。残念ながら、こうした人たちはこれからの日本では生まれないのではなかろうか。

最後に『大工一代』をまとめた内田克己について少々。

彼が編集・発行していた『大阪手帖』は、月刊で四〇ページほどのタウン誌だった。一九五六年（昭和三一年）三月発刊で、氏が亡くなられた一九七九年（昭和五四年）一月まで二三年間休みなく続けられた。最終号は内田克己の追悼号で二五〇号だった。自分で取材し、原稿を書き、刊行を続けた。生まれは一九〇八年（明治四一年）。一九三六年（昭和一一年）から一九四〇年（昭和一五年）まで文藝春秋の編集部に勤務していたという。飾らぬ飄々とした人物であったと友人たちは書き残している。内田が『大工一代』のあとがきで、「棟梁と私が、多少偽悪癖のあったことも、仕事の上でたいへん都合がよかった」と書いている。その通りだと思う。通常の聞き書きとはかなり違って、こんなことまで話すかと、私は最初読んだときに思った。「それでどないしましたか」「どうもこうもあるかいな」というようなやりとりが、この本を作ったのではと思っている。

内田克己は「棟梁の内部にもぐり込む形で書いた」と後に述べている。聞き書きの仕事は手間のかかるものだ。内田克己の仕事があったからこの本が残ったことに感謝したい。余分な話だが、『大阪手帖』は大阪府立中之島図書館と大阪市立中央図書館に全巻揃っているそうだ。『大阪手帖』の表紙や内田克己の瀟洒で風雅好みをみると、初版の装丁があああであったのもわかる気がする。初版から五七年を経て文庫になる。なんと長い命を持った本だ。

二〇一八年記

塩野米松

本書は二〇〇一年三月に建築資料研究社より刊行された単行本を文庫化したものです。

本文中にはチンバ、片輪、血筋がよくない、盲千人、奇形といった現代では使うべきではない差別語、ならびにてんかんに対する認識など、今日の人権擁護や医療知識に照らして不適切な表現がありますが、著者が故人であること、また大工職人の聞書をもとに当時の社会風俗・時代背景を描いたものであり、著者自身にも差別的意図はないことを考え合わせ、原文のままとしました。

大《だい》工《く》一《いち》代《だい》

平《ひら》田《た》雅《まさ》哉《や》

平成30年 1月25日　初版発行
令和7年 4月10日　7版発行

発行者●山下直久

発行●株式会社KADOKAWA
〒102-8177　東京都千代田区富士見2-13-3
電話　0570-002-301（ナビダイヤル）

角川文庫 20753

印刷所●株式会社KADOKAWA
製本所●株式会社KADOKAWA

表紙画●和田三造

●お問い合わせ
https://www.kadokawa.co.jp/（「お問い合わせ」へお進みください）
※内容によっては、お答えできない場合があります。
※サポートは日本国内のみとさせていただきます。
※Japanese text only

ISBN978-4-04-400380-7　C0152

◆◇◇

角川文庫発刊に際して

角川源義

第二次世界大戦の敗北は、軍事力の敗北であった以上に、私たちの若い文化力の敗退であった。私たちの文化が戦争に対して如何に無力であり、単なるあだ花に過ぎなかったかを、私たちは身を以て体験し痛感した。西洋近代文化の摂取にとって、明治以後八十年の歳月は決して短かすぎたとは言えない。にもかかわらず、近代文化の伝統を確立し、自由な批判と柔軟な良識に富む文化層として自らを形成することに私たちは失敗して来た。そしてこれは、各層への文化の普及滲透を任務とする出版人の責任でもあった。

一九四五年以来、私たちは再び振出しに戻り、第一歩から踏み出すことを余儀なくされた。これは大きな不幸ではあるが、反面、これまでの混沌・未熟・歪曲の中にあった我が国の文化に秩序と確たる基礎を齎らすためには絶好の機会でもある。角川書店は、このような祖国の文化的危機にあたり、微力をも顧みず再建の礎石たるべき抱負と決意とをもって出発したが、ここに創立以来の念願を果すべく角川文庫を発刊する。これまで刊行されたあらゆる全集叢書文庫類の長所と短所とを検討し、古今東西の不朽の典籍を、良心的編集のもとに、廉価に、そして書架にふさわしい美本として、多くのひとびとに提供しようとする。しかし私たちは徒らに百科全書的な知識のジレッタントを作ることを目的とせず、あくまで祖国の文化に秩序と再建への道を示し、この文庫を角川書店の栄ある事業として、今後永久に継続発展せしめ、学芸と教養との殿堂として大成せんことを期したい。多くの読書子の愛情ある忠言と支持とによって、この希望と抱負とを完遂せしめられんことを願う。

一九四九年五月三日

角川ソフィア文庫ベストセラー

春宵十話　岡　潔

「人の中心は情緒である」。天才的数学者でありながら、思想家として多くの名随筆を遺した岡潔。戦後の西欧化が急速に進む中、伝統に培われた日本人の叡智が失われると警笛を鳴らした代表作。解説・中沢新一

春風夏雨　岡　潔

「生命というのは、ひっきょうメロディーにほかならない。日本ふうにいえば〝しらべ〟なのである」——科学から芸術や学問まで、岡の縦横無尽な思考の豊かさを堪能できる名著。解説・茂木健一郎

夜雨の声　岡　潔　編／山折哲雄

世界的数学者でありながら、哲学、宗教、教育にも洞察を深めた岡潔。数々の名随筆の中から科学と宗教、日本文化に関するものを厳選。最晩年の作「夜雨の声」ほか貴重な作品を多数収録。解説／編・山折哲雄。

風蘭　岡　潔

人を育てるのは大自然であり、その手助けをするのが人間である。だが何をすべきか、あまりにも知らなさすぎるのが現状である——。六十年後の日本を憂え、警鐘を鳴らした岡の鋭敏な教育論が冴える語り下ろし。

一葉舟　岡　潔

「人が現実に住んでいるのは情緒としての自然、情緒としての時の中である」——。釈尊の再来と岡が仰いだ山崎弁栄の言葉や芭蕉の句を辿り、時に脳の働きにも注目しながら、情緒の多様な在り方を探る。

角川ソフィア文庫ベストセラー

青春論
亀井勝一郎

青春は第二の誕生日である。友情と恋愛に対峙する「沈黙」のなかで「秘めごと」として自らの精神を育てなければならない——。新鮮なアフォリズムに満ち生きることへの熱情に貫かれた名随筆。解説・池内紀。

文学とは何か
加藤周一

詩とは何か、美とは何か、人間とは何か——。後年、戦後民主主義を代表する知識人となる若き著者が果敢に挑む日本文化論。世界的視野から古代と現代を縦横に行き来し、思索を広げる初期作品。解説・池澤夏樹。

陰翳礼讃
谷崎潤一郎

陰翳によって生かされる美こそ日本の伝統美であると説いた「陰翳礼讃」。世界中で読まれている谷崎の代表的名随筆をはじめ、紙、厠、器、食、衣服、文学、旅など日本の伝統に関する随筆集。解説・井上章一

恋愛及び色情
谷崎潤一郎
編／山折哲雄

表題作のほかに、自身の恋愛観を述べた「父となりて」「私の初恋」、関東大震災後の都市復興について書いた「東京をおもう」など、谷崎の女性観や美意識について述べた随筆を厳選。解説／編・山折哲雄

美しい日本の私
川端康成

ノーベル賞授賞式に羽織袴で登場した川端康成は、古典文学や芸術を紹介しながら日本の死生観を述べ、聴衆の深い感銘を誘った。その表題作を中心に、今、日本をとらえなおすための傑作随筆を厳選収録。

角川ソフィア文庫ベストセラー

人生論ノート 他二篇

三木 清

ひとは軽蔑されたと感じたとき最もよく怒る。だから自信のある者はあまり怒らない(「怒りについて」)。深い教養と思索から生みだされた言葉の数々は、いまなお心に響く。『語られざる哲学』『幼き者の為に』所収。

なんでもないもの
白洲正子エッセイ集〈骨董〉

白洲正子
編／青柳恵介

古伊万里などの食器や民芸雑器、織部・信楽などの茶陶、天啓赤絵や李朝白磁などの中国・朝鮮のやきもの、古代ガラスの工芸品、十一面観音などの仏像にいたるまで、白洲正子の眼を愉しませた骨董たちを綴る。

美しいもの
白洲正子エッセイ集〈美術〉

白洲正子
編／青柳恵介

絵巻物や屏風、扇面、掛幅などの絵画、光悦・乾山や魯山人などのやきもの、能装束や辻ケ花などの着物、円空や白鳳時代の仏像、硯箱から印籠までの漆工芸など、白洲流の美の発見と古美術に寄せる思いを語る。

かそけきもの
白洲正子エッセイ集〈祈り〉

白洲正子
編／青柳恵介

熊野詣や西国巡礼、十一面観音像をはじめとする古寺・古仏をめぐる旅、近江を中心とした隠れ里への思いなど、神仏の信仰や求道的な祈りに共振する正子の眼差し。かそけきものへの思いと在りようを探る。

魯山人の器と料理

辻 義一

「魯山人ならば何と言うか？」後に、これが辻義一の美意識の「物さし」となった。若き日に魯山人のもとで修行したときの思い出を豊富なエピソードで綴り、料理と器の真髄を、美しい写真とともに語る。

角川ソフィア文庫ベストセラー